项目导向型供应链创新生态系统研究

陈 伟 王艺婷 著

中国财经出版传媒集团
中国财政经济出版社

图书在版编目（CIP）数据

项目导向型供应链创新生态系统研究 / 陈伟，王艺婷著. --北京：中国财政经济出版社，2022.5

ISBN 978-7-5223-1281-1

Ⅰ.①项… Ⅱ.①陈… ②王… Ⅲ.①供应链管理-生态系-研究 Ⅳ.①F252.1

中国版本图书馆 CIP 数据核字（2022）第 048788 号

责任编辑：郁东敏　　责任校对：徐艳丽

封面设计：中通世奥　　责任印制：刘春年

项目导向型供应链创新生态系统研究

XIANGMU DAOXIANGXING GONGYINGLIAN CHUANGXIN SHENGTAI XITONG YANJIU

中国财政经济出版社 出版

URL：http：//www.cfeph.cn

E-mail：cfeph@cfeph.cn

社址：北京市海淀区阜成路甲 28 号　邮政编码：100142

营销中心电话：010-88191522

天猫网店：中国财政经济出版社旗舰店

网址：https：//zgczjjcbs.tmall.com

北京财经印刷厂印刷　各地新华书店经销

成品尺寸：170mm×240mm　16 开　21.75 印张　301 000 字

2022 年 5 月第 1 版　2022 年 5 月北京第 1 次印刷

定价：78.00 元

ISBN 978-7-5223-1281-1

（图书出现印装问题，本社负责调换，电话：010-88190548）

本社质量投诉电话：010-88190744

打击盗版举报热线：010-88191661　QQ：2242791300

基金资助

国家社会科学基金项目（项目批准号：18CGL003）：项目导向型供应链创新生态系统的构建机理与治理机制研究

前言

Preface

党的十八大以来，以习近平同志为核心的党中央始终把创新摆在国家发展全局的核心位置，强调通过实施创新驱动发展战略，加快推进以科技创新为核心的全面创新。为深入贯彻习近平总书记系列重要讲话精神和治国理政新理念新思想新战略，2017年10月13日，国务院办公厅发布的《关于积极推进供应链创新与应用的指导意见》（国办发〔2017〕84号）指出，供应链具有创新、协同、共赢、开放、绿色等特征，推进供应链创新发展，有利于加速产业融合、深化社会分工、提高集成创新能力，有利于建立供应链上下游企业合作共赢的协同发展机制，有利于建立覆盖设计、生产、流通、消费、回收等各环节的绿色产业体系。可见，关于供应链协同创新发展问题已引起国家层面的高度重视。其中，项目导向型供应链强调以项目创新为核心，是具有异质且互补性知识资源的供应链上下游企业为实现共同目标而组成的具有特定功能的跨组织结构模式。相较于传统供应链，项目导向型供应链更强调上下游企业间基于项目的协同创新而完美契合了项目型企业的创新需求，在国家创新驱动发展战略背景下，项目导向型供应链协同创新问题逐渐成为理论界和实务界关注的焦点。

基于技术创新理论和生态系统理论，将生态系统理念引入项目导向型供应链协同创新活动中，在项目导向型供应链中建立似于生物与生物之间、生物与环境之间所形成的互利共生、相互寄生的生物生态系统，即创新生态系统，是有效推动供应链协同创新的重要途径。在项目导向型供应链中建立创新生态系统，面向市场需求，以项目创新为核心，以技术标准为纽带，基于创新主体拥有的互补性知识资源，形成互利共生、共同进化的创新体系，并通过创新主体间非线性的协同合作，自发调节创新主体间相互关系，从而生成新结构、产生新功能以适应创新环境的变化，从而激发系统网络效应，突破创新资源限制，加速创新资源流动，以提高项目导向型供应链的创新效率和市场竞争优势。

基于此，本书以“项目导向型供应链创新生态系统研究”为题，围绕项目导向型供应链中创新生态系统的构建机理和治理机制两大关键主题开展研究工作，以期通过创新生态系统的构建和有效运行，达到创新资源优化配置和创新绩效稳步提升的目的。针对上述两大关键问题，本书分为九章开展研究工作，其中每章的具体研究内容如下：

第 1 章绪论。本章主要介绍本书的研究背景，然后引出研究的问题；明确研究的目的和意义；提出研究的内容、方法与分析框架；并阐述本书的研究特色与创新之处。

第 2 章基础理论与研究方法。结合本书研究内容，本章首先对本书研究所涉及的基础理论和使用的基本研究方法进行梳理和展示，主要基础理论包括供应链管理理论、项目管理理论、生态系统理论、供应链知识管理理论，主要研究方法与理论包括委托代理理论、关系合约理论、交易成本理论和机制设计理论。

第 3 章项目导向型供应链创新生态系统的研究动态。本章主要对本书所涉及的相关研究领域进行文献综述，本书主要涉及项目导向型供应链、创新生态系统等研究领域。其中项目导向型供应链研究动态主要包括知识管理问题、创新激励问题、集成调度问题三个方面，创新生态系统研究动态主要包括企业层面创新生态系统相关问题、产业层面创新生态系统相关问题、区域层面创新生态系统相关问题三个方面。

第 4 章项目导向型供应链创新生态系统的内涵与特征。基于项目管理理论与供应链管理理论，本章首先对项目型组织的内涵与特征进行了分析和讨论，在此基础上对项目导向型供应链的内涵及特点进行了界定和分析；然后将创新生态理念引入项目导向型供应链中，通过深入比较项目导向型供应链创新生态系统与自然生态系统的构成要素、共同特点等分析了项目导向型供应链创新生态系统的内涵，并总结出项目导向型供应链创新生态系统的主要特征包括核心企业主导性、主体关系生态性、系统协同演化性以及创新协同复杂性。

第5章项目导向型供应链创新生态系统的构建机理。基于供应链管理理论与生态系统理论，本章首先分析了项目导向型供应链创新生态系统的结构，主要包括企业创新层、技术创新层、辅助创新层与创新生态环境；之后分析了项目导向型供应链创新生态系统的功能，主要包括创新资源聚集功能、创新风险规避功能、创新环境适应功能与创新规模效应功能；最后，利用系统动力学分析了项目导向型供应链创新生态系统的动力机制，提出了动力机制概念模型，建立了项目导向型供应链创新生态系统构成要素的因果关系图、项目导向型供应链创新生态系统动力流量图，在定性分析的基础上，运用 Vensim PLE 软件对项目导向型供应链创新生态系统发展趋势进行仿真，并通过改变政策引导因素、创新文化因素、核心企业领导能力因素等来分析不同影响因素对项目导向型供应链创新生态系统发展的动态影响。

第6章项目导向型供应链创新生态系统的知识治理效应。本章基于供应链知识管理理论，结合对传统供应链企业间的知识需求模型、知识共享与转移层次模型的分析，首先构建了基于知识流动的项目导向型供应链创新生态系统网络结构，提出了基于市场机制的项目导向型供应链协同创新知识治理思路，并通过实证研究论证了项目导向型供应链企业间的知识交易对产品协同创新的正向影响作用，最后基于知识治理思路研究了项目导向型供应链创新生态系统中协同创新的伙伴选择机制。

第7章项目导向型供应链创新生态系统的知识治理机制。本章基于知识治理思路，利用委托代理理论，分别研究了考虑知识投入影响下、学习能力影响下、知识属性影响下、多重任务结构影响下、行为不确定性下、客户需求影响下项目导向型供应链创新生态系统企业间协同创新的治理机制。研究结果将为项目导向型供应链创新生态系统的知识治理机制设计提供理论依据和指导。

第8章项目导向型供应链创新生态系统知识治理的稳定性。本章利用演化博弈理论，综合考虑参与主体收益损益、知识互补性、知识交易风险成本、知识交易支付成本、知识交易量、知识交易意愿、知识吸收转换能力等因素，研究项目导向型供应链创新生态系统中各行为主体协同创新的演化博弈过程，对项目导向型供应链创新生态系统协同创新的进化稳定性进行了分析，并在此基础上分析了博弈主体策略选择的动态演化过程与稳定性，以及参与主体收益损益系数、知识互补性系数、知识交易风险成本、知识交易支付成本、知识交易量、知识交易意愿、知识吸收转换能力等因素对项目导向型供应链创新生态系统协同创新动态演化过程及稳定性的影响。

第9章研究结论与展望。本章总结全书研究内容，并对后续研究进行展望。

陈伟负责整本书的总体构思，以及第1章至第3章、第6章至第7章的主要内容撰写，并负责所有章节的修改和统稿等工作；王艺婷负责第4章至第5章的撰写以及协助统稿与校对工作；李王林负责第7章的撰写工作，邓尧负责第8章的撰写工作。

本书的研究工作还得到重庆工商大学工商管理一级学科方向团队“企业发展战略创新研究团队”、中宣部宣传思想文化青年英才项目、重庆市巴渝青年学者人才项目、重庆工商大学高层次人才引进项目的资助。本书的编写和出版得到重庆工商大学工商管理学院、重庆市人文社科重点研究基地“企业管理研究中心”和中国财政经济出版社的大力支持，在此一并表示衷心的感谢。

此外，本书在研究、写作过程中参考了大量文献，由于篇幅限制，不能一一罗列，这里特向未被罗列的作者表示歉意，并向所有的作者表示诚挚的谢意。

由于时间仓促及作者水平有限，本书错误之处在所难免，敬望读者批评指正。

著　者

2022年3月

目录

Contents

第 1 章
绪　论

1.1 研究背景与问题提出

2021年5月28日，习近平总书记在中国科学院第二十次院士大会、中国工程院第十五次院士大会和中国科学技术协会第十次全国代表大会上发表重要讲话强调，坚持把科技自立自强作为国家发展的战略支撑，立足新发展阶段、贯彻新发展理念、构建新发展格局、推动高质量发展，面向世界科技前沿、面向经济主战场、面向国家重大需求、面向人民生命健康，深入实施科教兴国战略、人才强国战略、创新驱动发展战略，把握大势、抢占先机，直面问题、迎难而上，完善国家创新体系，加快建设科技强国，实现高水平科技自立自强。近年来，习近平总书记多次在不同场合提到“创新”一词，企业技术创新问题已然引起我国政府的高度重视，是我国未来经济和社会发展的主旋律。党的十八大以来，以习近平同志为核心的党中央始终把创新摆在国家发展全局的核心位置，强调通过实施创新驱动发展战略，加快推进以科技创新为核心的全面创新。为深入贯彻习近平总书记系列重要讲话精神和治国理政新理念新思想新战略，2017年10月13日，国务院办公厅发布的《关于积极推进供应链创新与应用的指导意见》（国办发〔2017〕84号）指出，供应链具有创新、协同、共赢、开放、绿色等特征，推进供应链创新发展，有利于加速产业融合、深化社会分工、提高集成创新能力，有利于建立供应链上下游企业合作共赢的协同发展机制，有利于建立覆盖设计、生产、流通、消费、回收等各环节的绿色产业体系。可见，关于供应链协同创新发展问题已引起国家层面的高度重视。其中，项目导向型供应链（Project－based Supply Chain）强调以项目创新为核心，是具有异质且互补性知识资源的供应链上下游企业为实现共同目标而组成的具有特定功能的跨组织结构模式。相较于传统供应链，项目导向型供应链更强调上下游企业间基于项目的协同创新而完美契合了项目型企业的创新需求，在国家创新驱动发展战略背景下，项目导向型供应链协同创新问题逐渐成为理论界和实务界关注的焦点。

考虑到知识是创新的核心要素，项目导向型供应链协同创新活动在一定程度上可以认定是围绕项目全生命周期进行知识投入、知识共享和知识创新的无限循环过程，现有研究也因此大多专注于通过知识管理来促进项目导向型供应链协同创新。然而，在协同创新实践中，配套产品或技术研发滞后、技术不兼容或不匹配、技术学习能力差异、市场未形成和政府政策限制等问题往往会导致创新项目的失败。其失败的原因在于这种开放式创新活动的成功与否，不仅受到知识这一核心要素的影响，还受到项目技术标准化程度、创新主体的行为和动机、创新成果产业化和市场化、供应链联盟管理能力和组织环境等一系列因素的影响。可见，项目导向型供应链协同创新活动是一项复杂的系统工程，单靠知识管理难以推动该项活动持续有效开展。而基于技术创新理论和生态系统理论，将生态系统理念引入到项目导向型供应链协同创新活动中，在项目导向型供应链中建立似于生物与生物之间、生物与环境之间所形成的互利共生、相互寄生的生物生态系统，即创新生态系统，是有效解决上述困境、推动供应链协同创新的重要途径。在项目导向型供应链中建立创新生态系统，面向市场需求，以项目创新为核心，以技术标准为纽带，基于创新主体拥有的互补性知识资源，形成互利共生、共同进化的创新体系，并通过创新主体间非线性的协同合作，自发调节创新主体间相互关系，从而生成新结构、产生新功能以适应创新环境的变化，从而激发系统网络效应，突破创新资源限制，加速创新资源流动，以提高项目导向型供应链的创新效率和市场竞争优势。

基于此，本书以“项目导向型供应链创新生态系统研究”为题，围绕项目导向型供应链中创新生态系统的构建机理和治理机制两大关键主题开展研究工作，以期通过创新生态系统的构建和有效运行，达到创新资源优化配置和创新绩效稳步提升的目的。

1.2 本书研究目的与意义

1.2.1 本书研究目的

将生态系统理论引入项目导向型供应链上下游企业协同创新问题研究之中，针对项目导向型供应链创新生态系统的基础理论、构建机理、治理机制及稳定性评价等关键问题进行深入研究，旨在探索解决项目导向型供应链中跨组织协同创新困境的新思路和新方法，进一步丰富供应链管理理论和创新系统理论。

1.2.2 本书研究意义

本书拟针对现有研究的不足，以围绕项目开展上下游企业协同创新的供应链联盟为研究对象，引入生态系统的理念，主要研究项目导向型供应链创新生态系统的构建机理和治理机制两大关键问题。本书具有以下学术价值和应用价值：

第一，学术价值方面。首次将生态系统理论引入项目导向型供应链上下游企业协同创新问题研究之中，不仅开拓了供应链管理的理论研究视野，有助于供应链管理基础理论的丰富和完善，而且为供应链中跨组织协同创新活动的有效开展提供了新思路和新方法。

第二，应用价值方面。本书关于项目导向型供应链创新生态系统的研究，正符合国务院办公厅于2017年10月13日发布的《关于积极推进供应链创新与应用的指导意见》（国办发〔2017〕84号）的要求，研究成果将为我国供应链成员企业开展协同创新活动提供决策参考与指导，并为知识经济时代我国供应链开展更深层次合作提供一些思路。

1.3 研究方法、内容及分析框架

1.3.1 本书涉及的主要研究方法

本书开展研究工作主要涉及的研究方法如下：

（1）文献研究法

文献研究是科学研究的一个重要方法，是根据一定的研究目的或课题，通过调查文献来获得资料，从而全面地、正确地了解掌握所要研究问题的一种方法。本书通过对供应链、项目导向型供应链、创新生态系统等国内外相关文献的分析、归纳、总结，定性分析项目导向型供应链创新生态系统的内涵、特征、类型、构成要素及功能。

（2）委托代理理论

委托代理理论是制度经济学契约理论的主要内容之一，主要研究的委托代理关系是指一个或多个行为主体根据一种明示或隐含的契约，指定、雇佣另一些行为主体为其服务，同时授予后者一定的决策权利，并根据后者提供的服务数量和质量对其支付相应的报酬。委托代理理论是过去30多年里契约理论最重要的发展之一。本书主要利用委托代理理论来研究不对称信息下项目导向型供应链创新生态系统中协同创新的知识治理机制设计。

（3）演化博弈理论

演化博弈论是把博弈理论分析和动态演化过程分析结合起来的一种理论。在方法论上，它不同于博弈论将重点放在静态均衡和比较静态均衡上，强调的是一种动态的均衡。演化博弈理论源于生物进化论，它曾相当成功地解释了生物进化过程中的某些现象。演化博弈论目前成为演化经济学的一个重要分析手段，并逐渐发展成一个经济学的新领域。本书主要利用演化博弈理论分析项目导向型供应链创新生态系统协同创新过程中知识治理的动态演进过程，并对其稳定性进行评价。

（4）实证研究法

实证研究法是认识客观现象，向人们提供实在、有用、确定、精确的知识研究方法，其重点是研究现象本身“是什么”的问题。实证研究法试图超越或排斥价值判断，只揭示客观现象的内在构成因素及因素的普遍联系，归纳概括现象的本质及其运行规律。本书主要利用因子分析法、结构方程模型等实证研究方法研究不同类型关系背景下项目导向型供应链中知识交易对企业创新绩效的影响机理，以验证项目导向型供应链创新生态系统的协同创新活动中，跨企业知识交易对企业创新绩效的正向影响作用。

1.3.2 研究内容及分析框架

本书的主要研究内容及基本框架如图 1.3.1 所示。

根据图 1.3.1 可以看出，本书的研究内容主要四个方面，共分九章，各章研究的主要内容如下：

第 1 章绪论。本章主要介绍本书的研究背景，然后引出研究的问题；明确研究的目的和意义；提出研究的内容、方法与分析框架；并阐述本书的研究特色与创新之处。

第 2 章基础理论与研究方法。结合本书的研究内容，本章首先对本书研究所涉及的基础理论和使用的基本研究方法进行梳理和展示，主要基础理论包括供应链管理理论、项目管理理论、生态系统理论、供应链知识管理理论，主要研究方法与理论包括委托代理理论、关系合约理论、交易成本理论和机制设计理论。

第 3 章项目导向型供应链创新生态系统的研究动态。本章主要对本书所涉及的相关研究领域进行文献综述，本书主要涉及项目导向型供应链、创新生态系统等研究领域。其中，项目导向型供应链研究动态主要包括知识管理问题、创新激励问题、集成调度问题三个方面，创新生态系统研究动态主要包括企业层面创新生态系统相关问题、产业层面创新生态系统相关问题、区域层面创新生态系统相关问题三个方面。

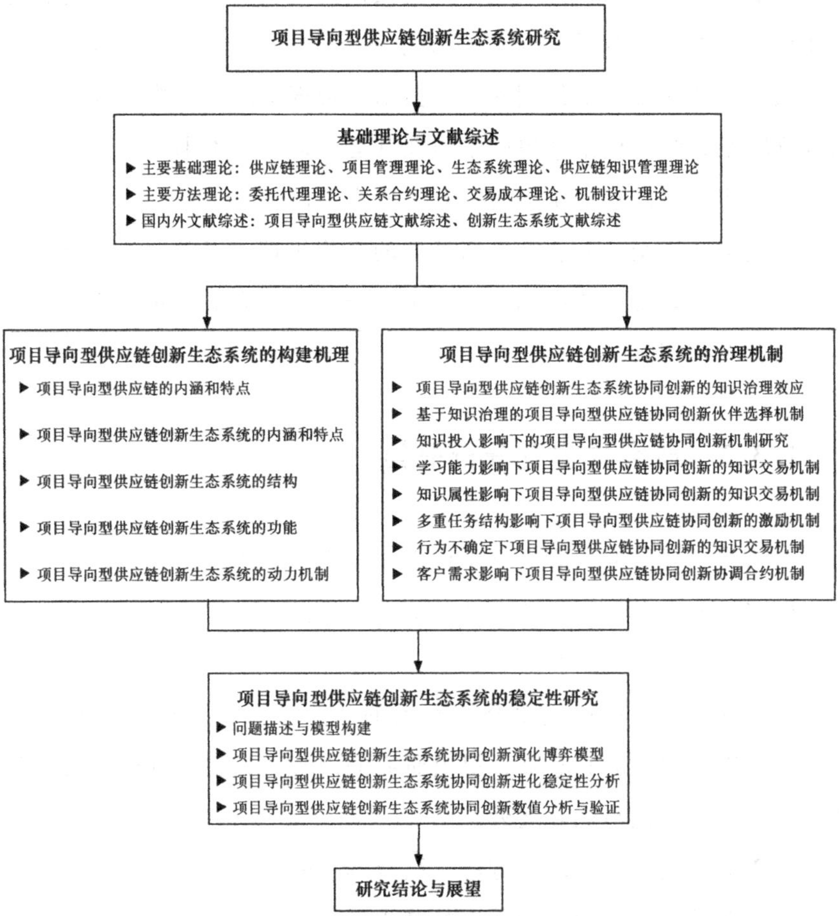

图 1.3.1　本书的研究内容框架

第 4 章项目导向型供应链创新生态系统的内涵与特征。基于项目管理理论与供应链管理理论，本章首先对项目导向型供应链的内涵及特点进行了界定和分析；然后将创新生态理念引入到项目导向型供应链中，通过深入比较项目导向型供应链创新生态系统与自然生态系统的构成要素、共同特点等分析了项目导向型供应链创新生态系统的内涵，并总结出项目导向型供应链创新生态系统的主要特征包括核心企业主导性、主体关系生态性、系统协同演化性以及创新协同复杂性。

第 5 章项目导向型供应链创新生态系统的构建机理。基于供应链管理理论与生态系统理论，本章首先分析了项目导向型供应链创新生态系统的结构，主要包括企业创新层、技术创新层、辅助创新层与创新生态环境；之后分析了项目导向型供应链创新生态系统的功能，主要包括创新资源聚集功能、创新风险规避功能、创新环境适应功能与创新规模效应功能；最后，利用系统动力学分析了项目导向型供应链创新生态系统的动力机制，提出了动力机制概念模型，建立了项目导向型供应链创新生态系统构成要素的因果关系图、项目导向型供应链创新生态系统动力流量图，在定性分析的基础上，运用 Vensim PLE 软件对项目导向型供应链创新生态系统发展趋势进行仿真，并通过改变政策引导因素、创新文化因素、核心企业领导能力因素等来分析不同影响因素对项目导向型供应链创新生态系统发展的动态影响。

第 6 章项目导向型供应链创新生态系统的知识治理效应。本章基于供应链知识管理理论，结合对传统供应链企业间的知识需求模型、知识共享与转移层次模型的分析，首先构建了基于知识流动的项目导向型供应链创新生态系统网络结构，提出了基于市场机制的项目导向型供应链协同创新知识治理思路，并通过实证研究论证了项目导向型供应链企业间的知识交易对产品协同创新的正向影响作用，最后基于知识治理思路研究了项目导向型供应链创新生态系统中协同创新的伙伴选择机制。

第 7 章项目导向型供应链创新生态系统的知识治理机制。本章基于知识治理思路，利用委托代理理论，分别研究了考虑知识投入影响下、学习能力影响下、知识属性影响下、多重任务结构影响下、行为不确定性下、客户需求影响下项目导向型供应链创新生态系统企业间协同创新的治理机制。研究结果将为项目导向型供应链创新生态系统的知识治理机制设计提供了理论依据和指导。

第 8 章项目导向型供应链创新生态系统知识治理的稳定性。本章利用演化博弈理论，综合考虑参与主体收益损益、知识互补性、知识交易风险成本、知识交易支付成本、知识交易量、知识交易意愿、知识吸收转换能力等因素，研究项目导向型供应链创新生态系统中各行为主体协同创新的演化博弈过程，进行了项目导向型供应链创新生态系统协同创新的进化稳定性分析，并在此基础上分析了博弈主体策略选择的动态演化过程与稳定性，以及参与主体收益损益系数、知识互补性系数、知识交易风险成本、知识交易支付成本、知识交易量、知识交易意愿、知识吸收转换能力等因素对项目导向型供应链创新生态系统协同创新动态演化过程及稳定性的影响。

第 9 章研究结论与展望。总结全文，并对后续研究进行展望。

第 2 章 基础理论与研究方法

2.1　主要基础理论

2.1.1　供应链管理理论

企业从原材料和零部件采购、运输、加工制造、分销直至最终送到顾客手中的这一过程被看成是一个环环相扣的链条，这就是供应链。供应链的概念是从扩大的生产（Extended Production）概念发展来的，它将企业的生产活动进行了前伸和后延。供应链就是通过计划、获得、存储、分销、服务等这样一系列活动而在顾客和供应商之间形成的一种衔接，从而使企业能满足内外部顾客的需求。因此，供应链管理就是指对整个供应链系统进行计划、协调、操作、控制和优化的各种活动和过程，其目标是要将顾客所需的正确的产品能够在正确的时间，按照正确的数量、正确的质量和正确的状态送到正确的地点，并使总成本最小。

供应链管理的思想在 20 世纪上半叶就被提出，当时主要应用于军事作战中，从需求量的确定到物资的获取以及物资的储存、运输和仓库管理，整个链条被视为一个体系，统一管理，合理地调配所需物资，迅速满足战场的需要，之后才逐渐应用到商业领域。供应链管理在商业领域的提出和启蒙阶段是 20 世纪 80 年代，它是一种集成的思想，包括企业内部集成和企业外部集成。在这期间，与供应链相关的各个企业（部门）之间的合作非常重要。到了 20 世纪 90 年代，与供应链相关的各企业（部门）之间时而发生利益冲突，这种冲突导致供应链管理的效率下降，并使整个供应链竞争力削弱。为了克服上述缺点，必须提高供应链的整体竞争力。在供应链管理初步形成阶段，信息流在向上传递时发生信息盐解现象及顾客不满意现象，信息不能有效共享成为企业提高竞争力的一个重要障碍。到目前为止，供应链管理处于强调建立合作伙伴关系阶段。在合作伙伴关系的前一时期提出的协调供应链，主张各合作企业之间一致“协调对外”。而合作伙伴关系则强调与尽可能少的供应商合作，对合作伙伴的选择则是分步骤的、考虑多种因素的综合评价过程，并保证合作的有效性。

从供应链的运作模式来看，供应链管理具有两大运作模式：一种叫“成本效益型供应链”；另外一种叫“时间响应型供应链”。任何一家企业都是从两个方面获取利润——收入和成本。收入是通过发展供应链，响应客户需求；成本主要是通过供应链效率提高和降低成本来获得。所以，供应链核心就在于如何发展供应链，提高客户响应能力；同时，降低整体供应链运营成本。成本效益型供应链更强调追求目标，注重低成本响应顾客需求。时间响应即敏捷化，又被称为“敏捷供应链”，需要通过 IT 技术的支撑，实现快速响应，各个环节生产、销售、物流都能够在第一时间获得所需要的信息，从而实现快速响应。

供应链协同运作是当前供应链管理的核心思想，这需要从供应链角度来考虑信息集成，怎么和供应商、客户分享信息，从这个角度打破传统所谓封闭集成的概念，所以信息技术在供应链管理一开始就联系在一起。供应链管理从信息技术来看，实际上是不断扩大的范围。从组织结构来看，从支撑独立部门的物资需求计划（Material Requirements Planning，MRP）开始，MRP 逐步扩展到财务、资金流和物流一体化。随着技术的进步，后来又进入企业资源计划（Enterprise Resource Planning，ERP）时代，企业从内部资源管理开始进入了更大范围的网络化组织的资源管理，从内部组织、内部资源管理向怎么建立企业合作关系以及同步化供应链这个方向演变。

供应链协同运作比较典型的技术是供应商管理库存（Vendor Managed Inventory，VMI）。VMI 可以大大降低成本，降低用户或者下游企业的成本，同时可以把它的精力解脱出来，从管理库存转变成管理核心业务。因此，很多企业原来投资大量的库存管理，现在可以减少存货投资的成本，从而提高柔性。供应链管理理论给原始委托生产（Original Entrusted Manufacture，OEM）企业采购管理的运用提供了重要的理论支持。由于采购管理是供应链管理的重要环节，它的运作模式不仅要符合供应链管理思想，还要考虑到供应链风险的复杂性、传递性、多样性以及动态性等特征。为了减少采购管理的风险，需要按照供应链管理要求坚持集成化思想和管理方法，强调整体利益的最大化，而不是某一节点企业经济效益最大化。同时，还需要充分考虑从采购、生产到销售这些环节中涉及采购管理的风险因素，并结合信息技术、库存优化策略以及成本效益原则，不断强化采购管理的风险意识，提高企业的抗风险能力。

2.1.2　项目管理理论

（1）项目管理理论概述

项目管理理论起源于第二次世界大战，发展于20世纪后30年的一种先进的管理理论。它以具体项目的管理为研究对象，通过定性、定量相结合的方法，将一些先进的管理理念和手段引入日常项目管理中，极大地提高了项目管理的效率。项目管理理论作为一门学科，具有成熟的理论基础和方法体系，已经在许多实际的项目管理过程中发挥了重要的作用。

（2）项目管理理论的发展进程

第一阶段，20世纪50年代现代项目管理理论产生在实践中。在20世纪中前期，由于几个重大工程项目的建设需求，如“曼哈顿工程”，管理和工程人员共同致力于研究并运用能够在预定的时间内用有限的资源和资金高效完成预期工程目标的方法。在这些工程完成后，人们总结经验，发现在运行大型复杂工程的时候，限制时间、限定资源、严格控制进度和成本等视角和方法有非常客观的效用。在这样的背景下，美国杜邦公司和兰德公司于1957年一起研制了一种系统的计划管理方法——关键路径法（CPM）。在此之后，美国海军于1958年在研制北极星导弹核潜艇时，提出另外一种系统的计划管理方法——计划评审技术（PERT）。这两种方法都是基于网络模型技术，所以统称为“网络计划技术”。该技术被认为是项目管理的起点。从此，在工程、军事、生产中，网络计划技术得到普遍应用并发挥巨大作用。

第二阶段，到20世纪80年代理论体系初步形成，网络计划技术的出现，为项目的管理提供了一种切实有效的方法技术，使得许多重大的项目获得成功，从而项目管理日益受到理论界和管理者们的重视。研究和开发项目管理的方法和技术的热潮在欧美各地蓬勃兴起。在学术界，一些国家和地区建立自己的项目管理学术团体，并于1965年成立了第一个项目管理的国际学术团体IPMA。以各自的团体为基础，项目管理的理论研究进入了新的阶段，理论体系逐渐搭建起来。通过长期的研究和探讨，在80年代，一些项目管理的专著陆续出现，如1983年的《项目管理手册》，其集众多专家和管理者的思想于一体。众多专著和学术论文及报告为项目管理搭建起基础的理论体系。

第三阶段，至今理论体系逐渐成熟。在项目管理理论体系形成之后，随着其应用环境的变化和项目操作实践的丰富，初期形成的项目管理理论体系不能够承载项目管理实践的需求，学者们和高级管理人员结合在实践中的经验和教训，开发出一系列具体的项目管理方法和技术，使得项目管理理论得到迅速发展。其中，按照项目管理的内容把项目管理理论细分为项目评价、项目组织管理、项目范围管理、项目时间管理、项目成本控制、项目质量管理、项目优化管理、项目团队和沟通管理、项目风险管理和项目管理软件理论和方法。

（3）与其他相关学科的关系和前沿问题

第一，与其他学科的关系。项目管理是管理科学的一个分支，同时又与项目相关的专业技术领域不可分割。例如，管理项目所需要的许多知识（关键路径分析、工作分解结构）对项目管理学科而言是唯一的，或几乎是唯一的。目前，国际项目管理界普遍认为，项目管理知识体系中的知识范畴包括三大部分，即项目管理特有的知识、一般管理的知识和项目相关应用领域的知识。

第二，相关前沿问题。项目管理越发盛行，于是从事项目管理研究和实践的学者和管理者们把目光投向了如何对项目管理集成化，如何进行多项目的管理，即项目组合管理和项目群管理。

2.1.3 生态系统理论

（1）生态学与生态系统理论

“生态学”作为一门科学，最早由勒特（Reiter）在 19 世纪下半叶提出。1866 年德国动物学家海克尔（Ernst Heinrich Haeckel）将其定义为：研究动物与环境之间相互关系的科学，尤其是动物与其他生物之间的有益和有害关系。起源于希腊文的“Ecology”一词中的“Eco”意为栖息地，“Logos”意为学问，所以结合词义来看，探究生物栖息地的学科即为生态学。物质交换和能量流动是生物与环境之间的主要沟通方式，美国生态学家奥德姆等人根据生态学原理，认为生态学应当推广到人类社会，并与经济学融合，从而将人类生态学发展起来。

生态学的发展经历了由动物的自然史向种群生态学的过渡，随着生态系统的研究逐渐受到重视，其重点也放在了生态系统的结构和功能上。生态学的研究对象不仅包括种群、群落和生态系统，还有生物圈——全球最大的生态系统。生态学主要研究种群的组成、分布、迁徙规律和稳定性等，以及生态系统的结构和功能、能量和物质转换与其发展和演化。

英国生态学家阿瑟·乔治·坦斯利爵士（Arthur George Tansley）受到丹麦植物学家尤金纽斯·瓦尔明（Eugenius Warming）的影响，在 1935 年首次明确提出“生态系统”这一概念。作者认为：“整个系统（从物理学的意义来看），不仅仅包括复杂的有机体成分，还有环境这个复杂的物理要素。上述复杂因素共同构成了一个物理系统，统一称为生态系统，并且生态系统具有不同的大小和种类。”即生态系统是特定空间内各生物群落与环境之间因为发生物质、信息、能量交换形成的一个整体，是生态学的基本功能单位。由于不同学者的研究对象和研究视角各异，所以在理论阐述和实践应用过程中，学术界对生态系统的定义产生40多个版本。综合学术界的一些观点，可以界定生态系统是在特定的时间和空间范围内，生物主体和非生物环境构成的具有特定大小和结构的动态功能结合体。总的来说，生态系统具有八大重要特点：整体性、复杂性、开放性、功能性、进化性、自发性、动态性和可持续性。

（2）生态系统的组成结构

生态系统的组成包括四个方面，其中生物要素分别为生产者、消费者、分解者，非生物要素为非生物环境。生物部分可以从非生物部分获得营养成分和维持生命活动所需要的能量，非生物部分同时也给生物部分的生存提供了良好的生活环境。生态系统各成分之间互相关联并且发生作用，从而形成固定的结构模式。常见的结构有物种结构、食物链和食物网结构、时间和空间结构、层级系统结构。物种结构是依据物种所在生态系统的不同地位和作用决定；食物链和食物网结构根据吃与被吃的关系构成；时间和空间结构是由时间和空间分化与配置的结构，还可分为垂直结构、水平结构和时间结构；层级系统结构是由各个亚系统相互作用而形成的结构。

生态系统中非生物部分，即生物部分周围的环境系统，包括太阳产生的辐射以及所有有机和无机成分。在生态系统中的食物链是指通过食性关系构建出各种生物之间的营养关联，而形成的一种被捕食者与捕食者的链接。生态系统中的各个食物链之间交错链接而成的网状结构称为“食物网”。

生态系统的生物要素的范围由小到大分别是物种、种群和群落。物种指的是具有特定的形态和功能，能够自然交配、繁衍产生后代的生物个体。种群指的是一定时间内在特定地理空间区域的物种的集合。两者的差别是，物种立足于生物个体，而种群则更强调一定时间内、在特定地理空间区域的物种的集合，也就是说不同地理位置上的同一种生物个体是同类型的物种，但却是不同的种群。生物群落指的是同一时间生存在同一个地理位置范围内的，具有捕食、共生或者寄生关系的全部生物种群的集合。群落不仅有生物种群的繁衍、变异和遗传等特征，还存在单一种群没有的多样性、结构性和层次性等特点。所有物种的生长与进化必须同环境进行物质循环和能量交换，因此，物种与环境形成了密不可分的整体，环境的变化促使物种改变自身的同时去寻找适合自己的种群和群落，因此“物种”“种群”和“生物群落”三个概念对应了生态系统内部不同的层级，构成层级系统结构。

生态系统中的各种生物在特定的时间和空间的作用总和推动了生态系统的发生和发展。因此，一个完整的生态系统应具有三个条件：第一，在环境中占有一定的实际生态位，并由多种适应该环境的物种组成；第二，保证各物种的物质能量交换顺利实现，即应具有完善的食物链和食物网；第三，具有能够维持动态平衡和应对环境变化的完整的自身调节机制。

（3）生态系统的基本特征

生态系统具有以下基本特征：动态性和平衡性、竞争性与合作性、复杂性与多样性、区域性与差异性。生态系统的进化是从简单到复杂，最终趋于相对稳定的状态，但是系统内的物质交换、能量流动以及信息交流在不停发生，所以在一定范围内，物种的种类和数量以及能量的进出保持稳态，这种状态即为生态系统的动态平衡。达尔文的物竞天择理论在生态系统中得以充分体现，各物种之间不仅存在竞争关系，还在进化过程中存在依赖的行为，物种与环境之间也存在利用和反利用的关系，即表现为竞争性与协同性。生态系统以多样化的生物为主体，与复杂的环境网络相结合。生物多样性，指的是一定时间和地区内所有的物种以及其遗传变异和生态系统复杂的集合，主要表现为物种多样、物种之间或物种与环境之间的相互作用的多样、生态环境和生物群落的多样。不同的地理环境拥有不同的生态条件，则会有与之相适应的生物种群，从而形成了生态系统的区域差异，这是由系统的组织成分对地理环境的适应和互相作用导致的。总的来说生态系统的共有特征为：生态系统作为生态学的基本结构和功能单位，其内部具有自我调节能力，并且这种调节能力随生态系统的结构复杂度增加以及物种数目增多而加强，生态系统的自我调节能力并不是无限增强的，一旦超过自我调节的限制，调节就会无用；单向的能量流动和循环的物质交换是生态系统的两大功能；生态系统的营养级因生产者产生能量的最大值以及能量在流动时的损失而受到限制，通常营养级数目不超过 5 ~ 6 个；生态系统并不是静止的，而是动态地经过从简单到复杂，逐渐走向成熟的过程，因此不同阶段的生态系统还有不同的特征。

（4）生态位和生态学共生理论

生态位，其定义是生态系统中某一个物种或者种群利用资源和适应环境的总和，包括其所处的时空位置以及与其他物种或种群的作用关系，可以用来表示此物种或者种群存在于该生态系统中需要的生活环境最小值。

1879 年德国生物学家德贝里提出“共生”这一概念，指的是不同物种因某种物质发生联系从而生活在一起。总的来说，共生是共生单元依据某种共生模式在特定环境下产生的关系，其中共生单元、共生模式和共生环境组成共生三要素，三者相互作用形成了共生关系。共生关系的基本条件是共生单元，不同的共生关系或不同层次内的共生单元有着不同的特征，各个共生单元的相互作用通过内在性质的“质参量”和外在性质的“象参量”来体现；共生模式是共生单元之间的物质循环、信息交流等互相作用方式，由共生单元和共生环境共同决定；共生环境则是影响共生单元的其他非生物因素的总和，包括正向环境、反向环境和中性环境。其中正向环境具有积极作用，负向环境具有消极作用，中性环境则既不具有积极作用也不具有消极作用。共生关系中，环境和生物体之间的作用同样是由物质、能量和信息交流完成的。

（5）生态系统的协同进化理论

协同进化论是在达尔文的进化论基础上衍生而来的，达尔文的进化论强调了优胜劣汰的生存竞争，将生物与环境孤立地看待，忽略了生物之间或生物与环境之间的其他联系，如共生关系和协同关系，因此协同进化论应运而生。Ehrlich 和 Raven 在 1964 年首次提出了“协同进化”（Co - evolution）一词，二位学者主要研究了植物与植食昆虫之间的相互作用对进化的影响，但作者并未给予协同进化准确的定义，因此不同的学者对该词有不同的看法。Jazen 提出的协同进化理论被广泛认同，即“一个物种的某一特性由于回应另一物种的某一特性而进化，而后者的特性也同样由于回应前者的特性而进化”。这一定义突出了协同进化的三大特性：一是特殊性，即每个物种的阶段性进化都是由其他物种引起的；二是相互性，即相互作用的两个物种的特点都是进化导致的；三是同时性，即相互作用的两个物种的特点都是同时进化而来的。此外，德国物理学家 Haken 在 1976 年全面描述了“协同进化论”，他对系统内各要素在进化时发生的协同过程进行了研究，认为该协同方式是系统进化的必须因素。

协同进化论的研究角度多样，包括竞争物种之间、捕食者与被捕食者之间、寄生物与寄主之间、拟态的协同进化等。竞争物种之间的协同进化指的是同一区域生存的两物种竞争获得相同资源的情况，竞争使双方获得的资源减少，因而两物种数量减少；捕食者与被捕食者之间的协同进化指的是一种物种将另一物种作为食物，捕食过程中捕食者杀死被捕食者的过程；寄生物与寄主之间的协同进化指的是寄生物寄居生活于某物种的体表或体内，寄主是被寄生的一方；拟态的协同进化指的是某物种与其他物种在形态上相似。协同进化体现了物种与物种以及物种与环境间的特定生存关系，包括细胞、个体、种群、群落以及生态系统的各个层面。

2.1.4 供应链知识管理理论

（1）供应链企业间知识管理的目标

供应链知识管理的主要出发点是当代企业所面对的生存环境发生的革命性变化，其直接目标是提高知识创新和运用的效率，在供应链结构中推动知识转移和共享，使供应链成员之间的知识水平达到协调优化，使核心企业、供应商和客户成为一体，收益共享、风险共担。

知识创新所具有的高风险性要求企业在进行知识创新时充分考虑风险规避问题；同时，知识在使用上所具有的不同于其他资源的特性使得知识的合作开发与利用成为可能。因此，供应链中知识管理的首要目标是利用供应链成员在业务流程和知识资源上的互补性提高知识创新和利用的效率，避免知识重复创新行为在供应链联盟中发生，同时降低知识创新的风险和不确定性。

推动知识在供应链中的转移和共享是其主要手段。知识的更新速度加快和知识具有的网络效应，知识的价值随时间递减的特性，使知识的生命周期越来越短。因而，新知识在创造出来以后必须迅速被运用才能产生最大的市场价值和经济效益。因此，要求拥有新知识的企业在供应链中尽快转移和共享知识资源，以增强供应链的整体知识容量，协调和优化供应链成员企业的知识水平，进而使各成员企业提供的产品或服务满足其他成员的要求。

（2）供应链知识管理的主要内容

供应链上知识价值的实现，要求知识管理过程在整个供应链上完成，包括供应链企业内部和供应链企业之间。从知识管理的内容上来看，供应链中的知识管理主要涉及供应链中知识的创造、共享、运用和保护等主要活动的计划、组织、指挥与协调，涉及对供应链中的个体知识、部门知识、企业知识和企业间知识的管理。在结合有关参考文献的基础上，我们认为供应链知识管理的主要内容包括：供应链中知识的获取、供应链中知识的共享、供应链中知识的运用、供应链中知识的保护，支持供应链知识管理的基础性活动。

①供应链中知识的获取。供应链中知识的获取，指供应链参与企业从企业内部、供应链内部和供应链外部获取供应链流程中显性和隐性知识的过程。其中，主要强调从供应链合作伙伴那里通过学习获取知识，充分利用供应链这个蕴藏着丰富知识资源的“知识宝库”。可转化为知识的信息资源主要有电子文档资源、纸质文档资源、语音资源和数据库等。这些资源被收集到供应链企业的知识库中。知识获取要求供应链中个人、部门和企业都具有较强的知识选择、提炼、分类、识别的能力，能够从企业所获取的知识中甄别、分析对企业经营过程有用的知识。

②供应链中知识的共享。知识管理的研究者大都认为知识的共享是知识管理的核心，在供应链的知识管理中尤其强调知识在节点企业间的共享与传播。其根本原因是知识的共享与传播是促进知识在供应链企业间流动的主要手段，有利于整个供应链知识资源的交流和互补，从而提高供应链知识创新和应用的效率。可通过知识推送、电子公告、知识订阅、教育培训等方式，以页面浏览、电子邮件、文件传输等形式来实现知识在供应链联盟成员间的共享与传播。

③供应链中知识的运用。供应链中的知识运用首先强调对知识的吸收。组织的吸收能力不仅包括企业员工的吸收能力，还包括其知识在不同部门间传播和转移的能力，不单是个人吸收能力的总和。随着外部知识和信息对企业的重要性日益增加，供应链企业需要更高的吸收能力来从其供应链合作伙伴处鉴别、提取知识。贯穿于整个管理过程的知识运用，实现成员间知识水平的协调，包括成员间的知识存量、知识利用能力和知识存储能力等，其目标是最终产品在各个环节的知识层面上能得到保证，并能实现其功能的协调与优化。

④供应链中知识的保护。鉴于供应链的动态性和由不同独立法人企业组成的特点，供应链中的知识保护特别重要。供应链知识管理系统中必须有完善的用户管理和网络安全管理功能，节点企业还应具备较强的

知识提炼和筛选能力，以更好地对涉及企业核心竞争力的知识资本，如知识产权、专利产品、核心技术、客户偏好等，进行有效保护。

⑤支持供应链知识管理的基础性活动。供应链中的知识管理跨越了企业的边界，面对不同的企业组织结构、知识结构和企业文化，需要一系列支持供应链知识管理的基础性活动来保证供应链中知识管理活动的顺利开展。这主要有战略性供应链成员间的合作伙伴关系管理，包括基于知识管理能力的合作伙伴选择和知识合作评价等；基于信任的支持知识在供应链成员间交流和共享的联盟文化管理，包括企业领导层对于供应链知识共享观念的支持和员工与企业层次对知识共享的认同等；支持供应链知识管理的技术性活动，如基于 Internet 的供应链知识库管理、基于 Web 的核心企业知识门户、成员间在线知识学习和培训系统等。

（3）供应链知识管理的特征

供应链联盟是现代经济发展过程中出现的一种战略联盟形式，相对于其他企业合作形式如虚拟企业、产学研合作等，供应链中企业之间的关系要更加紧密，因此，供应链知识管理具有以下特征：

①知识协调。供应链的高效率运行要求其成员企业无论在知识的拥有量、知识共享与吸收能力、知识互补程度，还是在知识创新能力和创新文化上都要达到协调，知识共享和知识交流要求成员企业间经营理念的一致性，一旦有一家企业的知识不能达到其他成员的要求，就要影响整个供应链运作的效率。因此，在进行合作伙伴选择时除了考虑与物流、信息流、资金流“三流”相关的指标外，还应考虑合作伙伴的知识协调指标。

②保密—公开—安全关系原则。知识在供应链中获取、共享、传播、运用的前提是供应链成员必须明确哪些知识是关乎企业竞争优势的核心知识，哪些是能为其他成员提供帮助的非核心知识，前者需要保密，后者需要实现迅速高效地共享。企业既要做到与供应链合作伙伴的知识交流，也要注意保护自己的核心知识，强调知识管理的安全性，从而不断丰富自身的知识库。

③强调知识共享和传播。知识共享和传播是供应链中知识管理的核心内容。知识不是物质财富，它并不因为产权的转移而丧失对知识的使用权。而且知识具有收益递增的特性，即使用得越多，产生的效益越大。因此，供应链中的知识管理强调知识的共享和传播，可以降低供应链成员获取、创造知识的成本和风险，提高知识运用的效率和供应链整体知识容量。

(4) 供应链中知识的类型

知识是通过经验和实践得到的一系列数据、规则、程序和操作的集合。而组织知识可以被看作有关组织信息、过程、价值和信念的集合。它来源于个人知识而又超出了个人知识，并为一个组织所特有。从知识管理的角度来看，每一个企业都是由多种知识构成的知识系统。供应链企业中的知识包含了联盟各节点企业的结构化经验、专利技术、企业价值观、情报信息等，还包括各企业间的联系与交互。相对于企业内部的知识资源，供应链企业中的知识范围更大，层次更多，结构也更复杂。要研究供应链中的知识管理，必须首先对供应链企业中的知识进行界定，以此作为研究供应链中知识管理问题的基础。表2.1.1表示了供应链企业中的知识类型。

表2.1.1　　供应链企业中的知识类型

依据	类别	内容
可描述性	显性知识	企业制度规范、企业专利、供应链技术规范、客户信息
	隐性知识	企业文化、个体技巧与诀窍、价值观、心智模式
知识主体	个体知识	供应链节点企业中个人的知识
	组织知识	节点企业中由个体知识转化、整合而成部门知识和企业知识
	企业间知识	企业间个体知识和组织知识流动、激活、重用而形成的新知识
结构化程度	正式结构知识	网页上的内容、电子数据交换的事务信息和各种文件
	非正式结构知识	电子邮件、论坛上的留言和协调过程
知识来源	常规性知识	专利、商标、版权、注册设计、商业机密、合同、执照
	位置性知识	企业声望、价值链结构、分销网络、组织结构、市场份额
	功能性知识	雇员的诀窍、分销商技巧、供应商的技巧
	文化性知识	组织特点、对质量标准的理解、对挑战的反应、客户服务惯例

在供应链企业中，依据知识的可描述性不同，分为内容明确，易于收集、编码、整理和存储，方便在不同个体间共享和传播的显性知识，和建立在个人经验、价值观、方法论等无形要素基础上，难于编码、表达、传播和结构化的隐性知识。

依据知识的主体不同，既包括个体知识也包括组织知识，还包括组织间知识。个体知识是组织知识产生和存在的基础；但组织知识并非个体知识的简单加总，而是个体知识在组织中传播、共享和创新的结果，它具有个体知识所未有的性质；组织间知识是供应链节点企业间个体知识和组织知识相互传播、转化和整合的过程中所产生的新的知识，表示着企业间的知识流动和碰撞。从知识共享方转移到知识接受方的知识通过接受方的一系列知识整合、知识激活和知识重用等活动产生了新的知识，这种知识往往具有非常高的价值。

依据知识的结构化程度不同，分为正式结构知识和非正式结构知识。正式结构知识通常是显性的，而且容易被编码化为正式的格式，包括网页上的内容、电子数据交换的事务信息和各种文件等。在供应链中这些知识是通过 EDI、网页、FTP 等形式传播的。非正式结构知识很不容易格式化和记录，而且同具体环境相关，通常嵌入在过程中或人的头脑中，包括电子邮件、论坛上的留言和协调过程等。在供应链中这些知识是通过 E-mail、电视电话会议、公告板等形式传播的。

依据知识的来源不同，分为常规性知识、位置性知识、功能性知识和文化性知识。常规性知识指同企业规章制度、企业间协议和章程有关的知识，包括同法律实体和财产权有关的知识，如专利、商标、版权、注册设计、商业机密、合同、执照、数据库等；位置性知识指同企业知识积累相关的知识，包括跟法律实体无关的知识，如企业声望、价值链结构、分销网络、组织结构、系统配置、市场份额等，这类知识是路径依赖的；功能性知识指同企业竞争优势相关的知识，包括个人或集体的技能，如雇员的诀窍、分销商技巧、供应商的技巧或以上的组合；文化性知识指同企业文化和供应链文化相关的知识，包括组织特点、对质量标准的理解、组织能力如管理创新、变化、团队工作以及对挑战的反应、客户服务惯例等。

供应链企业中的知识应该是同具体环境相关的，不但存在于企业内部，也存在于企业所处供应链的各个环节，涉及不同主体的繁多知识。从企业价值链的角度，可以把供应链的知识管理活动看作是从供应商原料生产到售后服务全过程的知识转化、整合和传播活动。因此，我们认为供应链企业中的知识包括采购和供应知识、设计和开发知识、生产制造和物流知识、渠道管理和分销知识、客户服务和品牌知识、财务知识等。在结合有关的参考文献的基础上，我们提出了供应链流程中的知识，如图 2. 1. 1 所示。这些知识当中包含结构化的显性知识和非结构化的隐性知识。

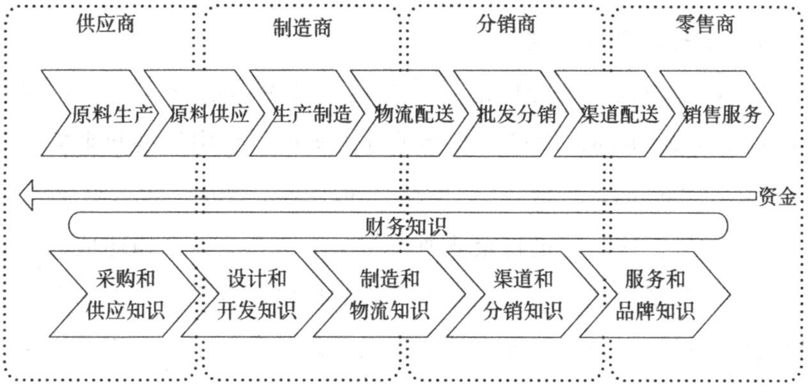

图 2. 1. 1　供应链流程中的知识

采购和供应知识包括采购标准、供应商关系、原料质量控制、供应商响应速度等知识；设计和开发知识包括成本估计、工程设计、研发技术、专利与特有工艺、产品性能参数知识；制造和物流知识包括生产计划、生产能力、库存水平、设施和仓储设计、物流运输控制等知识；渠道管理和分销知识包括配送计划、分销商关系、渠道设计与管理等知识；客户服务和品牌知识包括产品品牌形象、顾客偏好、顾客满意度、市场趋势、市场分析和开发等知识；财务知识包括电子资金转账知识、财务报告等知识。以上这些知识贯穿供应链管理的整个流程，不同行业或不同战略导向的供应链中知识要素也不一样。供应链中的知识管理水平很大程度上依赖于知识的种类和供应链的具体类型。

2.2 主要研究方法

2.2.1 委托代理理论

委托代理理论是现代企业理论的重要组成部分，是合约理论最重要的发展，也是现代信息经济学研究中最为活跃的领域之一。

（1）委托代理理论观点

最早讨论两权分离的理论（委托代理理论的前身）是从贝利和米恩斯（Herle & Mean，1933）开始进行的实证研究中发展起来的，后继者鲍莫尔（Baumol，1959）、马里斯（Marrris，1964）等人在此基础上又进行了发展。这个理论将企业所有者与经营者的关系描述成无私的信托交换忠诚关系：一方面，作为所有者的风险投资人将企业的资产委托给他们信得过又具备经营能力的代理人管理，不要抵押，不要担保，完全承担授权不当的全部损失和授权得当的全部收益；另一方面，经营者顺从、忠诚地履行他们的信托责任——在竞争性的即期和远期市场上，买入当前和未来的投入，卖出当前和未来的产出，按照使企业利润或价值实现最大化的要求组织生产经营，以此来为所有者谋利。如果他们做得不好，那么，他们就会被解除信托责任，甚至被追究法律责任。这种理论建立在无外部性、无个人利益冲突、无信息不对称、无交易成本的假定之上，是一种理想状态。

委托代理理论是在过去 20 年中发展起来的，对此做出开拓性贡献的人有威尔森（Wilson）、威廉姆森、罗斯、马里斯、霍姆斯特姆、格罗斯曼和哈特等。这一理论的特点是首先放弃了经营者无私的假设，认为他们不仅有自己的利益（个人效用函数），而且追求的就是自己的利益，如在职消费、经理权威等；其次，这一理论放弃了完全信息的假定，认为所有者和经营者的信息是不对称的。因此，即使在最佳的风险和激励安排下，经营者也仍然能更多地偏向于自己的追求。正是在这个意义上，哈特认为委托代理理论为现代企业管理理论奠定了基础。

委托代理理论有其隐含的前提条件，即：①契约建立在自由选择和产权明晰化基础之上，维持契约的条件是代理成本小于代理收益；②拥有剩余索取权的委托人是风险中性者，从而不存在偷懒动机，即具有监督代理人行为的积极性；③由于剩余索取权具有可转让性，委托人通过行使退出权（或称“用脚投票”）惩罚代理人违约行为的威胁是可信的。在这样的条件下，委托代理理论重点研究如何设置一种能给代理人足够刺激和动力的机制或契约，使代理人在追求个人效用的同时实现委托人预期效用的最大化。

广义的委托代理关系泛指承担风险的委托人授予代理人某些决策权，并与之订立或明或暗的契约。狭义的委托代理关系专指公司的治理结构，即作为委托人的出资人授予代理人在契约（如公司章程）中明确规定的权利（如控制权），凡在契约中未经指定的权利（如剩余索取权），归属委托人。剩余索取权和控制权分离后，尽管会产生代理收益，但由于委托人与代理人效用函数的不一致性及信息的不对称性，就可能形成代理人利用自己的信息优势，采取旨在谋求自身效用最大化却可能损害委托人利益的机会主义行为。

（2）委托代理问题

在委托代理关系里，对他方的行为承担一定的风险而获得监督他方的权力的一方，被称为“委托方”。相应地，代理方则是指不一定非为自己行为负责的一方，他不承担风险。委托代理的后果不仅取决于代理方的行为，同样取决于委托方本身的行为，还取决于两者之间一系列契约的签订和执行。

委托代理问题产生的原因在于委托人掌握的信息不够，自己去亲自谋划某件事情所带来的收益，还不如委托给一个代理人去办能带来更多的收益。因此，委托人就找代理人为自己的目标服务。但是，问题在于，代理人是否会一心一意地为委托人服务。从经济学角度来看，每个人都是具有有限理性的经济人，都有自己追求的个人效用目标，因此，代理人能否为委托人带来利益就成为一个问题。由于代理人掌握的信息较多，委托人掌握的信息较少，实际上就会出现委托人不如代理人主动的情况。

这种信息不对称，主要表现在委托人与代理人之间的契约签订过程及签约后履行的过程中。从委托人的角度看，所谓使代理人全心全意地为委托人服务，实质上是设立一系列约束条件，签订一个最优契约使委托人的利益最大化。

委托代理问题主要有因信息不对称和有限理性引起的四类问题，即信号传递、信息甄别、隐藏知识和隐藏行动。

①信号传递。信号传递是指代理人知道自己的特征，由于信息是不完全的，委托人不知道他的特征，代理人为了显示自己的特征而选择某种信号，委托人在知道了代理人的特征以后，再与代理人签订契约。信号传递的典型例子是企业老板与雇员签订契约。雇员知道自己的能力，而老板不知道雇员的能力，那么，如果雇员选择受教育程度作为表现自己能力的信号传递给老板，老板就会根据雇员的受教育水平支付工资。

②信息甄别。信息甄别是指代理人知道自己的特征，由于信息是不完全的，委托人不知道他的特征，委托人提供多个契约供代理人进行选择，代理人根据自己的优势选择一个最有利于自己的契约，并根据契约选择行动。信息甄别的典型例子是保险公司与投保人之间的关系——投保人知道自己的风险，而保险公司不知道。

③隐藏知识。隐藏知识是指缔约双方在签约时信息是对称的，缔约以后，一方当事人不知道在这种关系中另一方当事人的某些特征。例如，代理人观察到自然状态类型，并据此选择了行动；委托人观察到了

代理人的行动，但不能观察到自然状态的情况，这样，信息就是不完全的。委托人的行动是设计一个最优契约，促使代理人在给定的自然状态下选择对委托人最有利的行动。

④隐藏行动。隐藏行动是指缔约双方在签约时信息是对称的，缔约以后，代理人选择了行动，自然状态是变化的，代理人的行动是由自然状态及其努力水平所决定的；委托人只能观察到某些结果，而不能观察到代理人的行动和自然状态本身。在这种条件下，信息是不完全的，委托人的任务是设计一个机制（最优契约），促使代理人的行动对自己最有利。例如，签订经营合同后，总经理掌握了企业经营权；股东只知道有限的信息（如经营业绩），而对经营过程一般是不甚了解的。

第 1 类、第 2 类问题是委托人与代理人在签约前和签约过程中可能出现的问题，由此产生的契约是有风险的。委托人为了防范这种风险，会采取逆向选择行为。1970 年，阿克劳夫提出一个柠檬模型。该模型讨论的是在旧车市场上有质量高低不同的二手汽车，在信息不对称的情况下，购买者不知道每辆车质量的真实状况，因而只愿意根据平均质量水平支付价格，结果导致较高质量的汽车退出市场，最后成交的只是低质量的汽车。购买者本想购买较好的汽车，结果往往是买到了质量低劣的汽车，这种现象称为逆向选择。

第 3 类、第 4 类问题是委托人与代理人在签约后的履行过程中可能出现的问题，即所谓代理人的道德风险。“道德风险”原本是一个保险方面的词汇。从字面意义上来看，它有负面效应；按保险公司的观点，它属于可能影响投保人行为的风险。事实上，保险公司和投保人之间的关系是一种更为一般的委托代理关系。

企业代理人的道德风险主要表现在以下几个方面：

①损公肥私，即利用职务之便牟取私利，而且是以损害企业和股东（委托人）利益为代价的，如贪污受贿。

②机会主义，即根据企业经营状况及发展前景预测自然状态，在经营管理活动中采取有利于自己利益的行为，如虚报业绩、盲目扩大投资

等，这种行为的后果也将损害委托人的利益。

③偷懒，即在工作中不尽心尽力，如搭便车、滥竽充数、借商务之名游山玩水等。由于企业高层经理的特殊地位，他们的偷懒行为更为隐蔽，难以观察和监督，其危害性也往往被忽视。

④机会主义与代理成本。人的有限理性和信息不对称的存在，使得代理人的机会主义行为变得越来越普遍。代理人在经营过程中要追求个人效用的最大化。他可能通过搞好企业管理、提高企业利益（即正当手段）来谋取效用最大化，也可能通过瓜分企业资产、牺牲企业利益（即不正当手段）来牟取私利，获得最大效用。代理人凭借的是正当手段，那么，这里就不存在机会主义的问题。但是，这仅仅是一种可能性，他还有可能通过不正当手段来获益，这时就出现了机会主义的问题。代理人的机会主义行为包括事前机会主义行为（逆向选择）和事后机会主义行为（道德风险）。事前机会主义行为包括向委托人隐瞒企业经营状况、经营环境等有关信息，以谋取委托人的较低期望值，从而减少经营压力，为以后谋取私利创造条件；还包括向委托人隐瞒自己的经营管理能力，以骗取委托人的任命等。事后机会主义行为包括企业不采取必要的避险措施减少经营损失（或增加经营收入），增加不必要的费用以牟取私利，如购买不必要的奢侈品供自己享用等；还包括编造种种理由推卸责任，运用不正当手段减少委托人可能给予的惩罚等。

人的有限理性、信息的不对称性使得企业代理人有可能采取机会主义行为。一般来说，企业代理人往往比委托人所掌握的企业信息更全面、更准确，他们可以凭借这些信息对自己的行为进行成本收益比较。企业管理人员的机会主义行为成本主要是被上级发现的惩罚损失（免职、处分等），以及为减少惩罚所支付的寻租支出（贿赂等）；收益是指比按照正常行为（以正当手段行事）所取得的收益多出的部分收入和其他物质利益。企业代理人进行成本收益比较后，做一番“审时度势”的分析，以决定是否要采取机会主义行为。

代理成本是企业所有权与经营权相分离而形成一定的委托代理关系

后产生的，产生的重要原因是代理人对个人效用的追求，委托人与代理人之间存在信息不对称。委托人为了减少信息不对称所带来的逆向选择和道德风险而对代理人的条件禀赋进行识别，并对代理人的行为进行监督，由此产生了识别和监督的费用。此外，委托人为了满足代理人的个人效用，并使之尽可能与企业的目标相一致，需要设计一整套激励机制，由此产生了激励费用和职务消费的费用。

广义地讲，代理成本包括那些利益相互冲突的委托人与代理人之间在构造、监督及保证一系列契约履行时发生的费用总和。

按照詹森和麦克林的观点，代理成本由以下三个部分组成：

①委托人监督成本。委托人监督成本是指委托人为了激励和控制代理人，使后者为前者的利益尽力的成本。如公司治理结构中的董事会、监事会的运作，聘请外部的会计师事务所对公司进行审计，给代理人一定的奖励和分红，赋予代理人相应的职务消费等。委托人与代理人在监督与反监督方面存在这样的博弈关系：如果委托人无规则地检查代理人工作，代理人可能利用"窥探孔"，只有当委托人走近时，他才开始工作。这样，当检查次数（n）增加时，代理人偷懒的时间将减少，即当委托人加强监督时，代理人偷懒的机会将下降。实际上，要做到如此细致的监督是很困难的，而且监督成本也会大得惊人。因此，委托人除了设计必要的监督机制外，更侧重于制定一系列激励机制以及代理人（经营者）选择机制。

②担保成本。担保成本是代理成本的一部分，指的是代理人用来保证其不采取损害委托人行为所付出的费用，以及如果采取了那种行为将支付的赔偿。担保成本实际上是代理人采取机会主义行为带来的成本。在承包责任制下，某种形式的承包保证金就是一种担保，它是由承包人个人（或承包者集体）承担的成本。投资机构代客户理财时，经常采用以客户委托代理资金额的 10% 作为担保金，以确保客户委托资产的安全性。而在国有企业的运作中，实际上无人进行这种担保；也就是说，担保成本完全由国家承担，代理人一旦采取了损害委托人的行动，

将无力支付经营赔偿责任。

③剩余损失。剩余损失也是代理成本的一个部分，是指委托人因代理人代行决策而产生的一种价值损失。剩余损失的大小等于由代理人决策与委托人在假定具有代理人相同信息和才能的情况下实现效用最大化决策之间的差额。剩余损失实际上是因为代理人不尽力而产生的损失，其原因比较复杂，也较难以计量。例如，经营者的知识水平、工作能力、个人效用及偏好等。

（3）代理人激励机制

在委托代理关系中，存在着委托人和代理人的目标不一致、委托人和代理人之间的信息不对称，以及委托代理结果的不确定性因素等问题。这些问题在内部人控制的情形下集中表现为代理人的道德风险和逆向选择。如果说经营者选择机制和设计有助于减少逆向选择的话，那么，经营者激励与约束机制的设计则有助于降低道德风险。

经营者的目标函数是个人效用最大化，其效用函数为：

$$U = f\ (x1,\ x2,\ \cdots,\ xi)$$

式中，xi 为经营者的个人收入、职位消费、工作成就感、社会地位和声誉等。

个人效用最大化的条件是：MU1 = MU2 = … = MUn，即各项分效用的边际效用相等。所以，激励机制的设计需要兼顾两个方面的因素：一是尽可能包括所有变量（我们称之为激励因素）；二是要注意把握每项变量使用时的“度”，使之满足最大化条件。激励机制的基本构成如下：

①经营者个人收入激励。企业可以在公司章程中明确给予经营者部分剩余索取权，使之合法地获得与其才能与业绩成正比的个人收入。为了使经营者既要追求短期业绩，又要注意公司的资产增值和长期发展，在个人收入的激励机制设计中，可将剩余索取分为年薪制和股权分配制两种形式。年薪制将经营者的报酬支付与一般职工分开来，由作为委托人的董事会决定标准金额。年薪制可由基薪和奖金两部分构成：基薪根

据经营者以往业绩、职位平均水平确定；奖金则根据资本利润率、年销售利润率、资产增值率等经营指标的完成情况加以确定。股权分配制将公司的部分股份让渡给经营者，使经营者和股东一样，从公司剩余和股东权益的增加上获得长期收益，从而使经营者的个人目标和公司目标最终一致。在设计股份让渡时，要规定经营者所获得的股份只享受股东权益和承担相应的责任，而不能任意处置（如转让时现有股东有优先购买权），这样可避免经营者的短期行为。

②职位消费激励。通过界定不同的企业规模和业绩，明确不同的职位，享受相应的消费标准，是对经营者才能和人力资本的一种肯定。公司经营者可以根据企业的规模和业绩获得不同层次的职位消费权。比如，董事的活动经费、总经理的招待费、舒适的办公环境、配备专用轿车、住房补贴等，均可通过制定各级标准，使之成为经营者在职期间的合法消费，一旦由于经营不善等原因而离职则上述在职消费会自动失去。实际上，我国国有企业经营者的职位消费已是不争的事实，甚至有很多亏损企业的经营者仍大肆挥霍国有财产，出现了所谓的“穷庙里的富方丈”现象。所以，很有必要由国有企业的委托人制定出一整套职位消费标准，改变经营者滥用职位消费权的现象，使之与企业规模和经营业绩紧密挂钩，做到透明化、标准化和合法化，真正起到激励经营者的目的。

③精神激励。按照马斯洛的人生需求层次论，人们在物质需求得到满足后，精神需求将成为新的激励因素。对企业的经营者而言，当他经过努力后获得相应的个人收入和职位消费权利，物质需求基本上得到满足时，个人收入和职位消费激励的边际效用就会下降，对精神方面的需求便成为其继续努力的动力。精神激励主要包括社会地位、个人尊重和自我成就感等内容。可以通过以下措施来达到精神激励：根据经营业绩和企业规模等条件，对经营者进行定期考核，确定其任职资格，使其产生作为职业经理人的自豪感；对业绩良好、表现卓越的经营者可以晋升职务或赋予更大的权利，作为对其人力资本价值和经营才能的肯定。国

有企业还可以设立专门授予企业经营者的荣誉称号，如全国十大杰出企业家、十大杰出青年企业家等，并加大宣传力度，使其与世界著名企业家并驾齐驱。此外，让优秀的国有企业经营者有进入政府担任领导职务的渠道，也是激励经营者积极向上、在更大范围内承担社会责任的一项措施。

（4）代理人的约束机制

激励机制可以使代理人的个人目标和企业目标趋于一致，即在实现企业目标的同时，能合法地实现个人目标，从而使企业的经营者自觉地降低道德风险。而约束机制的设计则是希望通过有效的监督，防止道德风险的产生，并迫使经营者降低机会主义和偷懒的欲望。企业经营者的约束机制构造可从内部约束机制和外部约束机制两个方面同时进行。内部约束机制主要包括契约、审计、内部制度等；外部约束机制则侧重于建立竞争性的经理市场、资本市场和产品市场，组成有效的市场约束机制。

本书将运用该理论研究项目导向型供应链协同创新中的知识交易问题。考虑到知识（特别是隐性知识）的无形性、价值的难以度量性，知识交易过程中交易双方均有隐藏信息获取私利的动机，如不设计合理的机制将影响知识交易双方的意愿，知识共享与转移活动就将很难进行。具体研究内容详见本书第 7 章。

2.2.2 关系合约理论

关系合约理论由美国法学家 Macneil 于 1977 年最早提出。这一理论从研究社会生活中人与人之间交换关系的特点出发，分析了不同的缔约方式。其认为每项交易都是嵌入在复杂的关系中的，理解任何交易都要求理解它所包含关系的必要因素，从而形成了一种与传统观念不同的合约思想。

Furubotu 和 Richter（1998）认为，正式合约不试图考虑所有将来的事态的长期约定，合约双方之间过去、现在或将来的关系却非常重要，它一方面强调正式合约作为参照物的重要性，另一方面整合了重复交易关系的理念。无论企业内或企业间的交易，当签订或实施一个完全合约需要很高的成本时，交易双方可能选择依赖关系合约（Williamson，1985；Maeleod，2002）。关系合约有助于克服正式合约在签订和实施中的困难，如一个正式合约将那些事后可以由第三方（法院）验证的条款在事前得到明确。关系合约可能基于那些仅通过签约双方事后被观察到的结果，而事前明确这些结果需要很高成本。这就是说，关系合约可以使得双方利用他们特定情况下的具体知识，并就新获得的信息做出调整，所以关系合约不能通过第三方实施，而只能自我实施。

项目导向型供应链企业间的伙伴关系是有相互关系的成员企业之间长期互惠的商务关系，是在一定时期内的共享信息、共担风险、共同获利的一种包含成功交互作用机制的协议关系。这样一种战略合作关系可以形成于链中各级成员企业之间。可见，项目导向型供应链协同创新的知识交易过程中存在大量的关系合约。本书拟将关系合约理论应用于项目导向型供应链协同创新的知识交易活动，以通过内在的、道德的控制，并通过建立一致目标，来营造长期的合作氛围，创造更大程度的互动和双方的相互理解，最终促进知识交易的顺利进行。具体研究内容详见本书第7章。

2.2.3 交易成本理论

由 Coase 开创并由 Williamson 发展的交易成本理论已成为人们研究制度安排的基本范式。

（1）交易成本理论的提出

交易成本理论以交易费用为基本分析单位，用替代、边际和契约的方法来研究企业的存在原因、边界定位、规模扩大以及企业和市场的相互替代关系等问题。交易成本的概念最早由 Coase（1937）提出，他将交易成本定义为利用市场机制的费用，主要包括寻找市场交易的费用、谈判的费用以及拟订合同和监督合同执行费用等。通过引入“交易成本”概念，Coase 打破了市场机制没有成本的原始假设，将企业的边界定在外部交易成本与内部管理成本相等的地方，而企业的扩张与缩小则完全取决于交易成本的节约。

沿着 Coase 的思路，Williamson 等（1985）进一步对交易成本加以了界定。他认为从交易的本质看，可将组织进行交易的方式分为层级和市场两种形态。同时，他认为，企业选择不同的制度安排，目的是使生产成本和交易成本最小化。交易不仅会集中在市场和企业这两端，如今在中间范围内交易也更为常见。Williamson 从交易成本理论出发，指出介于市场与企业科层制之间的组织形式如外包、技术合作等存在已久，在不少情况下，它们与具有严格边界的企业聚合为一体，并充分利用清晰产权和复合的共同产权的治理利益。

（2）交易成本理论的发展

国内外学者从不同角度对交易成本进行了分类和界定，但总体来讲，划分依据基本一致，主要和技术及机会主义行为相关。Williamson 等（1985）对交易成本进行了分类和界定。他将交易成本分为事前的交易成本和事后的交易成本两类。事前的交易成本指起草、谈判和落实契约的成本；事后的交易成本指交易已经发生后所产生的成本，包括当事人退出契约的成本、当事人调整契约中有关条款的成本、当事人处理冲突的成本、双方维持长期持续的交易关系的成本等。此外，Williamson 还提出了交易费用二因素决定理论。他认为，决定交易费用的因素可以归纳为两种：一是涉及市场结构和环境的交易因素；二是涉及人性假设的人的因素。前者主要是指市场的不确定性、潜在的交易对手的数量以及交易物品的技术特性（如资产专用性程度和交易频率）；后者指交易主体，人性的假设是有限理性和机会主义。这些因素的核心是由于资产专用性带来的机会主义行为。Milgrom 和 Roberts（1992）认为，Coase 并不十分清楚交易成本的来源和性质，因此他们将交易成本分为协调成本和激励成本。协调成本主要指用于确定价格和交易的其他细节，使潜在的买卖双方互知对方的存在和位置，并把买卖双方聚集在一起进行交易所产生的成本。激励成本主要有两种：一种是由于信息不完整和不对称而产生的成本；另一种是基于有缺陷的承诺而产生的成本。日本学者今井贤一等（2004）以 Simon 提出的“有限理性”假设以及机会主义行为（主要指人们利用不对称信息、以不诚实或欺骗的方式追求自身利益的行为）假设为分析前提，根据交易成本影响因素的不同特点，把交易成本分为两大类：一是由参加交易的商品或服务的特点以及进行交易的场所等客观特征决定的交易成本；二是由参加交易的主体以及决策者行为特征决定的交易成本。但是，在这种假设前提下，交易双方为识别对方信息的真实性都要花费昂贵的费用，从而使得市场上讨价还价变得更加复杂，交易成本也随之增加。侯广辉等（2009）将交易成本划分为两大类：技术型交易成本和关系型交易成本。前者主要指基于技术等客观手段限制而导致的交易成本，后者主要指基于交易双方信息不对称而导致的交易成本。

由 Coase 开创并由 Williamson 加以发展的交易成本理论已成为人们研究制度安排的基本范式。但随着时代的发展，新技术不断涌现，企业组织形式不断创新，传统的交易成本理论遇到了严峻的挑战。为了顺应时代发展的趋势，学者们从信息技术及跨组织合作等方面拓展了交易成本理论。Malone 等（1987）利用交易成本理论分析了信息技术对企业边界的影响。他们认为，信息技术引发了市场和科层治理交易效率的变化，尤其是引起了市场治理交易的成本降低。Gurbaxani 和 Whang（1991）认为，信息技术对于组织之间的协调成本的降低要大于组织内部成本的降低，从而促进了组织层级制的重构。Bolton 和 Devatri Pont（1994）强调了信息交流的专业化收益，构建了相应的模型，对模型进行了分析并得出了一个直接的推论，即交流成本的降低会导致一个更扁平的和更小的组织。Brynjolfs 等（1994）认为，信息技术减少了事前和事后的交易成本，进而减少了垂直一体化作为激励匹配的机制，更多地采取了外部市场交易的手段，即更加趋向于外部化。

交易成本理论最初是针对企业内部交易而提出，但随着跨组织合作形式的出现，学者们试图扩展交易成本理论，把跨组织治理结构并入交易费用的解释框架中。Williamson 等（1985）研究了混合治理形式，提出当专有资产与内部生产成本在一个中间水平时，混合治理形式比市场或组织内部层级治理更可取。在此基础上，Kogut 等（1988）明确指出，当不确定性高于一定程度，并伴随着高度的资产专用性时，跨组织合作将会出现，并具体分析了哪种合作方式适合于特定的合作企业。

虽然交易成本理论有助于理解组织为什么要进行跨组织合作，但是它仍存在不足。Hagedoorn 等（1993）研究表明，利用交易成本理论不可能获得关于技术创新诱因的全面认识。在技术创新框架中，缩减成本的合作目标（如缩减 R&D 投资的成本与风险等）并非技术导向下的组织进行合作的真正目的，组织合作的真正目的是支持价值提高目标（如获得技术互补、缩短技术创新时间、增加进入市场的速度等）。由于交易成本理论往往用孤立的观点看待交易，忽视根植于个人及组织内或组织间的关系，从而使得跨组织合作倾向被低估。

在知识经济时代，供应链既是物流链、资金链、信息链，同时还是知识链。根据交易成本经济学的理论，知识链的形成就是为了获得一种使知识创造成本最低的制度安排。知识链依赖正式和非正式的长期契约来协调交易各方的行为，通过降低组织间知识共享成本和组织内部协调成本实现总交易成本最低。本书拟从以下几方面考虑降低项目导向型供应链协同创新的知识共享成本：一是建立长期契约，降低知识搜寻成本和学习成本，减少机会主义行为，从而降低交易成本；二是加强项目导向型供应链中知识链合作伙伴之间的信任关系，从而降低交易成本；三是在知识链中建立完善的知识共享平台，理顺知识流动渠道，形成共同的知识和组织惯例，减少知识共享的表达和理解费用，从而降低交易成本。

2.2.4　机制设计理论

机制设计理论是现代学术界关注的焦点，它在现代经济学中对社会惯例和市场的分析上作出了重大的突破，改变了以前经济学家认为在政府信息不完全的情况下不能进行优化社会惯例和规章的观点，它对政府政策的制定有很大的影响。该理论的逐渐成熟使亚当·斯密所谓的市场——这只“看不见的手”越来越清晰，并且可以利用市场“这只手”去实现计划者的目标和计划。

（1）机制设计理论的定义

20世纪60年代，里奥尼德·赫维茨最早提出了机制设计理论，并将其定义为：对于任意给定的一个目标，在自由选择、自愿交换的分散化决策条件下，能否并且怎样设计一个合理机制（制度或规则），使得经济活动参与者的个人利益和设计者既定的目标一致。赫维茨强调机制具有机械性、标准性和程序性，他的意图是使社会各学科都精确化，如一项经济政策的实施可以像发射火箭一样被精确地预期和准确地击中目标。继赫维茨之后，美国经济学家马斯金和迈尔森对机制设计理论进行了深化和发展，他们理论研究的核心是如何在信息分散和信息不对称的条件下设计激励相容的机制来实现资源的有效配置，因此其关于机制设计理论的定义也主要是围绕这一核心进行论述的。通过不同学者的描述可以看出，机制设计理论的定义大致可以分为两部分：首先具有一个“信息加工系统”，对收到的不完全信息进行准确而有效地分析，并作出合理决策；其次，各个行为体都应该符合自由制度主义主张的自私、理性等特性，以追求相对利益最大化为目的，自私人的理性与社会的理性相符合。机制设计理论构建了一个理论框架，把经济机制理论的模型划为四个部分：自利行为描述、经济环境、想要得到的社会目标和配置机制。该理论深化了人们在不同情况下对资源最优配置性质的理解，它允许研究者在缺乏严格假定的情况下，系统地分析和比较各种体制，对政府进行有效的政策、制度选择有重要作用。

(2) 机制设计理论的内容

机制设计理论主要包括两个方面的内容，即信息效率问题和激励相容问题。

①经济机制的信息效率问题。信息效率（Informational Efficiency）是关于经济机制实现既定社会目标所要求的信息量多少的问题，即机制运行的成本问题，它要求所设计的机制只需要较少的关于消费者、生产者以及其他经济活动参与者的信息和较低的信息成本。任何一个经济机制的设计和执行都需要信息传递，而信息传递是需要花费成本的，因此对于制度设计者来说，自然是信息空间的维数越小越好。

现实世界中的信息分散于生产者和消费者之间，他们各自拥有自己的私人信息，因而信息具有不完全特征。在市场竞争机制下，参与者分散决策，依赖于供需信息的交换传递来做出生产和消费决策。机制设计理论从信息的观点出发，把经济机制看成是一个信息交换和调整的过程，在统一的模型和信息框架下研究了经济机制以及各种经济机制的信息成本问题。机制设计理论认为，实践中可以从一个经济机制信息空间维数的大小来评价机制的好坏。从这个角度出发，机制设计过程就是针对想要实现的既定社会目标，寻求既能实现此目标，又要信息成本尽可能小的设计过程。比如，设定资源的帕累托最优配置为社会目标时，竞争的市场机制就保证了此目标的达成。然而，竞争的市场机制是否是经济信息效率最高的呢？在给定的新古典经济环境下，是否存在其他的分散决策机制能够利用更少的信息成本来实现资源最优配置呢？赫尔维茨在20世纪70年代的研究成果证明，在纯交换的新古典经济环境中，竞争的市场机制用最少的信息达到了有效配置。在放松对新古典经济环境的假设之后，机制设计理论还对于商品不可分、偏好或生产可能性集非凸等并不满足新古典经济环境条件下，能够导致最优资源配置的分散决策的经济机制进行了探讨。赫尔维茨证明了这种机制是存在的，但却是以非常高的信息成本为代价的。

通过一个信息调整过程的模型，可以说明机制的信息成本问题。在某一市场中，有 n 个市场参与者，每个参与者可以既是生产者又是消费者，也可以只是生产者或只是消费者，所有参与者的集合记为 N 。作为一个生产者，企业有一个生产可能性集合，记为 Y_i 。作为一个消费者，他有一个消费空间，记为 X_i ，有一个消费偏好关系或效用函数，记为 R_i ，即对任何两组商品组合，他能比较哪一组商品对他更为有利。每个单位 i 都有一个初始资源，记为 w_i 。消费空间、初始资源、消费偏好关系、生产技术这四项合起来就构成了该参与者的经济特征，记作 $e_i = (Y_i, X_i, R_i, w_i)$ 。抽象地说，一个经济社会就是由所有参与者的特征构成的，它也被称作经济环境，记为 $e_i = (e_1, e_2, \cdots, e_n)$ 。所有可能的经济环境形成了一个集合，记作 E 。所有资源配置的集合称为资源配置空间，记作 Z。

由第 i 个人传递出的信息记为 m_i，也叫作“语言”，所有这些信息的集合称为第 i 个人的语言空间，记为 M_i。N 个人在时间 t 的一组语言记为 $m(t) = [m_1(t), \cdots, m_n(t)]$ ，所有这些语言的集合称为“语言空间”，记为 M。人们根据所接收到的其他人的信息不断调整并对自己所发出的信息进行反馈，在一阶差分模型中，第 i 个参与者在时间 $t+1$ 对时间 t 时的信息响应由差分方程 $m_i(t+1) = f_i[m(t), e]$ ，$i \in N$ 给出。这里，$f_i: E \to M$ 被称为响应函数。

一旦这种调整过程达到平稳点，人们不再改变信息，即 m 是响应函数的不动点 $m_i = f_i(m, e), i \in N$ ，或达到规定的终点时刻 T 时，通过某个资源配置规则（结果函数）$h(\cdot): M \to Z$ 来决定资源配置结果，即资源的配置由 $z = h(m)$ 来决定。响应函数平稳点的集合定义了一个从经济环境空间 E 到信息空间 M 的对应，记作 $\mu_i: E \to\to M$ ，即 $\mu_i(e) = \{m \in M: m = m_T$ 或 $m_i = f_i(m, e), i \in N\}$。

令 $\mu(e) = \bigcap_{i=1}^{n} \mu_i(e)$ ，我们可以得到一个从 E 到 M 的多值对应：$\mu: E \to\to M$ ，且 $m \in \mu$，当且仅当 m 是响应差分方程的平稳点。这样，一个

信息调整机制就可以等价地定义为〈M,μ,h〉。这里，$\mu=\cap_{i=1}^{n}\mu_i$ 称为平稳信息对应。这样的一个信息调整、资源配置过程就决定了一个经济机制，它由语言空间、响应函数、结果函数构成，记为〈M,f,h〉。信息空间规定了每个人根据自己的特征送出特定的信息；响应函数代表了下一时刻输出的信息，反映了如何在接到前一时刻的信息后以怎样的形式反映出来，这种响应与经济环境 e 有关，反映函数决定了平稳信息状态；配置规则则是依据各个单位送来的信息做出相应的资源配置。

当信息分散化和调整过程被定义之后，从一个机制的信息空间维数的大小就可以来评价该机制的好坏。从信息的角度来看，若想实现某种社会目标，人们总是可以找到一个在实现该目标的同时花费最小运行成本的机制。一个信息分散且导致资源有效配置的机制被说成是信息有效的，则它的信息空间 M 在所有导致了有效配置的信息分散化机制中是最小的。

②经济机制的激励相容问题。激励相容（Incentive Compatibility）是赫尔维茨于 1972 年提出的一个核心概念，其定义为：假定机制设计者有一个经济目标，称为社会目标，这个目标可以是资源的帕累托最优配置、在某种意义下的资源公平配置、个人理性配置、某个经济部门或企业所追求的目标或在其他准则下的配置等。机制设计的任务就是要设置某套机制或是规则，在使得每个人追求个人利益的同时，设计者设定的社会目标也能得到实现。在社会经济活动中，通常机制设计者的目标和机制参与者的利益不会完全一致，要达到机制设计者的某种目标，就必须对活动参与者给予激励，只有当机制参与者获得利益大于其付出代价时，才会遵循该机制的约束和要求，把事情做好；否则，他们就会选择不遵循该机制的约束，或者不把事情做好。因此，建立合理有效的激励机制，对于机制设计者的目标实现，有重要意义。针对激励相容的问题，经济学家也发展了一个基本的理论模型来研究激励机制的设计制定。该模型主要包括以下几个部分：

第一，经济环境。在某一市场中，有 n 个参与者，参与者 i 的经济

特征记为 $e_i=(Y_i, X_i, R_i, w_i)$，其中，X_i 是 i 的消费集，w_i 是 i 的初始资源，R_i 是 i 的偏好关系（若效用函数存在，则以 u_i 来表示 i 的偏好关系），Y_i 是 i 的生产集。所有允许的经济特征的集合记为 E_i。所有参与者经济特征的一个组合 $e=(e_1, e_2, \cdots, e_n)$ 被称为一个经济环境。

第二，配置空间与社会目标。在给定的经济环境中，每个参与者都做出决策并参与经济活动，并从经济活动中得到配置的结果。以 Z 表示所有配置结果的集合，即配置空间。配置空间的点并非是最优甚至是可行的。令 $A\subset Z$ 表示所有可行的配置结果集合。在某种社会最优的标准下，可行集的某个子集构成了一个社会目标，或称为“社会选择对应”，记作 F。于是它是从经济环境空间到可行集的一个对应 $F:E\rightarrow\rightarrow A$。当社会选择对应成为一个单值映射时，我们把它称为“社会选择函数”，记为 f。设计者的任务就是对所有的经济环境 $e\subset E$，找出某种配置规则（经济机制）使得所导致的配置结果符合社会目标。

第三，经济机制。机制设计者由于缺乏关于个人经济特征方面的信息，因此，需要制定恰当的激励机制来诱导每个人，使他们可以真实地显示其拥有的信息。设计者可以先告诉参与者其所收集到的信息将如何被用来决定配置的结果（也就是先告诉参与者游戏的规则），然后根据游戏规则和参与者提供的信息来决定配置的结果。

一个机制由信息空间 M 及结果函数（配置规则）h 组成，记作 $\Gamma=\langle M, h\rangle$。令 M_i 表示参与者 i 的信息空间，它是参与者 i 所有可能交换和传送的信息 m 的集合。令 $M=\coprod_{i\in N}M_i$。信息空间 M 规定了各种参与者送出什么样的信息的范围，配置规则 h 则根据各个参与者所提供的信息 m 给出配置的结果，于是结果函数 $h:M\rightarrow Z$ 就是从信息空间 M 到结果空间 Z 的一个映射。

与信息调整机制的设计不同的是，对激励机制的设计中参与者的行为不是通过响应函数或是信息对应来进行描述的，而是由参与者根据其偏好和采取的策略方式所决定的。在经济学文献中，机制也被称为“博弈形式”，但与博弈论不同的是，博弈论中的参与者的偏好是已经给定的，但在机制设计中，参与者真正的经济特征是不为机制设计者所知的，设计者只知道它属于某个集合的范围，因此，它不是给定不变的。

第四，个人自利行为策略均衡假设。在机制理论中，最基本的一个假定就是每个人在主观上都追求个人利益，并依据个人的私利行事。若没有激励的存在，他们通常不会真实完全地显示有关其经济特征方面的信息。不同的经济环境及机制将导致参与者个人自利行为的不同反应。每个人在规则下选择认为对自己最有利的信息。每个人行事的策略（即送出的信息）都取决于他的自利行为（行为方式）。个人的自利行为不仅取决于他的经济特征，同时也取决于所设定的经济制度或者是游戏规则，不同的规则显示了不同利己行为。令 $b(e,\Gamma) \in M$ 表示在经济环境为 e ，机制为 Γ 给定下的均衡自利行为策略解的集合。因此，给定经济环境 E、信息空间 M、配置规则 h、自利行为准则 b，所导致的所有均衡配置结果是由配置规则和均衡自利行为策略进行复合而形成的，记为 $h[b(e,\Gamma)]$。

第五，社会目标的实施与激励相容。激励机制设计的目的是要实施某个给定的社会目标 F 。首先，应当注意社会选择对应 F 依赖于经济环境。其次，给定某个经济机制 $\langle M,h\rangle$ 和均衡自利行为的决策集 $b(e,\Gamma)$ ，社会目标的实施问题涉及 $h[b(e,\Gamma)]$ 和 $F(e)$ 这两个集合相交的状态关系问题。

(3) 机制设计理论的发展及应用

赫维茨奠定了机制设计的理论基础和框架，在此基础上，马斯金和迈尔森对其进行了完善和发展，其主要的研究成果就是“显示原理”及“执行理论”。显示原理，是指任何一种资源配置的规则，如果能够被某个机制达到，那也一定存在一个直接机制可以实现这一资源配置的规则，并且在这一直接机制中，每个理性参与人都会真实报告自己的信息。这里所谓的“直接”，是指参与人向外界发送的信息就是其自身的类型。显示原理由迈尔森归纳出完整的一般形式，其重要性在于通过给出一般性机制与报告真实信息的直接机制的等价性，使人们将注意力集中于报告真实信息的直接机制上，进而缩小了人们的选择范围，使得很多问题可以用数理方法处理并解决。而当人们只需要考虑寻找最优的直接机制时，激励相容约束与理性参与约束就成为机制设计理论模型中最重要的约束条件。

执行理论是机制设计理论中另外一项研究成果，它能解决显示原理所不能解决的一个很重要的问题。一个机制可能包括很多不同的内部均衡，如何使得所有这些均衡达到最佳状态在执行原理出现前困扰了很多人。马斯金发现的执行原理很好地解决了该问题。他证明了在马斯金单调性、非一票否决的条件都满足的前提下，在至少有 3 个决策人时，纳什均衡中的执行是可以实现的。在此之后，其他学者研究并得出了在一定的条件下，可以设计出某种机制，使所有纳什均衡都可以实现帕累托最优。

机制设计理论作为方法论，将不同机制的共同属性抽象了出来，并且能够通过具体的问题应用展现出来。因此，虽然其产生发展仅有短短几十年的时间，但已经被广泛应用于多种经济社会活动中。机制设计理论为许多现实问题提供了理论解释，在很大程度上影响了经济政策的制定和市场制度的选择。由于用一个统一的模型把所有的经济机制放在了一起进行研究，其研究对象大到整体经济制度的一般均衡设计，小到某个经济活动的局部均衡设计；其研究范围涵盖计划经济、市场经济等经济机制。此外，机制设计理论中“设计者”的概念也是非常广泛的，既可以是宏观经济政策制定者或设计者，也可以是微观经济单位的主管。这使得机制设计理论具备了非常广泛的应用前景，将大到宏观经济政策、制度的制定，小到企业的组织管理问题纳入统一的分析框架中，对现实问题具有很强的解释力和应用价值。因此，本书将采用机制设计理论来解决项目导向型供应链企业间知识共享或转移过程中产生的交易成本和无效率的市场机制设计问题，考虑双方在不完全信息的情况下，根据模型来设计一套激励相容的市场机制，从动机和激励两个层面促进项目导向型供应链企业间的知识共享和转移行为，以实现项目导向型供应链成员企业间在知识共享收益的个体最优和整体最优。

2.3 本章小结

结合本书研究内容，本章首先对研究所涉及的基础理论和使用的基本研究方法进行梳理和展示，主要基础理论包括供应链管理理论、项目管理理论、生态系统理论、供应链知识管理理论，主要研究方法包括委托代理理论、关系合约理论、交易成本理论和机制设计理论。

第3章

项目导向型供应链创新生态系统的研究动态

3.1　项目导向型供应链的研究动态

随着“组织管理”的概念引入项目管理，项目导向型供应链（Project - based Supply Chain）这一说法开始流行。项目导向型供应链通常是作为契约约束下的多目标临时性组织（Cleland 和 Kerzner，1985）与知识流作用下的合作创新工具（Barrett 和 Sexton，2006），在共同目标导向下，由具有不同核心能力的项目型组织（Ajmal 和 Koskinen，2008）形成的一种扩展到独立组织机构之外的具有特定功能的跨组织结构模式（Shi 和 Wu，2009）。依据 Williamson（2009）的组织理论，项目导向型供应链实际成为围绕项目而建立在契约关系上的知识链，项目价值增值与知识流和跨组织合作创新密切相关。

随着项目导向型供应链的持续发展，越来越多的国内外学者陆续开展了针对项目导向型供应链的相关研究。例如，Donselaar 等（2001）考虑项目导向型供应链中制造商有两种需求类型，即来源于小订单的常规需求和大订单的非常规块状需求，在此基础上研究了需求信息流对于项目导向型供应链库存管理的影响。崔彩云和王建平（2013）对项目导向型供应链的风险识别方法进行探讨，分析了供应链所面临的风险环境与风险识别过程，基于系统动力学分析了供应链节点与各类风险因素的因果关系，进而构建了项目导向型供应链的风险动态识别模型。Kim（2013）在基于重大工程项目经验的供应商与分包商资料调查的基础上，以吸收能力、供应商评价公正性、合作质量与激励等为主要变量，通过实证分析研究了项目导向型供应链管理绩效的决定因素。进一步，Kim（2018）对项目导向型供应链中供应商与分包商进行了问卷调查，研究了成套设备产业下企业供应链管理的运营等问题，构建了项目导向型供应链管理的概念模型。

此外，在针对项目导向型供应链的相关研究中，大部分研究主要关注的是项目导向型供应链知识管理、协同创新激励与集成调度等方面的问题。因此，接下来将侧重对这三方面问题的研究内容进行详细综述。

3.1.1 项目导向型供应链知识管理问题研究

对于项目导向型供应链而言，某些时候需要成百甚至上千家项目型企业共同参与、无缝合作，才能保障项目的顺利交付。此时，通过一种方式实现项目价值增值逐渐成为项目型企业急需解决的问题。而以知识流为管理核心的项目导向型供应链完美地契合了项目型企业的这一需求。因此，有关项目导向型供应链知识管理问题的研究愈发受到学者们的关注。一些学者侧重从知识管理角度考察项目价值增值的问题。例如，施建刚等（2011）从项目价值增值最大化视角出发，考虑跨组织知识流控制目标间努力成本关系，构建了基于知识流的项目导向型供应链跨组织合作激励模型，指出以调整控制目标的激励强度为协调手段能够实现供应链成员的帕累托改善。王延峰（2016）通过剖析知识流对项目价值增值的作用方式，以及知识流驱动项目价值增值的过程，构建了项目导向型供应链跨组织知识流与项目价值增值的协调决策模型，并进行了模拟仿真。张璐（2016）从实证研究的角度，通过建立结构方程模型，探索了项目导向型供应链中知识流、协同创新机制以及项目价值增值之间的关系，并提出了如何促进项目型组织的知识流动与知识创新以实现项目价值增值的建议。

此外，知识在项目型组织之间的流动与传递过程，是项目型组织之间交互作用的实现方式和项目导向型供应链实现协同创新的基础。因此，一些学者进一步从知识管理角度研究了项目导向型供应链的协同创新问题。例如，施建刚和吴光东（2011）认为，在项目导向型供应链中，稳定均衡的知识流是实现协同创新的基础，通过建立项目导向型供应链跨组织协同创新影响因素的常微分方程，分析了知识流对项目价值增值的影响。Saunders 等（2015）利用多案例分析法，分析了项目导向型供应链中供应商早期投入知识资源参与项目协同创新对合作绩效的影响。吴光东和刘聪（2017）选取合作主体、项目属性、知识流属性表征项目型组织间的知识流，将协同创新划分为流程创新、任务创新和组织创新，构建了项目导向型供应链跨组织知识流对项目价值增值影响的理论模型，并运用结构方程模型进行了实证检验。Wu（2018）研究了项目导向型供应链组织间的知识协同创新问题，在纳什非合作博弈、Stackelberg 博弈与协调博弈三种情形下，对比分析了所有者与承包方进行知识创新的协同决策。Yang 等（2020）基于关系交换理论和交易成本理论，构建了供应链伙伴关系、组织间知识交易和企业创新绩效之间关系的概念模型，并依据中国 256 家项目导向型供应链制造企业的数据，以结构方程模型进行了实证检验。Chen 等（2016）考虑知识水平的影响，研究了项目导向型供应链协同创新的伙伴选择。Chen 等（2019）针对一个由单一产品制造商、单一零部件供应商和单一产品销售商构成的三级项目导向型供应链，考虑成员企业知识投入对协同创新项目的影响，利用微分对策理论构建了项目导向型供应链协同创新的微分博弈模型，研究了项目导向型供应链协同创新的协调问题。Chen 和 Chen（2020）考虑知识投入不确定性引起的项目导向型供应链协同创新活动的双边道德风险问题，运用委托代理理论设计了正式契约和关系契约机制，并比较了两种契约机制对知识投入的影响。

3.1.2　项目导向型供应链创新激励问题研究

与传统供应链有所区别，项目导向型供应链更强调上下游企业间基于项目的协同创新而完美契合了项目型企业的创新需求，从而关于项目导向型供应链协同创新激励问题逐渐成为学者重点关注的问题。

在该研究领域中，相关文献主要是考虑合作伙伴的努力水平、公平偏好程度、支付成本、分配系数、互惠性偏好等要素，通过数理建模定量分析上述要素对项目导向型供应链协同创新的影响，之后根据研究结果提出相应的激励对策。例如，Wu（2013）从项目增值最大化的角度出发，采用知识合作激励模型和实例分析的方法，考虑知识投入与知识创新之间的努力成本替代性，建立了基于项目导向型供应链组织间协同创新的知识协同激励模型。Wu（2014）考虑知识投入与创新阶段之间效应成本的关系以及项目组织的互惠性偏好，构建了项目型供应链协同创新的合作激励模型，研究发现项目组织互惠偏好不会自动导致项目供应链跨组织协同创新的实现，但可以提高项目增值共享和知识协同的激励效果。李明和吴光东（2014）则引入项目型组织的互惠性偏好，构建了项目导向型供应链跨企业协同创新的激励模型，并以此分析了项目型组织互惠性偏好对供应链跨组织协同创新的影响。Wu 和 Tang（2015）利用委托代理理论在项目导向型供应链中建立了基于监控信号的跨组织协同创新激励模型，并分析了奖惩机制对跨组织协同创新的影响。吴光东（2016）运用委托代理理论和博弈论，构建了基于监控信号的项目导向型供应链跨组织合作激励模型，并与传统激励模型进行比较，通过数据模拟与模型算例，研究了监控信号对激励契约设计的影响。

其次，还有部分学者从动态激励的视角出发展开了相关研究。例如，吴光东和施建刚（2013）选取项目管理公司和承包商作为研究对象，考虑项目管理公司给予承包商的奖惩结构，构建了项目导向型供应链跨组织多阶段动态激励模型，分析项目导向型供应链奖惩结构对各自努力水平、项目净收益、项目成功概率等的影响；Lai 等（2015）建立动态声誉激励模型研究了隐性声誉因素对项目导向型供应链跨企业协同创新价值增值的影响，分析了努力水平、议价能力等对项目价值增值的影响，探讨声誉激励效应的有效均衡条件，并与单一考虑显性激励的供应链激励模型进行比较，通过数据模拟和模型算例分析验证动态声誉模型的合理性和适用性。

此外，还有部分学者从双向激励的视角出发展开了相关研究。例如，唐代中等（2011）基于公平偏好理论，建立了项目导向型供应链跨企业的双向激励模型，并通过模型定量分析了项目型组织的公平偏好程度、努力水平、分配系数和支付成本对项目价值增值的影响。吴光东等（2011）从项目价值增值效用最大化的角度，引入公平偏好理论，建立项目导向型供应链跨组织双向激励模型，分析了项目型组织的努力水平、公平偏好程度、支付成本和分配系数对项目价值增值的影响。吴光东等（2012）从协同创新项目价值增值最大化的角度，构建项目导向型供应链跨组织双向激励模型，分析项目型组织之间的合作程度等对各自相对收益、项目价值增值的影响，并对模型分析结果进行了数据模拟和算例分析。

3.1.3　项目导向型供应链集成调度问题研究

由于项目导向型供应链中上下游企业之间的信息共享机制不完善，缺乏掌握全面信息的调度者而影响项目合作的效益，因此，项目导向型供应链的集成调度问题研究也成为学者关注的一个方向。例如，王伟鑫等（2014）构建了碳排放限额约束下项目导向型供应链的集成调度模型，分析了碳排放限额约束下项目导向型供应链的集成调度问题，探研了项目导向型供应链不同合作形式下碳排放量、成本和工期的多目标优化策略。Koolwijk 等（2018）通过评估荷兰 46 个建筑行业项目的团队协作和团队整合情况，研究调查了建筑业的整合和协作实践是否可以完全归因于集成的项目交付方法，或者传统的项目交付方法是否也促进了项目导向型供应链的集成。

3.2　创新生态系统的研究动态

创新生态系统作为一种新的范式，源于美国硅谷地区高科技产业的高速发展以及硅谷成功模式。对于创新生态系统的概念，Adner

（2006）将生态学与技术创新理论相结合，界定了创新生态系统，自此创新生态系统逐渐成为学术界研究的热点。近年来，众多国内外学者从不同视角对创新生态系统进行阐释（如：Adner 和 Kapoor，2010；Ritala 等，2013；Lancker 等，2016；陈建等，2016；张贵和刘雪芹，2016；Ding 和 Wu，2018；Holgersson 等，2018；Talmar 等，2018；Yan 等，2018；Granstrand 和 Holgersson，2020；Xie 和 Wang，2020）。例如，张贵等（2016）深化了创新生态与自然生态的隐喻，提出创新生态系统是由创新物种、创新种群、创新网络和创新环境复合组成的动态、开放的类似自然生态的系统；陈健等（2016）强调创新生态系统是多方主体与外部环境的相互作用和共同进化，是实现利益共享和价值共创的创新网络；Lancker 等（2016）从创新主体、创新过程、主体间的网络和生态制度四个维度出发构建了创新生态系统；Yan 等（2018）指出创新生态系统是由组织内政治、经济、环境、技术的相互催化与互相支持形成的协同发展体系；Ding 和 Wu（2018）指出创新生态系统是由政府、核心企业、上下游企业和客户等为了创造更有价值的新产品形成的网络系统。

至今，已有不少学者围绕创新生态系统进行了综述性研究（如：曾国屏等，2013；李其玮等，2016；武建龙等，2017b；刘钒和吴晓烨，2017；杨伟等，2018；王伟楠等，2019）。在针对创新生态系统的相关研究中，依据创新主体和空间的差异性，可以划分为针对企业、产业与区域三个层面的相关研究。因此，接下来将分别针对这三个层面的相关研究内容进行详细综述。

3.2.1 企业层面创新生态系统相关问题研究

针对企业层面（特别是高科技企业及其与高校等研究机构组成的产学研联盟）创新生态系统相关问题的研究，已有不少学者围绕企业创新生态系统开展了综述性研究（如：顾桂芳等，2017；战睿等，

2020)。该方向主要涉及企业创新生态系统的构建、机制、定价模式、影响以及风险评估等问题。

第一，关于企业创新生态系统构建的研究。对于有关企业创新生态系统构建方面的研究，孙冰和周大铭（2011）在分析既往企业技术创新生态系统结构模型不足的基础上，提出了基于核心企业视角的企业技术创新生态系统结构模型，主要包含核心企业、技术研发与产品应用、创新生境和创新平台。欧阳桃花等（2015）将小卫星龙头企业 DFH 作为案例研究对象，基于核心企业战略逻辑和组织合作适配性视角，针对由“核心企业——供应商——科研单位”三方构成的航天复杂产品创新生态系统，研究了其动态演化问题。韩少杰等（2020）针对高端数控机床创新生态圈，研究了企业中心型开放式创新生态系统构建动因的来源层面、显现特征与传导路径。唐雯（2021）先分析了科技型中小企业创新生态系统概念及构成要素，进而提出了由动力机制、知识转移与共享机制、利益协调机制和外部治理机制组成的构建机制理论框架。王海军等（2021）先分析了颠覆性创新与企业创新生态系统的内在联系，进而构建了全球价值链下的企业颠覆性创新生态系统模型，并针对韩国三星（OLED 产业领导型企业）开展案例研究。孙卫东（2021）以科技型中小企业为研究对象，构建了其创新生态系统模型，并深入探讨了系统内科技型中小企业价值共创模式与机制及实现的路径。武建龙等（2021）从创新生态系统子系统层级结构出发，以蔚来新能源汽车为例进行案例研究，探索性地研究了“互联网+”环境下企业创新生态系统的构建过程。

第二，关于企业创新生态系统机制的研究。对于有关企业创新生态系统机制方面的研究，主要涉及治理机制、运行机制、协同机制与过程机制等。

一是在企业创新生态系统治理机制方面，张运生和邹思明（2010）指出高科技企业创新生态系统的治理机制包括决策机制、谈判协调机制、平台定价机制以及约束机制；郑少芳和唐方成（2018）从知识治理的视角，基于高科技企业创新生态系统的知识结构，结合动态创新环境，对系统知识治理机制进行了深入研究，并结合华为的知识治理机制进行案例分析。

二是在企业创新生态系统运行机制方面，张利飞（2009）指出，创新生态系统形成基于平台的开放式创新机制吸引外部创新，形成强有力的技术标准推广机制、生态位决策机制实现企业优势互补以及利益协调机制。Gawer和Cusumano（2013）提出，以平台为核心的创新生态系统是高科技企业创新生态系统的主要形态，通过对系统运行机制进行研究以实现突破创新资源限制、加速创新资源流动、提高创新效率。苏屹和刘敏（2018）结合高技术企业创新生态系统的特点以及可持续发展的运行机制，构建高技术企业创新生态系统可持续发展评价指标体系，运用因子分析和Topsis综合评价法对高技术企业可持续发展情况进行评价。闫瑞华和杨梅英（2019）借助扎根理论三级编码技术，构建了移动互联网企业创新生态系统颠覆式创新的“生态廊道”运行机制理论模型。

三是在企业创新生态系统协同机制方面，孙聪和魏江（2019）指出企业内部形成的创新生态系统是组织演化出现的新形态，通过对海尔集团创新生态系统运作进行扎根分析，发现了海尔创新生态系统内创新参与者之间涌现出平台模块耦合、多边网络协同等协同机制；郑帅和王海军（2021）依据“情境——结构——机制”的研究框架对海尔集团进行纵向案例研究，从模块化视角探索了企业创新生态系统结构、演化机制与路径特征，指出企业创新生态系统的创新实现机制突出表现在杠杆、协同和互利机制方面。

四是在企业创新生态系统过程机制方面，程鹏等（2019）关注后发企业如何通过价值创造影响创新生态参与者的行为，并选取5家光伏产业中国企业作为研究对象，使用过程追踪的历史方法，研究了本土企业嵌入和重构产业创新生态系统的过程机制。

第三，关于企业创新生态系统定价模式的研究。对于有关企业创新生态系统定价模式方面的研究，张运生（2010）提出了一套高科技企业创新生态系统的技术标准许可价格结构，通过构建技术标准非线性许可定价方法与模型，动态测算不完全信息条件下技术标准许可“基本价”以及技术标准许可的定价情况；张运生等（2011）在基于定价的企业创新生态系统治理模式研究中，提到了俱乐部型治理模式具有进入权限制与专利许可定价特征，指出辐射型治理模式具有平台企业权威控制与合作伙伴价格补贴特征，渗透型治理模式具有依托开放源代码渗透市场并以增值业务赢利特征；张运生等（2013a）以创新生态系统多边成员和技术标准为研究对象，分析了创新生态系统多边成员关系与技术标准非平衡价格结构内涵，梳理出针对技术标准多边许可定价的收费、免费与补贴模式；张运生等（2013b）对高科技企业创新生态系统的技术标准定价策略进行探索研究，发现主要涉及有歧视定价、捆绑定价、交叉补贴定价与非对称定价这四种策略；曾德明等（2013）在分析创新生态系统价格特征的基础上，通过多案例分析论证了创新生态系统的定价模式，研究了创新生态系统中的免费、价格补贴、技术标准定价以及平台定价四种典型定价模式。

第四，关于企业创新生态系统影响的研究。对于有关企业创新生态系统影响方面的研究，杨伟等（2020a）指出构建创新生态系统是企业实施数字创新的主要途径，以31个人工智能领域的数字创新生态系统为实证对象，应用fsQCA方法研究了“种群—流量”组态对核心企业技术绩效与财务绩效的影响；张运生和林宇璐（2020）基于中国电子信息技术产业上市公司2007—2017年面板数据，从知识管理、技术依存结构与网络外部性等视角出发，对相关、非相关技术多元化创新生态系统如何推进企业核心技术开发与销售增长这一问题展开研究；成琼文和赵艺璇（2021）基于开放式创新理论，探讨企业核心型开放式创新生态系统价值共创模式选择对价值共创效应的影响机理和边界条件；丁雪辰和柳卸林（2021）以中科院2008—2017年的225家衍生创业企业为实证研究样本，探究了中科院研究院所技术衍生企业技术能力和创业绩效的关系以及创新生态系统战略的正向调节机制。

第五，关于企业创新生态系统风险评估的研究。对于有关企业创新生态系统风险评估方面的研究，张运生在2008年对高科技企业创新生态系统风险识别与控制展开了研究，在2009年对企业创新生态系统风险产生的机理进行了探究，提出了引发了传统R&D项目管理风险以外的依赖性风险、结构性风险、专用性资产投资风险、信息不对称风险、资源流失风险、收益分配风险等六种典型的合作风险；张运生和郑航（2009）探讨了创新生态系统成员合作面临的融合风险、机会主义败德风险、资源流失风险、锁定风险及外部环境风险，从而构建了高科技企业创新生态系统的风险评价指标体系；梅强等（2013）从企业视角出发，构建了战略性新兴产业创新生态系统模型的创新风险，并提出了有针对性的风险控制建议；周大铭（2014）归纳了企业技术创新生态系统运行风险的类型，构建了企业技术创新生态系统运行风险评价指标体系，并应用BP神经网络法进行实证研究；武建龙和刘家洋（2016）以比亚迪新能源汽车为例，研究了新能源汽车创新生态系统演进阶段依次存在的系统脆弱性风险、盲目扩张风险和匹配依赖风险，并围绕创新驱动、创造需求及利用环境三个方面提出相应的风险应对策略；李晓娣和张小燕（2018a）将高科技企业感知因素、意愿因素纳入创新生态系统风险治理影响因素分析中，运用结构方程模型及多群组模型，对高科技企业创新生态系统风险治理的影响因素及作用路径进行实证分析；王发明和朱美娟（2021）在互联网平台企业主导的创新生态系统演化阶段特征分析基础上，提出演化阶段面临的主要风险有产业基础技术选择风险、合作伙伴选择风险以及变革风险，进而建立了产业技术基础标准化机制以及互惠性利益共享机制和严格的淘汰机制来规避风险。

3.2.2 产业层面创新生态系统相关问题研究

针对产业层面（特别是产业集群、产业联盟和战略新兴产业）创新生态系统相关问题的研究，不少学者围绕产业创新生态系统开展了综述性研究（洪帅和吕荣胜，2017；黄鲁成等，2019）。该方向主要涉及产业创新生态系统的构建、演化、机制、知识管理以及评价等问题。

第一，关于产业创新生态系统构建的研究。对于有关产业创新生态系统构建方面的研究，刘沙等（2015）从线性创新到网络创新、从离散式创新到集成式创新、从封闭式创新转向开放式创新三个方面分析了创新范式转化及动因，提出了构建符合我国国情的创新生态系统建议；刘鸿宇等（2015）构建中国云谷的制度层、主体层和知识层等三维创新生态系统模型，并采用SWOT分析方法进行战略分析；郭金明等（2018）针对“一带一路”海外产业园创新生态系统培养展开前瞻性分析，提出创新生态系统培养在各发展阶段的主要目标与任务以及需要处理的关系；李维梁和高雅（2016）提出供需协同的产业创新生态系统模型，包括最终消费者的产业外部需求拉动、组织消费者的产业内部需求拉动、政府制度的产业外部供给推动和技术开发者的产业内部供给推动等四个子系统；张添和余伯阳（2018）依据医疗器械产业创新的特点，构建了由政府部门、医疗器械产业链上的企业、高校和科研机构和医疗机构以及科技中介服务机构等主体组成的医疗器械产业创新生态系统，并以江苏省医疗器械产业为例进行分析；牛媛媛和王天明（2020）结合荷兰ASML公司案例进行研究，阐述了知识密集型产业的发展与创新生态系统建设的关系，分析了创新生态体系的建设路径及特点；张淼等（2020）运用系统动力学，构建了5G时代下物流产业创新生态系统的系统动力学模型，侧重分析5G与物流产业的交互影响。

第二，关于产业创新生态系统演化的研究。对于有关产业创新生态系统演化方面的研究，曹如中等（2010）以创意产业创新生态系统为研究对象，提到其创新生态链包括横向产业生态链和纵向产业生态链，并且其演化规律包括创意的产业化与产业的创意化；曹如中等（2011）进一步指出创意产业创新生态系统的模仿机制、竞合机制和知识传导机制类似于自然生态系统内的遗传、变异与选择机制，发现创意产业创新生态系统演化也呈现出明显的阶段性特征和生命周期性；武建龙等（2017a）采用解释性案例研究方法，通过对TD产业联盟3G、4G创新与发展历程考察，探究产业联盟创新生态系统的演进机理；王芳等（2018）采用生物进化理论描述各生态位影响变量之间的关系，构建产业创新生态系统的演化模型，并通过8家新材料上市公司的演化来验证模型适用性；王俊鹏和石秀（2019）从创新主体、创新资源和创新环境三方面归纳了影响我国汽车产业创新生态系统演进的因素，依据2006—2017年的产业数据，采用主成分回归方法分析各因素对我国汽车产业生态系统演化的影响；许冠南等（2020）以增材制造产业为例，解析产业创新生态系统发展的各个阶段，分析科学、技术、市场和政策层面的特征及其相互协同演化；董洁等（2020）对我国医疗器械产业创新生态演化进行研究，构建了我国医疗器械产业创新生态系统模型，并对其组成因子及演化动力进行分析；王卓等（2020）构建了产业联盟创新生态系统引文网络，揭示其隐藏的模块化特征对主题演化动态关联与演化轨迹的影响；张笑楠（2021）建立了战略性新兴产业创新生态系统共生演化模型，并对不同共生模式下战略性新兴产业创新种群共生演化过程进行仿真，揭示了战略性新兴产业创新生态系统共生演化规律。

第三，关于产业创新生态系统机制的研究。对于有关产业创新生态系统机制方面的研究，吴绍波（2013b）针对战略性新兴产业创新生态系统协同创新的治理机制展开了研究，提到应该包括协商机制、声誉机制、信息披露和平台开放机制及信任机制；吕荣胜和叶鲁俊（2015）以我国节能产业创新生态系统为研究对象，从节能企业间链式耦合、创新生态系统要素间网式耦合及节能产业创新生态系统空间耦合三个方面，阐述了节能产业创新生态系统耦合机理；陈衍泰等（2015）选取杭州、深圳两个电动汽车产业创新生态体系的案例，分析了2000—2013年的动态演化过程，通过跨案例比较探讨产业创新生态系统的价值创造与价值获取的作用机制；杨剑钊和李晓娣（2016）指出，高新技术产业创新生态系统运行机制应由协同共生机制、风险识别与防控机制、利益分配机制、环境匹配机制共同组成，各种机制应对创新生态系统内不同企业间关系，解决产业内部竞争、协作、共享等问题；杨伟等（2020b）构建了产业创新生态系统数字化转型的试探性治理模型，形成多元主体参与的多中心治理结构，以及结合政策、契约与关系的治理机制，并结合浙江新昌轴承产业的案例进行分析；郭丽娟和刘佳（2020）以硅谷创新生态系统为例，指出其运行机制涵盖大企业和初创企业共生的学习竞争机制并形成企业集群，以及大学、行业、政府多向互动交流机制，以区域科技联盟为平台的协作机制，以小企业为核心的科技服务网络运行机制和联邦政府的法律规范引导机制；尹洁等（2020）基于 Tilman 的集合种群多物种竞争共存模型，模拟仿真集合种群中高校种群、科研院所种群、研究型企业种群的动态变化，研究我国高新技术产业创新生态系统中各种群间的竞争演化机制；刘珂和乔钰容（2020）将生态学思考引入产业集群创新生态系统，提出了由自组织进化机制、遗传变异进化机制、竞争共生进化机制构成的内部机制以及由市场选择机制与政府支持机制构成的外部机制共同作用的产业集群创新生态系统进化机制。

第四，关于产业创新生态系统知识管理的研究。对于有关产业创新生态系统知识管理方面的研究，吴绍波（2013a）针对核心企业负责产品平台核心技术的开发，且将外围配套产品的研究与开发委托给代理方的场景，探讨了核心企业通过激励契约促使代理费提升知识投入的问题；Schwartz 和 Barel（2015）提出，在政府干预不能为企业创新提供足够支持的情况下，产业创新生态系统的构建可以通过企业间知识共享起到营造创新环境、提高创新能力的作用；李其玮等（2016）分析了产业创新生态系统知识优势的内涵、来源以及形成，提出产业创新生态系统知识优势主要来源于知识生产、协同和战略应用的共同作用；李其玮等（2017）以成都高新区 18 个行业、278 家机构为实证对象，采用探索性因子分析了提炼产业创新生态系统知识优势的影响因素；李其玮等（2018a）结合产业创新生态系统的演化特征，分析产业创新生态系统知识优势“点—链—网”立体演化过程，并结合苹果、三星与华为公司的案例进行多案例分析；李其玮等（2018c）将产业创新生态系统下的知识优势分为专有性、成本领先和利益领先三个维度，建立了影响因素—知识优势—创新绩效的理论模型，并进行实证验证；沈蕾等（2018）采用知识图谱分析的方法对相关文献进行科学计量分析，构建了创意产业创新生态系统的整体性知识演进体系。

第五，关于产业创新生态系统评价的研究。对于有关产业创新生态系统评价方面的研究，徐建中和王纯旭（2016）构建了产业技术创新生态系统的运行稳定性评价指标体系，以电信产业为例，采用粒子群算法对产业技术创新生态系统运行进行稳定性评价；雷雨嫣等（2018）在技术创新演化过程的基础上，分析创新生态系统演化动力要素因果关系，应用创新生态系统适宜度模型评价了高科技产业创新系统的演化结果；李其玮等（2018b）从构成和影响因素两个维度构建了产业创新生态系统知识优势的评价指标体系，提出了主/客观组合赋权模糊综合评价模型，并以成都高新区 89 家科技企业为样本，检验了科技产业创新生态系统知识优势评价体系的合理性和适用性；潘苏楠等（2019）运用类比分析法构建了我国新能源汽车产业创新生态系统的理论模型，并选取新能源汽车产业可持续发展评价指标体系，运用全排列多边形综合图示法，测度了产业可持续发展水平；刘兰剑等（2020）研究了创新生态系统评估的思路、方法和指标等问题，构建了包含创新生态系统动态演化、可持续创新、开放性三个维度的创新生态系统评估指标体系，并选择 2007—2016 年我国高新技术产业的相关数据进行实证评估。

3.2.3 区域层面创新生态系统相关问题研究

针对区域层面（含城市、省份及国家层面）创新生态系统相关问题的研究，该方向主要涉及区域创新生态系统的概念及特征、构建、运行、影响以及评价与适宜度等问题。

第一，关于区域创新生态系统概念及特征的研究。对于有关区域创新生态系统概念及特征方面的研究，黄鲁成（2003a）提出了“区域技术创新生态系统”的概念，指出区域技术创新生态系统具有一般系统的共同属性与整体运动规律；黄鲁成（2003b）对区域技术创新生态系统的稳定调节机制展开分析，先分析了生态系统的稳定调节机制，再在区域技术创新系统中进行生态比喻研究；黄鲁成（2006）探讨了技术创新主体在技术创新生态系统中所受到的制约以及可以采取的应变策略，指出区域技术创新生态系统中的制约来自系统内的制约因子（即：技术因子、市场因子、生态环境因子和制度与政策因子）；苗红和黄鲁成（2007）提出了区域技术创新生态系统健康的概念，进行了生态系统健康评价与区域技术创新生态系统健康评价的类比分析，进一步提出相关评价指标及其对应的生态学含义；陈畴镛等（2010）在对比分析区域技术创新生态系统特征与小世界网络特征的基础上，分析了区域技术创新生态系统的集聚系数和特征路径长度等小世界网络特征，并对区域技术创新生态系统的建设提出相关对策与建议。

第二，关于区域创新生态系统构建的研究。对于有关区域创新生态系统构建方面的研究，一些学者从省份视角展开研究。例如，宋建平和郭明敏（2018）指出，山西科技创新生态系统建设正处于初级阶段，在深入阐释了创新生态系统的概念、特征、功能及运行机制的基础上，提出了在构建创新生态系统中提升山西科技创新能力的政策建议。还有一些学者从经济区视角展开研究。如韦铁等（2015）以广西北部湾经济区为实证对象，通过构建资源约束下区域技术创新生态系统的理论模型，利用结构方程模型对欠发达区域技术创新生态系统演化影响因素进行了研究；辜胜阻等（2018）聚焦粤港澳大湾区，对大湾区创新生态系统构建存在的一些制约因素进行分析，提出了打造大湾区创新生态系统的对策思考；段杰（2020）指出，大湾区创新生态系统的发展呈现出“萌芽期——成长期——成熟期”的演进历程，并基于创新生态系统演化的视角，从创新主体、创新资源、创新环境和创新能力等方面，对粤港澳大湾区与旧金山湾区演化进程进行比较分析。此外，还有一些学者从国家层面展开研究。例如，费艳颖和凌莉（2019）对如何构建高效国家创新生态系统进行探讨，提出需要从优化创新制度环境、加强创新主体联合、加快创新资源累积三方面的建议。

第三，关于区域创新生态系统运行的研究。对于有关区域创新生态系统发展方面的研究，曹如中等（2015）探讨了构建创意产业创新生态系统演化的理论动因，构建了创意产业创新生态系统模型，总结了创意产业创新生态系统功能作用，并以田子坊创意园区为例总结了其开发建设的经验；Radziwon 等（2017）针对区域创新生态系统中中小企业如何开发商业模式的问题展开研究，并以丹麦一家中小企业为例，分析了企业商业模式如何与区域创新生态系统融合发展；张敏和段进军（2018）分别立足于区域创新生态系统生成的外在动力、区域创新生态系统生成的本质与内在依据，提出了基于空间重构、机制构建的两条实现路径；刘兵等（2019）通过改进 Lotka－Volterra 模型构建了创新生态系统与人才配置的协同演化模型，分析了两者的演化路径，并以京津冀地区为例验证了模型的合理性；游玎怡和李芝兰（2020）从创新生态系统的理论和要求出发，运用政策工具的框架考察了当前香港、深圳两地的 168 份政策文件、955 个内容分析单元，探讨了大湾区港深科技创新政策合理性与改进空间；王展昭和唐朝阳（2021）在对我国区域创新生态系统耗散结构特性及形成过程进行分析的基础上，通过 Brusselator 模型的科学转译，构建了区域创新生态系统耗散结构的判定模型，基于 2013—2017 年的面板统计数据进行了实证分析。

第四，关于区域创新生态系统影响的研究。对于有关区域创新生态系统影响方面的研究，李晓娣和张小燕（2018b）基于“要素→过程→结果”的研究范式，构建了区域创新生态系统影响区域创新绩效的理论模型，研究了区域创新生态系统基础要素、作用机制、开放性对创新绩效的影响机理，并采用多元回归及层次回归等方法针对相关数据进行实证分析；李晓娣和张小燕（2019a）结合 2007—2015 年我国 30 个省市相关数据，利用共生测度模型测算了我国区域创新生态系统共生度，并进一步建立了静态和动态面板数据模型，实证分析了区域创新生态系统共生与科技创新绩效间的关系；李晓娣和张小燕（2019b）采用共生度模型实证测度了区域创新生态系统的共生水平，建立了共生进化动量模型（包含进化速度状态与趋势），进而测度了区域创新生态系统共生进化动量与态势；张小燕和李晓娣（2020）在揭示区域创新生态系统研发创新、应用生产与商业化种群互动共生规律的基础上，构建了共生关系指数与共生水平指数模型，结合数据对我国区域创新生态系统共生性进行了分类评价并提出优化对策。此外，在区域创新生态系统协同创新影响方面的研究中，邹晓东和王凯等（2016）研究了区域创新生态系统情境下的产学知识协同创新问题，主要分析了大学知识网络能力、区域制度环境、知识网络嵌入性关系对知识协同创新绩效的影响机制；郝英杰等（2020）设计了区域创新生态系统知识能力协同度指标体系，并以深圳市为研究对象，运用匹配量化模型分析产业知识基础和学研知识基础匹配程度，运用复合系统协调度模型对知识创新环境与产业、学研知识基础发展协同程度进行分析。

第五，关于区域创新生态系统评价与适宜度的研究。对于有关区域创新生态系统适宜度评价的研究，周青和陈畴镛（2008）从经济和技术环境的视角分析了区域技术创新生态系统适宜度，构建了系统适宜度评估指标体系，并甄选生态位评估模型对系统适宜度评估指标进行测算；覃荔荔等（2011）引入二阶缓冲算子，基于绝对生态位适宜度和相对生态位适宜度改进的生态位适宜度模型，构建了区域创新系统可持续性综合生态位适宜度模型，并对湖南区域创新系统的可持续性进行了评价；刘洪久等（2013）从创新群落、创新资源和创新环境三个方面构建了区域创新生态系统的评价指标体系，通过采用生态位评估模型，比较分析了苏州市与省内其他主要城市以及长三角发达城市的创新生态系统适宜度；李峰等（2017）构建了区域创新生态系统适宜度评估模型，并对我国30个省份（除西藏以及港澳台外）的区域创新生态系统进行了评估；解学梅和刘晓杰（2021）基于生态位理论构建了区域创新生态系统生态位适宜度评价指标体系和评价模型，并对中国30个省市2009—2018年的区域创新生态系统进行了评价。

对于有关区域创新生态系统其他方面评价的研究，苗红和黄鲁成（2008）提出了区域技术创新生态系统健康的内涵及评价方法，对生态系统健康评价的评价指标权重及评价标准进行了研究，并针对苏州科技园区的健康状况进行了评价；陆燕春等（2016）尝试从创新驱动群落、创新扩展群落、创新协调群落以及创新环境四个方面建立指标体系衡量其发展水平，运用了熵值法对我国30个省份（西藏除外）的创新生态系统进行定量评价；何向武和周文泳（2018）借鉴创新生态系统理论、Lotka-Volterra模型和聚类分析法，构建了一套较为系统的区域高技术产业创新生态系统协同性的分类评价体系，并结合数据给出了中国31个省市区域高技术产业创新生态系统协同性的分类评估结果和优化对策；孔伟等（2019）运用线性加权综合方法，通过构建科学系统的创新生态系统竞争力评价指标体系，对2016年中国区域创新生态系统竞争力进行评价；王宏起等（2020）从结构、功能以及效益三个维度，构建了战略性新兴产业创新生态系统的稳定水平评价指标体系，引入熵权与层次分析方法进行组合赋权，设计了基于规则的战略性新兴产业创新生态系统稳定水平评价方法，并以黑龙江省为例进行实证研究。

3.3 本章小结

综上所述，在针对项目导向型供应链、创新生态系统的研究领域，具有以下特点和不足：

第一，关于项目导向型供应链的研究主要集中在知识管理问题、协同创新激励问题与集成调度问题等三个方面，缺乏从创新生态系统角度来研究项目导向型供应链中跨组织的协同创新问题。

第二，关于创新生态系统的研究主要集中在从企业、产业、区域等不同层面研究创新生态系统的构建、机制、演化、影响与评价等问题，其中企业层面更偏重于高科技企业及其产学研联盟创新生态系统的研究，缺乏供应链（特别是项目导向型供应链）背景下的创新生态系统研究。

第三，既往相关研究更多是分别关注项目导向型供应链、创新生态系统，并未考虑从构建创新生态系统视角来思考如何解决项目导向型供应链中跨组织协同创新的困境，从而缺乏将项目导向型供应链与创新生态系统相结合的研究。

第4章 项目导向型供应链创新生态系统的内涵与特征

4.1 项目型组织的内涵与特征

当谈到项目导向型供应链，我们首先需要解释什么是项目型组织（Project - based Organization）。

张璐（2016）认为，项目型组织是指那些一切工作都围绕项目进行、通过项目创造价值并达成自身战略目标的组织。施建刚、吴光东（2011）认为，项目型组织是指为实现项目绩效而涉及的不同临时性组织的创新系统。项目型组织必须从整个项目的整体利益来考虑，期望项目内各组织成员之间相互协作，进行知识与经验的分享（Donselaar K 等，2001）。在项目导向型供应链中，由于组织的利益均来源于项目价值增值的实现，项目型组织是有限自利的，在最大化项目价值增值的前提下，不仅关注自身利益，也常常会关心他人的利益和利益分配的公平性（吴光东等，2011）。基于此，本书认为，项目型组织是指以完成项目目标为导向，通过实现战略目标提升自身价值的组织。在不稳定的市场环境和快速变化的技术环境下，这种组织模式逐渐演变成建设项目中的一种主导模式。项目型组织必须从整个项目的整体利益来考虑，期望项目内各组织成员之间相互协作，进行知识与经验的共享。这种组织模式不仅能充分发挥知识同性带来的协同效应，提高项目的管理水平，也能够有效避免不同的项目之间出现失误重蹈的现象，从而进一步提升了项目型组织在整个建筑行业中的竞争优势。

项目型组织区别于一般组织，是一种具有临时性组织特点、基于项目的组织特点和项目导向型组织特点三种特性的新型组织。

（1）临时性的组织特点

Lundin（1995）认为，在项目型组织中的管理工作中，应该充分利用临时性组织的特性来加强项目管理。临时性组织理论将项目定义为一种新的组织形式，并将项目的管理工作定义为这种新型组织的组织行为。研究指出了临时性组织与一般组织在团队、任务、期限和转变四个方面有显著不同，这种组织的显著特征是具有临时变更性。DeSanctis等人（1999）认为，项目型组织更有利于角色或工作任务的切换，非常适用于组织活动临时性活动为主的组织。

（2）基于项目的组织特点

项目型组织具有的基于项目的组织特点，即认为项目导向型组织是一种基于项目运作的组织。研究认为，用来完成项目的这种临时性组织既可是组织间（外部）的组织形式，也可是组织内的一部分，并将在组织内部广泛使用的运作形式统称为基于项目的组织，基于项目的组织研究相对于临时性的组织研究更进一步。Hobday（2000）认为，这种组织内部的运作模式拥有极大的创新性和灵活性，能够应对较为繁琐的项目管理任务。Suchan等人（2001）认为，基于项目的组织是根据项目或任务而设立的组织，具有灵活性的特征。Lindkvist（2004）认为，这种模式是以项目型为目标，进而对组织内的活动进行管理的模式。

（3）项目导向型的组织特点

Gareis等学者较早地对项目导向型组织进行了研究，其认为，在相对一次性的、长期性的项目流程中，企业使用或者运作项目的运作过程，就是项目导向型组织。从Sydow和Mike等人（2004）的研究中发现，项目型组织是指一个包含着许多各具特点的组织的集合组织。这种集合型的组织管理模式能够提高该项目的完成效率，更迅速地满足消费者多样的、变化的需求。但也由于其组织构成复杂，项目型组织普遍存在不确定性、临时性和动态性等特点。项目导向是一种在管理项目的过程中，使用临时性组织作为唯一的项目管理组织，并通过组织管理使项目按照不同类型进行组合，最后达到能行使职能的过程。由此可见，在建设工程项目中，由企业引导项目中的各利益相关者分别从事开发、设计、施工和运营等工作，这一过程采用的就是项目型组织的模式。项目型组织往往缺乏自行完成配置知识资源和管理项目职能运作的能力，因此，项目型组织不得不通过提升其跨组织的知识管理能力，以知识的合作创新方式来填补其组织内的知识缺口。

4.2 项目导向型供应链的内涵与特征

4.2.1 项目导向型供应链的内涵

项目导向简单来说就是项目型组织围绕项目开展工作以实现价值，在管理思想上突出以项目为核心，强调项目目标的实现，以项目价值为利润中心，将项目管理上升到企业战略的高度（施建刚等，2011）。随着社会经济的发展，我国消费形势越来越由供给拉动转向需求推动，主要矛盾已经转化为人民日益增长的美好生活需要和不平衡不充分的发展之间的矛盾，反映在供应链中就是顾客的需求越来越呈现出多样化和个性化的趋势（Sydow 等，2004）。消费者对产品创新性的要求倒逼供应链企业不断通过知识信息资源共享进行合作创新，提高产品性能。而传统供应链由于企业单一运作、独立决策的模式无法满足这种需求，因此，项目导向型供应链应运而生。

关于项目导向型供应链（Project - based Supply Chain）的内涵，不同学者给出了自己的看法。Barrett P、Martin Sexton（2010）认为，项目导向型供应链是以项目为导向的组织形式通过供应链结构联合而形成的模式，这种多目标临时性组织的模式具有一定的合作创新能力；吴光东等（2011）认为，项目导向型供应链是随着组织管理的概念引入项目管理的，是将项目视为依据契约组合和约束的多目标临时性组织和合作创新工具，是具有不同核心知识的项目型组织为实现共同目标而形成的一种扩展到独立组织结构之外、具有特定功能的、以知识流为管理核心的跨组织结构模式；施建刚（2011）认为，项目导向型供应链跨组织知识流可定义为以项目为中心，项目型组织围绕项目不断地获取和创造知识，并将其运用到项目，形成围绕项目全生命周期的知识投入、知识转化和知识创新的无限循环过程；王伟鑫等（2014）认为，项目导向型供应链是将每个订单视为一个项目，以订单的生成为项目起点，以产品到达最终客户为项目终点，从供应链整体利益角度构建资源约束下的多目标临时性合作形式；张璐（2016）研究的项目导向型供应链是指供应链内各组织以项目为共同目标而形成的具有整体利益的多目标临时性的合作形式；王延峰（2016）认为，项目导向型供应链是由参与项目的不同项目型组织构成的以项目为导向的供应链。

结合项目型组织的内涵及特点，本书对项目导向性供应链提出了独特看法：项目导向型供应链是一种新形式的供应链管理模式，强调以项目创新为核心，是具有异质且互补性知识资源的供应链上下游企业为实现共同目标而组成的具有特定功能的跨组织结构模式。相较于传统供应链，项目导向型供应链更强调上下游企业间基于项目的协同创新而完美契合了项目型企业的创新需求。项目导向型供应链强调供应链企业整合跨组织的互补性资源，与其他组织合作开发项目，通过项目的生产与价值的实现来完成共同目标，以达到自身的战略目标，实现企业的发展。

目前，多数学者对项目导向型供应链的研究主要是针对大型工程项目的建设来展开的，在这方面研究主要强调政府、市场等主体在项目建设中发挥的协调作用，更多的是基于宏观角度来开展相关研究工作。与上述研究关注点不同的是，本书对项目导向型供应链的研究主要是关注企业微观层面，强调的是面向市场需求，以项目创新为核心，以技术标准为纽带，基于创新主体拥有的互补性知识资源，形成互利共生、共同进化的创新体系，并通过创新主体间非线性的协同合作，自发调节创新主体间相互关系，从而生成新结构、产生新功能以适应创新环境的变化，以此来激发系统网络效应，突破创新资源限制，加速创新资源流动，以提高项目导向型供应链的创新效率和市场竞争优势。

4.2.2　项目导向型供应链的特点

基于项目导向型供应链的内涵本质，本节研究总结出了项目导向型供应链具有如下特征：

第一，项目导向型供应链具有市场导向的特点。项目导向从本质上来说就是市场导向，项目导向型供应链形成的主要动因就是技术更新速度加快、产品生命周期缩短、市场不确定性增强和竞争激烈多变。由于项目的复杂性和需求的多样性，项目型组织必须与不同数量、不同种类的外部主体进行合作创新才能实现项目价值增值，单一的项目型组织由于缺乏足够的组织职能无法完成项目任务，这就需要多个项目型组织构建一个跨组织网络通过合作创新以实现项目的价值增值，基于此就产生了项目导向型供应链。

第二，项目导向型供应链具有跨组织合作的特点。项目导向型供应链打破了传统组织边界和信息壁垒，整合了具有异质性和互补性的各种资源，强调上下游企业间基于项目的跨组织协同创新作用，以及各节点企业的竞合关系，使供应链整体表现出了网络化和柔性化的特点。只有通过供应链中上下游企业的相互合作，形成规模效应，降低成本，共担风险，适应多变的市场环境，满足消费者对高质量、创新性产品的需求，才能建立起企业的竞争优势。

第三，项目导向型供应链具有创新风险分担的特点。在项目导向型供应链协同创新实践中，项目型企业比传统供应链中的企业更频繁地面临合作创新决策的问题，配套产品或技术研发滞后、技术不兼容或不匹配、技术学习能力差异等问题往往会导致项目价值降低甚至创新项目的失败。与传统创新主体独自承担创新风险不同，项目导向型供应链协同创新的风险将由多个创新主体分担，这样会提升创新主体的积极性，从而有效实施创新驱动发展。

4.3 项目导向型供应链创新生态系统的内涵

4.3.1 与自然生态系统构成要素比较研究

在项目导向型供应链中，考虑到知识是创新的核心要素，其协同创新活动在一定程度上可以认定是围绕项目全生命周期进行知识投入、知识共享和知识创新的无限循环过程，现有研究也因此大多专注于通过知识管理来促进项目导向型供应链协同创新。然而，在协同创新实践中，配套产品或技术研发滞后、技术不兼容或不匹配、技术学习能力差异、市场未形成和政府政策限制等问题往往会导致创新项目的失败。其失败的原因在于这种开放式创新活动的成功与否，不仅受到知识这一核心要素的影响，还受到项目技术标准化程度、创新主体的行为和动机、创新成果产业化和市场化、供应链联盟管理能力和组织环境等一系列因素的影响。可见，项目导向型供应链协同创新活动是一项复杂的系统工程，单靠知识管理难以推动该项活动持续有效开展。

因此，结合项目导向型供应链的内涵及特征，并根据技术创新理论和生态系统理论，本书研究将生态系统的理念引入项目导向型供应链协同创新活动中，在项目导向型供应链中建立似于生物与生物之间、生物与环境之间所形成的互利共生、相互寄生的生物生态系统，即项目导向型供应链创新生态系统，是有效解决上述困境、推动供应链实现协同创新的重要途径。

创新生态系统的概念源于自然生态系统，在生物学中，生态上的同质单位构成一个生物体群落，与环境的各种组成部分相互作用，不断进行物质交换和能量传递形成一个统一的整体。随着生态系统理论的日渐成熟，相关方法论也被广泛应用于各种不同的领域，用以研究系统组成成分之间相互依存、相互制约的生态问题。美国竞争力委员会于2004年首次提出“创新生态系统”的概念，其认为创新生态系统是在企业、政府、研究中与企业员工之间建立的一种新的关系。在这之后，有关创新生态系统的研究广泛展开。根据国内外学者的研究，创新生态系统的内涵可以概括为：创新生态系统是指具有直接或间接相互作用关系的创新主体连同周围的创新环境共同构成的一个有机整体。在这个整体内部，各构成要素通过一定机制不断进行共生竞合、动态演化，彼此相互影响、相互制约，从而实现互利共生、共同进化。

自然生态系统中构成要素在项目导向型供应链创新生态系统均能找到与其对应的构成要素。项目导向型供应链创新生态系统的主体要素对应的是行业内的企业、高校、科研机构和政府等创新主体种群，每个种群在系统内都能找到自己对应的位置，并且通过各个创新主体种群的对应位置的变化及活动来推动系统自身的发展。本节研究在借鉴现有研究成果和相关理论基础上，将自然生态系统和项目导向型供应链创新生态系统的构成要素进行相似性对比研究如下，参见表4.3.1。

表4.3.1　自然生态系统与项目导向型供应链创新生态系统构成要素的比较

序号	自然生态系统		项目导向型供应链创新生态系统	
	要素	内涵	要素	内涵
1	物种	物种是生物学分类的基本单位，值在生物圈内，具有相同基因频率、形态和生理特征的生物个体的集合	创新主体	创新主体是创新生态系统的基本组成单位，指利用各种资源进行技术创新的创新组织的总称，如企业、高校、政府、金融机构、中介组织、行业协会等
2	种群	在一定时空内，同一物种的个体的集合体，是物种存在、繁殖、进化的基本单位	创新种群	在一定地域内，具有相同资源、能力和产品的创新组织的集合

续表

序号	自然生态系统		项目导向型供应链创新生态系统	
	要素	内涵	要素	内涵
3	群落	在特定环境下，各生物种群与环境相互作用，相互适应，形成的具有一定结构和功能的生物集合体	创新群落	在特定的时空内，各创新种群与环境相互作用、相互适应，形成的具有一定结构和功能的创新组织集合体
4	生态系统	在一定时空内，生物群落与环境之间不断进行物质、能量和信息交换而形成的统一体	创新生态系统	集群与环境相互作用而形成的具有内在创新能力与外在创新条件、协调互动的统一体
5	生境	生物个体和群体生活的具体生态环境	创新生境	创新主体所处的具体创新生态环境，如企业人文环境、基础设施、政策环境等
6	进化	在一个种群中导致延续多代的可遗传性变化过程	渐进性创新	创新组织通过渐进性创新而取得技术上的进步与完善
7	突变	物种遗传物质的可遗传性改变	根本性创新	创新主体通过根本性创新获得技术上的重大突破，导致产业组织出现了跨越式的发展

4.3.2 与自然生态系统相关特点比较研究

项目导向型供应链创新生态系统与自然生态系统具有天然的联系，表现出许多相似的生态特性，如系统内的创新主体并不是孤立随机分布的，而是通过彼此间的物质循环、信息传递和能量交换进而实现项目的完成与价值的实现，系统整体都呈现出多样性、稳定性、复杂性、层次性、开放性、协同进化等特点，具体如下表 4.3.2 所示。

表 4.3.2　自然生态系统与项目导向型供应链创新生态系统共同特点分析

具体内容	自然生态系统	项目导向型供应链创新生态系统
构成要素	无机环境和生物生产者、消费者、分解者等物种	核心企业与上下游企业、高校、科研机构、政府、市场、消费者及创新环境
生存机制	遗传和变异	创新
多样性	生物链中的不同等级、不同种族的物种	不同创新种群的主体企业和相关的市场环境
稳定性	生态系统具有自我调节的能力，系统内的成分越复杂，种类越多，自动调节的能力就越强	围绕项目创新保持系统内创新主体数量和结构的相对稳定，以及系统受到外部环境影响能通过协调恢复到原来平衡状态的能力
复杂性	生态系统中个体与种群、群落之间的物质交换复杂	创新主体与市场、机构、消费者之间相互影响相互作用，系统是各种要素资源的有机集合而不仅仅是简单相加，各组织间的合作呈非线性形态
层次性	呈现出个体 - 种群 - 群落的层次结构，每一层次之间相互影响	创新主体、创新种群和创新群落所形成的层级包含关系，每一层次有其自身遵守的规律且层次间各要素是相互联系的
开放性	对外界开放，吸收新物种加入	项目导向型供应链创新生态系统与外界不断进行着各种类型的物质、能量和信息交换
协同进化	为适应环境，各种群落通过相互作用、相互适应而共同进化	在外部环境和内部因素的作用下，各创新组织既竞争又合作，协同发展
互利共生	生物群落中的物种相互依赖、相互依存并确立双向利益交流机制	各创新主体通过合作确定协同创新和利益共享机制，相互作用共同推动项目导向型供应链创新生态系统的发展

根据上述分析，项目导向型供应链创新生态系统具有许多生态性特征，借鉴自然生态系统中，生物物种与自然环境间通过相互依存和相互制约，实现生物物种间或是生物物种与自然环境间进行着物质循环和能量流动，进而推动生态系统由低级到高级、由简单到复杂的进化，并最

终稳定的发展模式，提出“项目导向型供应链创新生态系统”这一说法，目的在于一方面通过借鉴生态学理论和方法来研究项目导向型供应链创新生态系统的问题；另一方面也是为了矫正在以往的协同创新过程中忽视环境要素的倾向，形成从可持续发展的角度来研究项目导向型供应链的协同创新问题。

4.3.3 与自然生态系统相比较的内涵阐释

基于上述分析，本节研究尝试给出项目导向型供应链创新生态系统的一种定义：项目导向型供应链创新生态系统是基于市场导向，项目导向型供应链成员企业与其他创新主体通过各自拥有的异质性、互补性知识资源开展合作，并连同周围的创新环境共同形成互利共生、共同进化的协同创新体系。该系统以项目创新为核心，以技术标准为纽带，通过创新主体间非线性的协同合作，自发调节彼此间的相互关系，从而突破创新资源限制，加速创新资源流动，实现创新优势互补。

该定义包含以下两个方面的含义：

(1) 项目导向型供应链创新生态系统是基于创新主体与各类组织间的深度合作而建立的

目前在我国制造业中，企业的技术吸收能力薄弱，使得企业与大学、科研机构之间的产学研合作由于技术水平的不对等而变得不容易，彼此间存在明显甚至巨大的“鸿沟”。一方面，高校和科研机构在基础性的科学研究方面以及技术开发方面的能力更强，即表现为在产业链的上游优势突出；而另一方面，企业在生产和市场创新方面即产业链的下游具备明显优势；如果将两者对调则两者的能力会表现的都很薄弱。因此，应建立以企业、高校和科研机构为核心要素，以政府、创新平台、各类中介机构和各类组织等为辅助元素的多主体间的协同创新系统，实现人才、资金、技术、信息、环境等多种资源的共享，开展创新主体与各类组织间的深度合作，实现多元主体间的能力对接，从而带动产业的协同创新。

(2) 项目导向型供应链创新生态系统是基于产业链进而推进价值创新链的创新组织模式

产业链是创新链的载体，如果要想提高创新的水平和效率，就必须紧密围绕产业链，将创新链融合到产业链中。只有当二者互相融合而且能够相互协同成为一体时，创新的方向和目标才能够更明确，其合力也会不断增强，创新的水平和效率自然同时会显著提高。

4.4　项目导向型供应链创新生态系统的特征

基于项目导向型供应链创新生态系统的内涵可知，它除了具有与自然生态系统相类似的多样性、稳定性、复杂性、层次性、开放性、协同进化等特点之外，还具有核心企业主导性、主体关系生态性、系统协同演化性和创新协同复杂性等特征。

4.4.1　核心企业主导性

在项目导向型供应链创新生态系统中，供应链核心企业不但是保障信息流动的核心主体，而且在促进合作创新、维护系统开放等方面也发挥着主导作用。

首先，传统供应链是围绕核心企业控制信息流、物流、资金流的网链结构，而在整个项目导向型供应链创新生态系统中，核心企业需要保障知识流、资金流和物流的高效流动，促进资源的合理配置。特别是对于知识流而言，知识是创新的核心要素，需要核心企业从整体上把握系统的知识需求，促进知识协调互补和知识创新，维护知识在系统中的持续高效流动，将知识资源正确有效地应用到项目开发、产品生产中，保障项目目标的实现。

其次，项目导向型供应链创新生态系统由不同的企业、机构、组织构成，组织间存在着关系复杂、信息不对称的问题，需要核心企业突破原有的组织结构界限，建立起保障各类资源高效流通的通道，促进组织间的合作创新，为项目价值增值保驾护航。

最后，项目导向型供应链创新生态系统是一个开放的系统，处于领导地位的核心企业还需要带动各类组织与外界进行要素与价值交换，帮助组织适应外部环境的各种变化，保证整个系统的开放与共享。

4.4.2 主体关系生态性

生态性是指生物与环境之间的统一关系，在自然生态系统中表现为生物个体之间相互寄生，对环境完全依赖。与自然生态系统类似，项目导向型供应链创新生态系统也具有生态特性。一方面，项目导向型供应链创新生态系统内的创新主体之间、创新主体与创新环境之间存在着与自然生态系统中生物之间、生物与生态环境之间类似的技术、资源、信息和能量交换和流动。另一方面，项目导向型供应链创新生态系统内的创新主体基于不同分工所形成的创新种群、创新群落与自然生态系统中的生物种群、生物群落在形态、结构和功能上具有一定相似性。总而言之，项目导向型供应链创新生态系统作为与自然生态系统类似的一个整体，不仅创新主体间存在着互利共生、相互依存的生态关系；同时，创新主体与创新环境间也存在着相互制约、协同进化的生态特性。

4.4.3 系统协同演化性

在项目导向型供应链创新生态系统中，协同演化是指两个或两个以上相互作用的创新主体在协同创新过程中发展的相互适应的演化。一方面，系统创新主体间呈现的是不断动态变化的关系，系统也是通过不断进行技术、信息、资金、人才及市场的交流来完成系统与外界的协同创新，促使系统内部进行不断整合调整以适应产业整体发展的要求。但由于创新系统内各创新主体间存在着相互依存的关系，某一创新主体的演化过程（或行为选择）往往会影响系统内其他创新主体的演化过程（或行为选择），因而整个创新系统的最终演化结果会受到所有合作创新主体的共同影响。另一方面，动态变化的经济社会环境，使得项目导向型供应链创新生态系统很难长期保持竞争优势，因此，随着创新环境的变化，整个系统需要从不稳定向稳定、从无序向有序进行转变。各创新主体作为系统有机组成的一部分，也需要跟随系统的演化不断适应与创新，从而增强凝聚力和稳定性，创造出新的竞争优势。

4.4.4　创新协同复杂性

项目导向型供应链协同创新活动在一定程度上可以认定是围绕项目全生命周期进行知识获取、知识转换、知识创新与知识经济化的知识流动过程。而构建的项目导向型供应链创新生态系统，参与的创新主体更加广泛，联系也更加紧密，使得知识流动在系统协同创新活动中所处地位越来越重要。然而，知识的流动效率受到知识属性、参与成员数量、项目的复杂程度、信息交流水平等因素的影响，系统要实现知识资源的优化配置和整体的创新协同也具有困难。其次，系统内存在着相当数量和多样的创新主体以及创新主体间有相当紧密的相互联系，这些创新主体之间的协同合作往往呈现出非线性特点，导致项目导向型供应链创新生态系统是一个直接与间接、主要关系和次要关系并存的多层次网络嵌套系统。最后，项目导向型供应链创新生态系统中的创新环境会不断改变，具有明显的不确定性。由此可见，复杂多样的创新主体、错综复杂的相互关系及系统结构导致了整个创新系统协同合作的复杂性，加之系统创新环境的动态性和不确定性也大大增加了项目导向型供应链创新生态系统运行的复杂程度。

4.5 本章小结

基于项目管理理论与供应链管理理论，本章首先对项目型组织的内涵与特征进行了分析和讨论，在此基础上对项目导向型供应链的内涵及特点进行了界定和分析；然后将创新生态理念引入项目导向型供应链中，通过深入比较项目导向型供应链创新生态系统与自然生态系统的构成要素、共同特点等分析了项目导向型供应链创新生态系统的内涵，并总结出项目导向型供应链创新生态系统的主要特征包括核心企业主导性、主体关系生态性、系统协同演化性以及创新协同复杂性。

第5章 项目导向型供应链创新生态系统的构建机理

5.1　项目导向型供应链创新生态系统的结构

借鉴前人成果，根据项目导向型供应链创新生态系统的内涵和特征，本书提出了项目导向型供应链创新生态系统的结构，具体如图 5.1.1 所示。在结构上，项目导向型供应链创新生态系统是一个主要由创新生态群落和创新生态环境组成的动态平衡的系统，以此来类比自然生态系统中的生物部分和非生物部分。其中，创新生态群落是由核心企业、上下游企业为主体的企业创新层，高校、科研机构、技术中介为主体的技术创新层和政府、金融机构、消费者、行业协会、服务中介为主

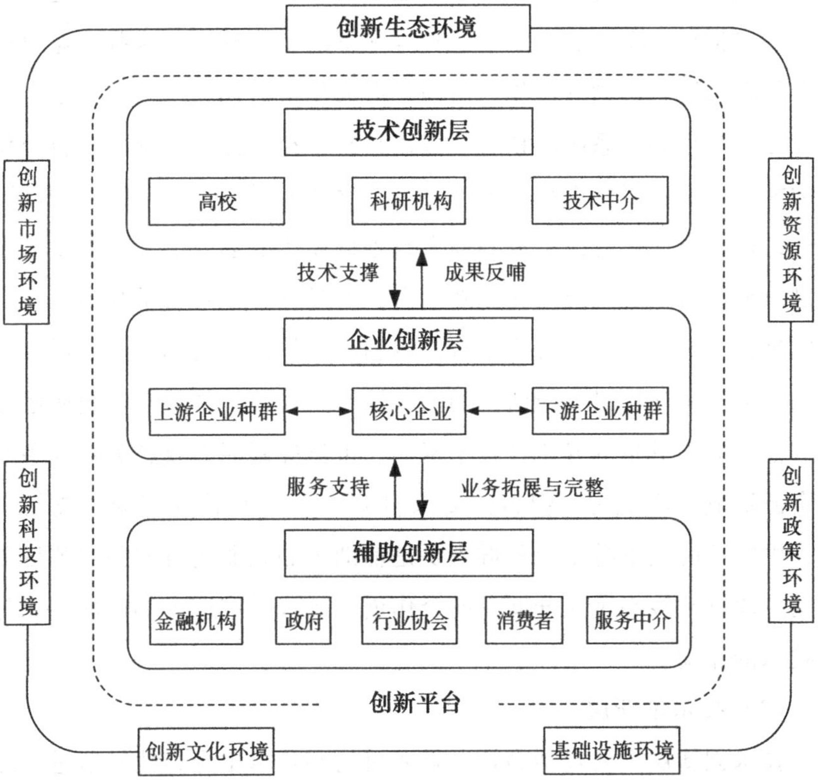

图 5.1.1　项目导向型供应链创新生态系统主体结构

体的辅助创新层构成。创新生态环境属于项目导向型供应链创新生态系统的宏观环境层，包括创新市场环境、创新科技环境、创新资源环境、创新政策环境、创新文化环境和基础设施环境。与自然生态系统相似，项目导向型供应链创新生态系统中的种群之间以技术、知识、物流、资金、人才等为纽带紧密联系，形成研究、开发、应用三大组成部分。

5.1.1 项目导向型供应链创新生态系统的构成要素

（1）企业创新层

在项目导向型供应链创新生态系统中，企业是最主要和最重要的参与者，企业创新层是整个系统中最核心的部分，是供应链中企业的集合，围绕项目开发与生产形成了产业价值链。项目导向型供应链中的企业主要包括核心企业、上游企业种群和下游企业种群，这些企业通过竞争合作在系统内协同开展创新活动，形成复杂的创新网络。其中，核心企业处于整个创新系统的核心位置，具有选择、控制和领导创新合作伙伴的能力，能够引导系统内所有创新主体共同完成某一项目创新活动。此外，核心企业还可以借助其强大且难以模仿的创新能力，为项目导向型供应链创新生态系统搭建创新平台，通过创新平台为系统内各成员要素间进行沟通联系提供合作平台，将创新主体群落与创新协同群落联系起来，进而实现项目创新活动的同步性与整体性。虽然核心企业通过拥有其他企业不具备的异质性技术资源、市场控制能力或者关键性垄断性的资源形成核心能力，但也需要来自其他企业互补性资源的支持，因此，供应链的上下游企业种群主要是辅助核心企业进行相关的项目创新活动，通过与核心企业开展纵向合作创新实现供应链内部创新知识与创新技术的流动。

（2）技术创新层

技术创新层主要包括高校、科研机构和技术中介，他们通过核心企业搭建的创新平台参与项目的设计研发和生产制造，与创新主体群落内各类创新主体进行交流合作，为企业输送最前沿的技术和高科技技术人才，进行技术创新和资源整合。其中，高校和科研机构是创新的原动力，为项目的协同创新提供智力支持，他们不仅拥有丰富的知识储备，还拥有大量的专业人员、先进的技术仪器、设备以及强大的创新能力，其基础性研究的优势极为突出。行业发展的关键技术突破离不开基础性研究的支撑。在基础性研究和创新知识开发方面，高校种群、科研机构种群的主要功能是辅助核心企业进行有关技术的基础性研究。大学及研究机构种群作为知识创新的主体，既是知识与技术的重要生产者，也是专业技术人才的主要培养者和供应者。基础研究是大学及科研院所的优势所在，成果转化应用是企业的专长。在项目导向型供应链创新生态系统中，大学及研究机构种群不仅承担着基础性知识的研究和传播功能，而且越来越多地担负着成果转化过程的专业性咨询和培训等服务功能。他们能够为项目创新活动源源不断地提供所需的知识资源与创新人才，他们的存在加快了创新成果的转化，促进了技术创新商业化和产业化。

有了创新的供给方和需求方，还需要中介进行点对点联系，而技术中介就发挥着这种作用。技术中介包括科技咨询机构、产业联盟、创业孵化和科技成果转化类机构等，它是支撑科技创新活动和促进科技成果产业化的专门机构。技术中介根据市场经济规律，以知识、技术、经验和信息为技术为高校科研机构和供应链中的各类企业进行介绍，提供专业知识、专门技能以及社会化、专业化服务。技术中介是技术转化的搬运工，汇集了信息资源，是知识和技术扩散的重要渠道，在不同创新主体间发挥着重要的连接作用。

（3）辅助创新层

在项目导向型供应链创新生态系统中，辅助创新层主要包括政府、金融机构、消费者、行业协会和服务中介，他们通过发挥不同的功能为其他创新主体提供生产服务支持，保证项目创新生产正常运转，保障系统整体的平稳运行。

其中，政府是创新的推动者和治理者，为项目导向型供应链创新生态系统的运行和演进构造了外部环境。政府机构种群虽然不直接参与供应链项目创新活动，但可以通过制定相关政策来营造良好的协同创新环境，引导创新主体的合作创新行为，发挥宏观经济调节作用促进项目导向型供应链创新生态系统的形成与发展，保证创新生态系统的高效运行。企业作为项目导向型供应链创新生态系统中的创新主体，其协同创新能力直接决定了项目导向型供应链的创新能力，正常情况下企业的创新行为是由市场主导的，但是随着创新成本和风险的加剧，企业可能出现无法承受的成本和风险，在此情况下政府通常会介入，引导企业开展有效的协同创新。具体来说政府会通过制定的创新政策、法律和法规等，营造有利于协同创新的外部环境，规范协同创新的活动准则，实现在制度上保证企业协同创新活动的依法高效进行。同时，政府也可以根据供应链发展方向来规划与企业有关的经费支持和优惠政策，搭建企业创新共享平台等来推动项目导向型供应链协同创新的发展。

金融机构是技术创新资金的提供主体。金融是现代经济的核心，项目导向型供应链及其科技创新的发展离不开金融的支持，良好的金融环境和发达的金融市场是实现产业蓬勃发展、大幅提高科技创新能力的基础和保障。如果“科技”是企业这个生命体的“心脏”，那么“金融”则相当于为这个生命体提供了新鲜的“血液”。“科技”和“金融”的有机结合，可以为企业建立良性的循环系统。作为项目导向型供应链创新生态系统的重要组成部分，金融机构的最大优势在于提供创新生态系统所必需的资金和物质，为整个系统提供发展的可能，从而提高项目创新效率并推动项目创新进程。金融机构主要由银行金融机构、非银行金融机构和创投机构这三部分组成：

①银行金融机构。银行业金融机构，是指在我境内设立的商业银行、城市信用合作社、农村信用合作社等吸收公众存款的金融机构以及政策性银行。

②非银行金融机构。非银行金融机构主要有三类：一是由原中国银监会负责监管的信托公司、金融租赁公司、金融资产管理公司、财务公

司等机构；二是由中国证监会负责监管的证券公司、基金管理公司、期货经纪公司等机构。三是由原中国保监会负责监管的财产保险公司、人身保险公司、再保险公司、保险中介机构以及保险资产管理公司等。

③创投机构。创投机构主要为新创高科技公司提供融资活动，与一般的投资机构不同，创投机构不仅投入资金，还运用他们长期积累的经验、知识和信息网络帮助企业管理人员更好地经营企业。

消费者是创新成果的吸收者和应用者，其需求是项目导向型供应链创新生态系统构建的根本动力，代表了市场导向，他们的信息反馈推动了系统实现循环上升发展。

①购买力与消费偏好。消费者的购买力水平和消费偏好是影响项目导向型供应链创新方向的主要因素。如果消费者购买力水平高、有较强的绿色环保意识、愿意尝试新事物，那么企业就会在该种产品上进行研发与生产。只有满足消费者的消费需求，企业才能实现收益，而良好的销售也必然促进供应链企业进一步的研发活动。

②创新活动的参与程度。创新主体之间的深度合作有利于创新活动的开展，促进创新能量传递效率的提升，其生态学的基本原理就是“互惠共生关系”。创新过程中消费者的深度参与在提升项目导向型供应链企业创新效率的同时，消费者也可以购买到更满意的新产品。因此，创新企业可以通过构建良好的客户关系来实现协同创新的目的。

行业协会介于政府、企业之间，商品生产者与经营者之间，为企业的生产提供服务、咨询，并对其协同创新活动实施协调和监督，是政府与企业的桥梁和纽带。行业协会种群拥有大量的创新资源、管理和专业人才信息资源，他们借助对经济发展走势的分析，来掌握经济和行业发展的方向，便于系统中的项目导向型供应链中的企业以更加开阔的视角来审视该系统中创新主体的创新活动效率，简言之其作用就是催化、裂变、促进和服务于系统协同创新成果的转化和产业化。

与此类似，服务中介（包括培训公司、咨询公司、孵化公司等）一方面可以在创新主体间发挥桥梁作用，降低不同主体之间协同创新的交易成本；另一方面也可以为系统内各类创新主体提供管理咨询、技术咨询、孵化服务等，促进并服务于项目导向型供应链协同创新成果的转化。

（4）创新生态环境

在项目导向型供应链创新生态系统中，创新生态环境指影响整个系统形成和发展的外部环境总和，是创新主体赖以存在的基础，主要包括创新市场环境、创新科技环境、创新资源环境、创新政策环境、创新文化环境、基础设施环境等。

①创新市场环境。创新市场环境包括项目导向型供应链创新生态系统的产品市场需求大小、竞争对手的强弱、竞争压力的大小，是否会促使更多的企业加入到系统中来、竞争方式是恶意竞争还是良性竞争、市场对企业创新能力的拉动力大小、市场行为是否规范等。项目导向型供应链创新生态系统的形成和发展离不开开放式的市场环境，市场环境中的市场需求、市场竞争、市场秩序等都将影响供应链的项目创新活动。项目导向型供应链创新生态系统中的企业需要面向市场需求开展相应创新活动，只有规范的市场环境才能够保证供应链协同创新的有序进行；相反，无序、混乱的市场环境会阻碍合作创新的实现。因此，对于项目导向型供应链创新生态系统而言，合理的市场结构、适度的市场竞争以及健康的市场秩序是项目创新活动顺利开展的重要保障。

②创新科技环境。项目导向型供应链创新生态系统中的创新技术环境包括技术资源、知识产权、专利的数量、发展水平是否满足项目研发的需求程度、产业技术集中度、对系统发展的推动力水平、技术扩散效率等。创新科技环境对项目导向型供应链创新生态系统起着支撑和推动作用。一方面，多样化的科学技术能够拓宽供应链协同创新的思路，提高供应链项目创新的成功概率；另一方面，健全的科技制度也是项目创新活动顺利运作的重要保障，通过相关制度能够有助于项目导向型供应链创新生态系统的有效构建与有序运行。

③创新资源环境。创新资源环境包括项目导向型供应链创新生态系

统项目创新所需的所有人力、资金、设备等资源，创新资源投入情况将直接反映创新主体的创新能力和创新产出，因此，创新资源是项目创新活动顺利开展的前提条件和重要保障。从外部环境获取人才、资金、物质的难易程度取决于这些资源的丰富程度，如人才资源体现在专业人员的储备情况和流动性上，资金资源体现在融资渠道的畅通程度与多样性上。

④创新政策环境。政策调控是影响项目导向型供应链创新生态系统发展的重要因素，政府对项目导向型供应链的宏观调控行为包括政府的相关政策、法律法规、规范条例、经济和行政措施等，这些政策和法规能够直接影响系统内创新主体的协同创新行为。开放性的政策支持环境有利于保护和刺激企业开展创新活动，良好的规章制度有利于保障创新的有序进行，政策倾斜提供的优惠条件给予了供应链企业发展动力，实施货币政策和财政政策引导企业进行高效创新，降低创新风险成本，通过法律法规协调创新过程中不同主体间的矛盾，保护创新行为，从而保障创新主体的合法权益，引导建立公平公正公开的创新环境。

⑤创新文化环境。创新文化环境是项目导向型供应链创新生态系统不可缺少的部分，创新意识、契约精神、鼓励创新创业的文化氛围、对技术的推崇、创新价值取向和创新行为准则等都是创新文化的组成部分。良好的创新文化环境应该是敢于冒险、崇尚创新、容忍失败的，这对于推动系统内项目的持续创新具有重要意义。此外，整个系统的创新文化也应该与各创新主体的企业文化相兼容，从而更好地促进项目导向型供应链的协同创新，提高项目创新活动的合作收益。

⑥基础设施环境。基础设施环境包括供应链企业技术创新的设备质量、连通企业所处地区的交通运输情况、水电气供应设施情况、教育基础设施情况、员工生活设施情况等。基础设施的完善程度会直接或间接影响项目导向型供应链创新生态系统的每一项技术创新活动，它们之间也存在着相互影响、相互作用的情况。

（5）创新平台

创新平台是项目导向型供应链创新生态系统中的桥梁，是核心企业层搭建和控制的，由各种知识创新资源组成的，企业创新层与技术创新层和辅助创新层，以及系统内各成员要素间进行沟通联系的合作平台。它主要包括技术标准、信息资源和产供销渠道等。技术标准作为技术模块耦合的结构、界面、测试规则，在企业技术创新生态系统中起着核心枢纽作用。项目导向型供应链创新生态系统是一个技术高度集中的系统，其要求不同创新单元进行的不同技术创新同步化，进而形成系统的整体性创新，因此，其涉及的技术模块之间及创新单元之间的技术能够互通互用，拥有相同的技术标准，而不是各自为战。基于此，核心企业层在搭建和控制创新平台时，首先要完成的关键步骤是为创新生态系统制定统一合理的技术标准，实现技术接口的无障碍衔接，以保障系统技术创新的顺利进行，提高创新效率。借助各类技术标准，核心企业将“私有技术协议”升级为国际标准并面向全球推广，这已经成为计算机、通信、超大规模集成电路、高科技产品制造业等企业获得竞争优势的重要战略；信息资源共享是创新平台的又一个重要功能，项目导向型供应链创新生态系统中的信息除了在各创新要素间相互传递外，还可以通过系统中各企业将信息汇集到创新平台以共享的方式传递，这样可以使信息的利用效率最大化，也可以使企业获得的信息更全面，又可以减少传递的时间。因此，在创新平台建立初期就要开发和设立一个信息交流平台，并允许项目导向型供应链创新生态系统中的每个成员加入和分享。

产供销渠道是创新平台的第三个功能，是指创新平台可以为系统中的企业提供产品生产、供货商和销售渠道的服务。随着项目导向型供应链创新生态系统的不断成熟，产供销渠道的作用日益凸显，它是企业间最直接的联系，是创新成果转化为商品整个过程的重要环节，是企业与购买者联系的纽带。因此，核心企业层在搭建创新平台的时候，一方面要将自己的产供销渠道引入，并让其能为系统内其他企业服务；另一方面在选择合作伙伴时，要考虑其产供销渠道与创新平台的匹配性。

5.1.2　项目导向型供应链创新生态系统构成要素的协同关系

（1）企业创新层与技术创新层的关系

在项目导向型供应链创新生态系统中，由核心企业和上下游企业构成的企业种群是最重要、最基本的创新种群，其创新活动不仅离不开高等院校种群传播的知识和输送的专业技能人才，也需要科研机构种群提供的先进技术与前沿成果。同时，高校和科研机构在与企业合作的过程中也能将理论与实践相结合，加速科技成果的转化和商业化的进程，提高科研人才的市场敏锐度和实践能力。

（2）企业创新层与辅助创新层的关系

政府机构通过制定各种政策，鼓励和推进系统各创新主体的创新活动，进而加速系统整体创新能力的提升，同时各创新主体的执行反馈也能够为政府调整相关创新政策提供实践依据；金融机构为创新主体开展创新活动提供资金支持，企业扩展资金来源渠道也可以保证创新活动的稳定；行业协会虽然不是创新活动的直接主体，但却能够在项目导向型供应链创新生态系统中起到催化剂和黏合剂的作用；服务中介提供咨询、培训、管理服务，通过与创新主体展开互动与合作，推进项目创新资源的流动与项目创新成果的转化；消费者的信息反馈也为项目导向型供应链企业的进一步创新与可持续发展提供方向。同时，在双方合作交流中，企业也为各辅助创新种群扩展了新的业务，提供了新的发展机会。

（3）创新环境层与企业、技术、辅助创新层的关系

项目导向型供应链创新生态系统中以企业创新层、技术创新层、辅助创新层为组成部分的创新生态群落与创新生态环境紧密联系。具体而

言，创新生态环境中的创新市场环境反映为企业面临的市场竞争状况，以及各成员企业的合作创新水平也与项目导向型供应链创新生态系统的创新市场环境密切相关；创新科技环境很大程度上决定了项目导向型供应链成员企业以及高校和科研机构的科学技术水平；创新资源环境为项目导向型供应链创新生态系统提供了人力、资金、物质等资源；创新政策环境在企业间创新合作、高科技技术开发应用、辅助服务方面起到了宏观调控的作用；创新文化环境会对项目导向型供应链创新生态系统内创新主体之间的合作创新氛围与合作创新意识产生影响；基础设施环境不仅会对企业的区位选择产生影响，还会对高科技人才的就业选择产生影响，最终影响到项目导向型供应链创新生态系统的形成与发展。

综上分析，项目导向型供应链创新生态系统由三类创新生态群落与创新生态环境共同构成，创新群落间以及创新群落与创新环境间具有错综复杂的关系，形成了项目导向型供应链创新生态系统。

5.1.3 项目导向型供应链创新生态系统的构建机制

创新生态系统的构建包括构建主体、构建要素以及构建机制等方面，对于项目导向型供应链创新生态系统构建机制来说，需要遵循利益共享、技术标准、制度规范这三项机制。

首先，要遵循利益共享机制。实现项目价值增值，包括实现投资者价值、制造商价值、供应商价值、受众价值、员工价值等。项目导向型供应链与传统创新主体独自承担创新风险不同，项目导向型供应链协同创新的风险将由多个创新主体分担，单个项目的成功或失败都会影响供应链上所有企业的利益，因此要兼顾、均衡和实现各利益相关者的价值增值，这有利于项目长期价值的实现。

其次，要遵循技术标准机制。项目导向型供应链的活动是围绕项目开展的，各个创新主体技术标准的不同差异会阻碍项目整体的进展，因此，项目型组织在设计研发生产制造产品或开发大型项目时必须依靠固定的技术标准来开展活动，围绕技术标准形成的协同创新网络是构成项目导向型供应链创新生态系统的基础。

最后，要遵循制度规范机制。项目型组织间规范化的管理制度、相应匹配的系统规范和利用合同契约对知识产权进行约束是项目导向型供应链创新生态系统建立和运行的重要保障机制。

5.2　项目导向型供应链创新生态系统的功能

项目导向型供应链创新生态系统的功能是指创新生态群落内部创新主体之间，以及创新主体与创新群落、创新群落之间相互影响相互作用过程中形成的秩序和能力。项目导向型供应链创新生态系统除了本来具有的创新功能外，还具有以下的延伸功能。

5.2.1　创新生态系统的创新资源聚集功能

资源是项目导向型供应链创新生态系统的动力，是系统进行一系列活动的基础，也是各创新主体发展的根源。现实中，有限的资源和无限的需求总是矛盾的，单个创新主体自身拥有或可以利用的创新资源不总是能满足自身发展的需要，但任何创新项目的完成都离不开多种创新资源的有机整合。而在项目导向型供应链创新生态系统中，供应链核心企业将从事相似技术研发和产品研发的创新主体集聚在一起，通过进行协调管理，能够聚集各类创新主体的互补性资源，实现创新资源在整个系统内的合理优化配置和高效利用。由此可见，项目导向型供应链创新生态系统可以有效利用不同主体、不同种类的创新资源，具有创新资源聚集和优化配置功能。

5.2.2 创新生态系统的创新风险规避功能

项目导向型供应链在协同创新实践中，配套产品或技术研发滞后、技术不兼容或不匹配、技术学习能力差异大、市场未形成和政府政策限制等问题往往会导致创新项目的失败，并且由于各创新主体关系的紧密型，项目的失败往往会导致所有参与项目的企业利益受损，项目导向型供应链的创新活动风险高。然而在项目导向型供应链创新生态系统内，各类创新主体是互利共生、共同进化发展的，系统完备的运行机制能够帮助创新主体选择最佳合作伙伴，采取最佳的合作模式，完成创新资源与信息的传递与共享。因此，项目导向型供应链创新生态系统通过各类创新主体的协同合作，可以有效提升整个项目创新活动的抗风险能力。

5.2.3 创新生态系统的创新环境适应功能

在日益变化的市场环境下，成员企业间的协同创新对于提升供应链整体竞争优势具有重要意义。然而，供应链的项目创新面临着内/外部诸多挑战，单独依靠供应链成员企业往往很难有所成效。而通过引入不同种群的创新主体（如技术端、服务端、组织环境端）参与项目开发构筑起项目导向型供应链创新生态系统，使之具有与市场环境相协调的各类机制，有助于促进系统内企业对外部环境的自适应、自调节：一方面，它对环境变化的趋势判断更准确，有益于掌握市场动态，抓住发展时机；另一方面，企业创新层与技术创新层、辅助创新层、创新环境层之间的信息交换和知识技术转移共享活动也提高了自身适应环境的能力。因此，项目导向型供应链创新生态系统能够有效增强系统内各类创新主体对于外部环境变化的适应能力，实现整个系统的动态平衡。

5.2.4 创新生态系统的创新规模效应功能

单个企业拥有创新资源的有限性会限制供应链内项目创新活动的创新程度与创新进程，而创新资源分散于供应链的各成员企业也很大可能会造成资源的重复投入与浪费，资源的利用率较低。而在项目导向型供应链创新生态系统内，各类创新主体基于互补性创新资源开展合作交流，根据项目创新活动的需要围绕供应链核心企业整合不同种类的创新资源。此外，除了资源能够实现有效利用外，创新主体还可以准确定位，预判项目活动的发展趋势，使得各生产要素可以得到合理配置，实现有机结合，从而达到 1 +1 >2 的效果，促使供应链形成完整的项目生态产业链，实现创新主体之间核心创新能力的优势互补，降低项目开发成本，提高利用效益，从而产生整个系统的创新协同效应和创新规模效应。

5.3 项目导向型供应链创新生态系统的动力机制

项目导向型供应链创新生态系统是一个动态的、开放的、复杂的系统。在系统构建及发展过程中存在大量复杂的关系，诸如反馈、因果、交互等，其很难通过数学建模的方式来进行有效分析，而这些因果反馈关系及特征，是典型的系统动力学研究对象，比较适合运用系统动力学来进行建模。基于此，本节以项目导向型供应链创新生态系统为研究对象，通过构建系统动力学模型，对项目导向型供应链创新生态系统发展的动力机制进行研究，在定性分析的基础上，运用 Vensim PLE 软件对项目导向型供应链创新生态系统发展趋势进行仿真，并通过改变政策引导因素、创新文化因素、核心企业领导能力因素等来分析不同影响因素对项目导向型供应链创新生态系统发展的动态影响。

5.3.1 项目导向型供应链创新生态系统动力机制概念模型

本书将项目导向型供应链创新生态系统分为创新生态群落和创新生态环境，其中，创新生态群落又包括企业创新层、技术创新层、辅助创新层这三个种群，创新生态环境包括创新市场环境、创新科技环境、创新资源环境、创新政策环境、创新文化环境和基础设施环境。项目导向型供应链创新生态系统主体结构具体如图 5.3.1 所示。

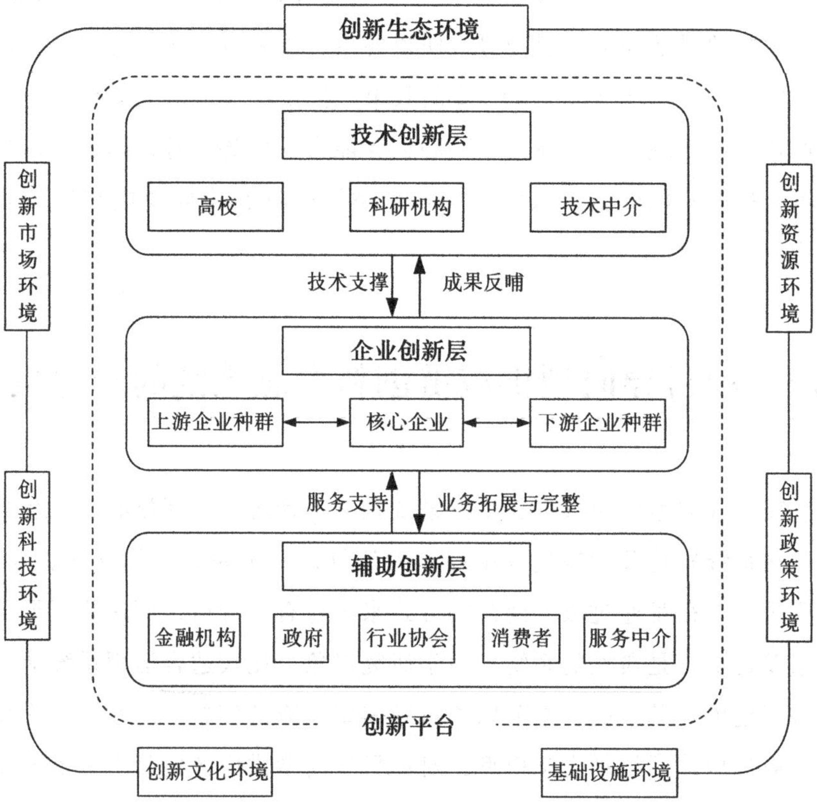

图 5.3.1 项目导向型供应链创新生态系统主体结构

项目导向型供应链创新生态系统各创新主体与系统种群的所属关系以及创新主体的解释指标如表 5.3.1 所示。

表 5.3.1　　项目导向型供应链创新生态系统指标明细

项目导向型供应链创新生态系统种群	项目导向型供应链创新生态系统构成要素	解释指标
技术创新层	高校	高校人才培养
	科研机构	技术创新能力
		科研成果数
		科研成果转化量
	技术中介	技术中介组织数量
企业创新层	上下游企业种群	企业协同合作水平
		辅助生产能力
	核心企业	核心企业领导力
		企业技术创新能力
		企业技术创新投入
		产品创新性
		产品多样性
辅助创新层	金融机构	金融机构投资
	政府	政府财政支出
	消费者	人均可支配收入
		对高质量、创新性产品需求
	服务中介	服务中介组织数量
创新生态环境	创新市场环境	市场监管投入
		市场规范化水平
	创新资源环境	创新资源丰富程度
	创新文化环境	创新文化与创新氛围
	创新政策环境	政策法规完善程度
	创新科技环境	R&D 支出
	基础设施环境	基础设施投资
		交通设施覆盖
		货物运输效率

基于项目导向型供应链创新生态系统的结构内涵、构成要素和解释指标，结合项目导向型供应链创新生态系统协同创新的管理实践，本节研究建立了项目导向型供应链创新生态系统构成要素间的因果关联，构

建出项目导向型供应链创新生态系统的系统动力学因果关系图，如图5.3.2所示。

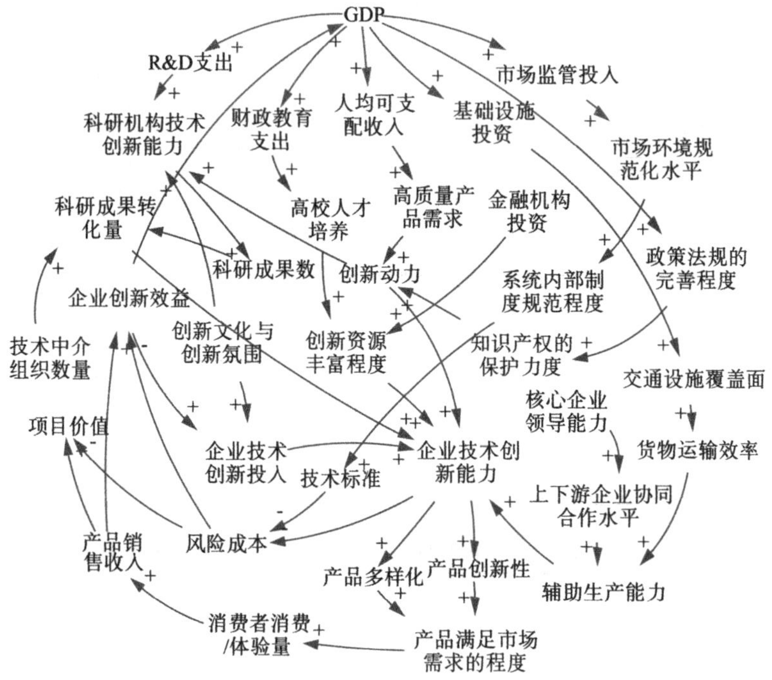

图5.3.2 项目导向型供应链创新生态系统构成要素的因果关系图

图5.3.2中存在较多回路，主要的反馈回路如下：

（1）GDP→财政教育支出→高校人才培养→创新资源丰富程度→企业技术创新能力→风险成本→企业创新效益。

（2）GDP→R&D支出→科研机构技术创新能力→科研成果数→科研成果转化量→企业技术创新能力→风险成本→企业创新效益。

以上两条反馈回路主要体现了技术发展对企业创新产出的影响。

（3）GDP→人均可支配收入→高质量产品需求→创新动力→科研机构技术创新能力→科研成果数→科研成果转化量→企业技术创新能力→风险成本→企业创新效益。

（4）GDP→政策法规的完善程度→知识产权保护力度→创新动力→企业技术创新能力→产品创新性→产品满足市场需求的程度→消费者

消费/体验量→产品销售收入→企业创新效益。

以上反馈回路主要反映了政府、消费者这两个辅助创新主体对企业创新能力和创新收益产生的直接和间接影响。

(5) GDP→基础设施投资→交通设施覆盖面→货物运输效率→辅助生产能力→企业技术创新能力→产品多样性→产品满足市场需求的程度→消费者消费/体验量→产品销售收入→企业创新效益。

(6) GDP→市场监管投入→市场环境规范化水平→系统内部制度规范程度→技术标准→风险成本→企业创新效益。

以上两条反馈回路强调了创新生态环境中的创新市场环境和基础设施环境对企业创新协同合作产生的积极作用。

5.3.2　项目导向型供应链创新生态系统动力流量图构建

参考因果关系图和系统动力学精简性的原则，综合考虑项目导向型供应链创新生态系统各个创新主体之间的相关性以及指标输出的需求，构建项目导向型供应链创新生态系统动力流量图。如图 5.3.3 所示，模型中共包括 47 个变量，其中有 3 个状态变量，分别是 GDP 总量、企业创新绩效和企业销售收入，3 个速率变量，分别是 GDP 增量、企业创新绩效增加和企业销售收入增加，28 个辅助变量和 13 个常量，其中系统仿真模型部分变量及相关方程设置说明如表 5.3.2 所示。

根据构建的系统动力学流量图，综合考虑变量数据的一致性和易得性，设定系统的初始时间为 2007 年，结束时间为 2020 年，时间步长 DT = 1 年，模拟 2007 年到 2020 年项目导向型供应链创新生态系统运行情况。

模型中的数据主要来自以下三个方面：一是《中国统计年鉴》、国家统计局等关于宏观数据的公告；二是对模型中使用的参数主要借鉴国内外文献和学者的研究成果；三是选取 2007 年至 2020 年广东 MD 公司财务年报的微观数据进行仿真模拟。

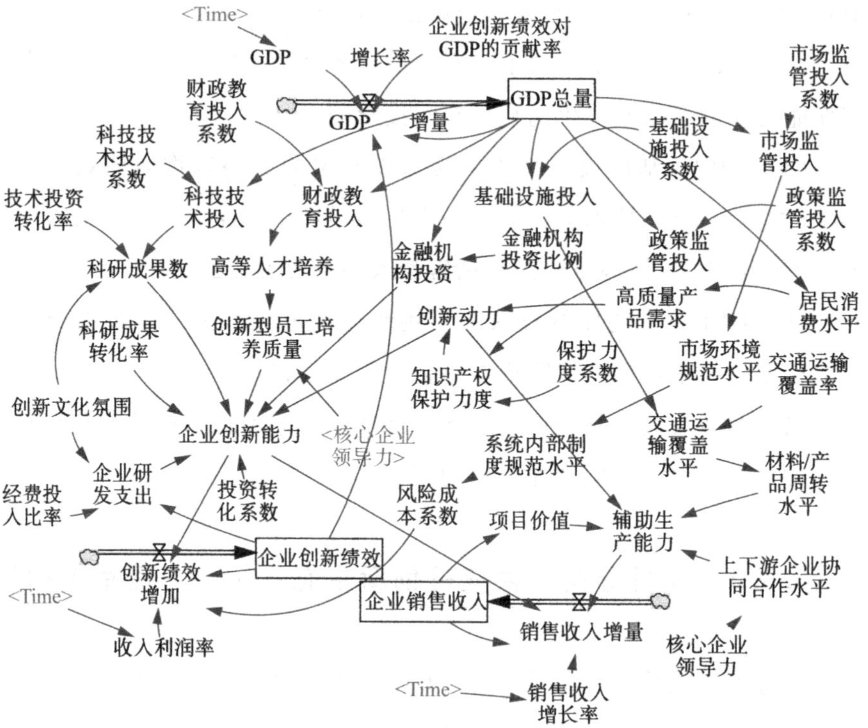

图 5.3.3　项目导向型供应链创新生态系统动力流量图

表 5.3.2　　系统仿真模型部分变量说明

变量名称	变量单位	函数关系式	变量类型
GDP 增量	亿元	GDP 增长率 × GDP 总量 + 企业创新绩效 × 企业创新绩效对 GDP 的贡献率	速率变量
GDP 总量	亿元	INTEG（GDP 增量，initial value 270092）	水平变量
科学技术投入	亿元	GDP 总量 × 科学技术投入系数	辅助变量
财政教育投入	亿元	GDP 总量 × 财政教育投入系数	辅助变量
基础设施投入	亿元	GDP 总量 × 基础设施投入系数	辅助变量
市场监管投入	亿元	GDP 总量 × 市场监管投入系数	辅助变量
政策监管投入	亿元	GDP 总量 × 政策监管投入系数	辅助变量
金融机构投资	亿元	GDP 总量 × 金融机构投资比例	辅助变量
科研成果数	无量纲	科学技术投入 ×（技术投资转化率 + 创新文化氛围 × 10）× 0.1	辅助变量

续表

变量名称	变量单位	函数关系式	变量类型
知识产权保护力度	无量纲	政策监管投入×保护力度系数	辅助变量
经费投入比率	无量纲	0.0169	常量
企业研发支出	亿元	企业创新绩效×（经费投入比率+创新文化氛围）	辅助变量
创新绩效增加	亿元	企业销售收入×（收入利润率-风险成本系数）×（企业创新能力×0.1）	速率变量
企业创新绩效	亿元	INTEG（创新绩效增加，initial value 14.39）	水平变量
企业销售收入	亿元	INTEG（销售收入增量，initial value 479.2）	辅助变量
创新动力	无量纲	知识产权保护力度×高质量产品需求×0.1	辅助变量
交通运输覆盖水平	无量纲	基础设施投入×交通运输覆盖率	辅助变量

另外，在项目导向型供应链中，项目价值是供应链各组织共同的利益来源，实现项目价值增值是项目导向型供应链的目标。此外，在项目导向型供应链创新生态系统中，核心企业发挥了主导作用，其创新绩效是推动企业不断进行创新的根本动力，也是推动企业完善核心作用、持续发挥引导能力的重要源泉。基于此，本节研究选择项目价值和企业创新绩效作为整个模型的输出变量。

在建立项目导向型供应链创新生态系统动力模型之后，为了验证模型建立的可靠性和准确性，需要对模型进行检验，以保证模型的有效性，为下一步的仿真模拟做好准备。由于研究对象较为复杂，在建模过程中系统内部包含的变量较多，因此，本节研究采用历史数据检验法来验证模型的有效性和准确性，主要比较的是 GDP 模拟值与真实值之间存在的误差大小，具体如表 5.3.3 和图 5.3.4 所示。

表 5.3.3　　GDP 模拟值与实际值以及相对误差

年份	GDP 实际值	GDP 模拟值	相对误差
2007	270092.3	270092	0.00%
2008	319244.6	318709	0.17%
2009	348517.7	347392	0.32%

续表

年份	GDP 实际值	GDP 模拟值	相对误差
2010	412119.3	409923	0.53%
2011	487940.2	483709	0.87%
2012	538580.0	532080	1.21%
2013	592963.2	585288	1.29%
2014	643563.1	637964	0.87%
2015	688858.2	682622	0.91%
2016	746395.1	737231	1.23%
2017	832035.9	818327	1.65%
2018	919281.1	900160	2.08%
2019	986515.2	963171	2.37%
2020	1015986.2	992066	2.35%

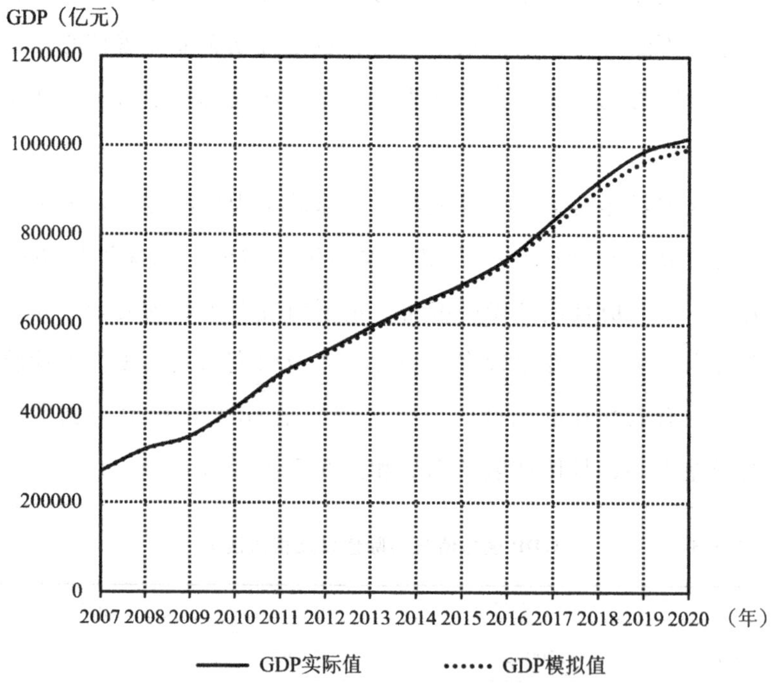

图 5.3.4 GDP 模拟值与实际值对比图

从以上数据可以得出，运行本节模型得到的 GDP 模拟值与 GDP 实际值的误差在正负 5% 以内，在误差允许的范围内，说明构建的模型具有一定的真实性和有效性，可以使用该模型进行下一步的仿真分析。

5.3.3　项目导向型供应链创新生态系统动力影响因素仿真分析

为了深入探讨项目导向型供应链创新生态系统的动力要素，基于之前建立的系统动力模型，通过调整相关模型参数，以便探索分析不同要素对企业创新效益和项目价值增值的影响。下面分别从政府政策引导、社会创新文化和核心企业领导能力这三个方面进行分析。

（1）政策引导的影响分析

政府是创新的推动者和治理者，为项目导向型供应链创新生态系统的运行和演进构造了外部环境。政府机构种群虽然不直接参与供应链项目创新活动，但可以通过制定相关政策来营造良好的协同创新环境，引导创新主体的合作创新行为，发挥宏观经济调节作用来促进项目导向型供应链创新生态系统的形成与发展。

在不改变其他参数的前提下，将政策监管投入系数原始数据 0.0001 改为 0.00012、0.00014、0.00016 进行模拟，结果分别由政策 current 1、current 2 和 current 3 表示，仿真结果如图 5.3.5、图 5.3.6 所示。根据仿真结果可以看出，政府的正向引导可以对企业创新绩效和项目的价值增值产生促进作用；而且，政策监管系数越大，曲线越陡峭，变量增加的速度越快。这说明政府的支持对企业项目创新有着显著的影响，一方面政府通过宏观调控行为直接影响创新生态系统内各主体的创新行为，政策的引导给予了企业创新的动力；另一方面政府通过制定法律法规间接协调创新主体的利益矛盾，维护创新主体的合法权益，建立良好有序的社会创新环境。

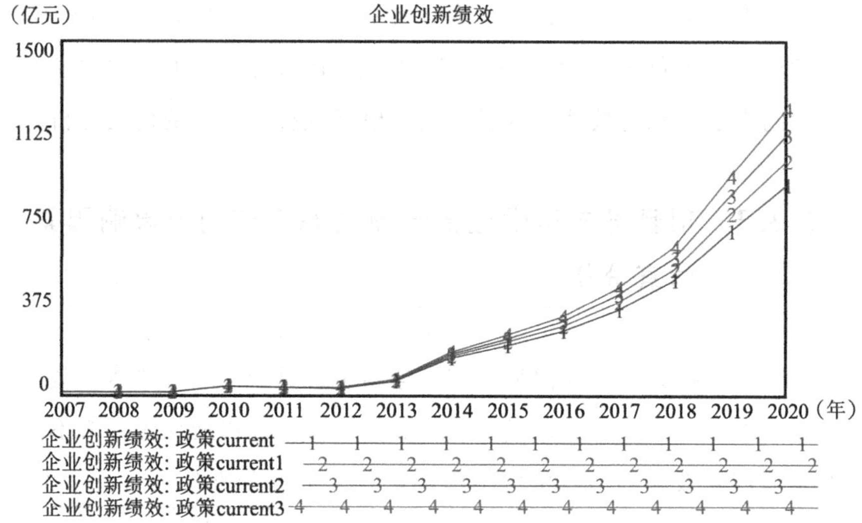

图 5.3.5 政策引导对企业创新绩效的影响

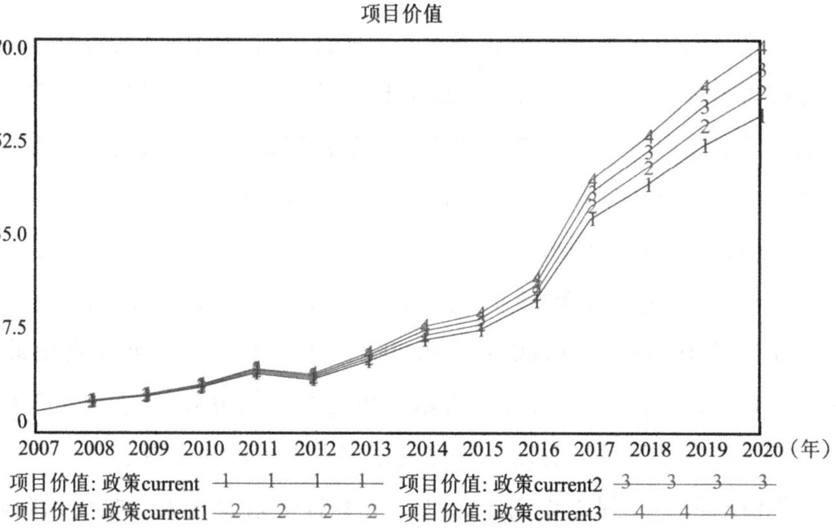

图 5.3.6 政策引导对项目价值增值的影响

（2）创新文化影响分析

良好的创新文化环境是项目导向型供应链创新生态系统不可缺少的部分，具有创新意识，鼓励创新创业的文化氛围对于推动系统内项目的持续创新具有重要意义。将创新文化氛围参数设置为 0.3、0.5、0.7 进行模拟，结果分别由创新文化 current 1、current 2 和 current 3 表示，仿真结果如图 5. 3. 7 和图 5. 3. 8 所示。根据仿真结果可以看出，在调整创新文化系数时，随着时间推移，企业创新绩效和项目价值呈现上升趋势，并且系数越大，曲线越陡峭，两个变量增加的速度也越快。拥有良好的创新文化环境对企业创新和项目价值有促进作用，社会和企业中创新文化的氛围越浓厚，越能对合作创新和创新产出产生积极影响。

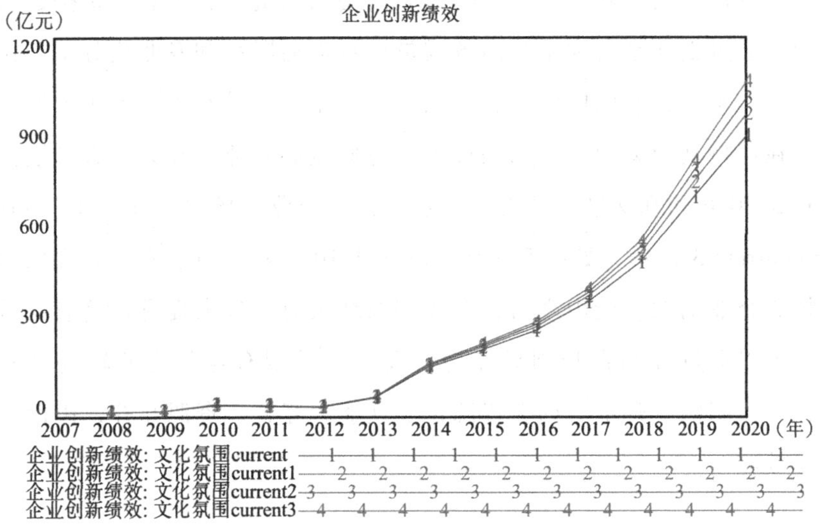

图 5. 3. 7　创新文化环境对企业创新绩效的影响

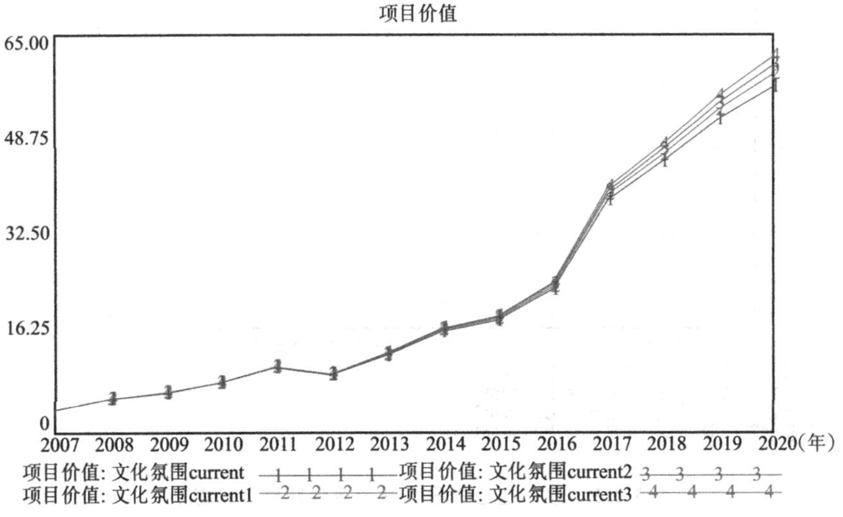

图 5. 3. 8　创新文化对项目价值的影响

(3) 核心企业领导能力影响分析

核心企业在项目导向型供应链形成过程中发挥着不可替代的作用：其一，核心企业处于整个创新系统的核心位置，具有选择、控制和领导创新合作伙伴的能力，能够带领整个系统内的创新主体共同完成目标，并为项目的实现联动整个社会的资源；其二，核心企业还可以借助其强大且难以模仿的创新能力，为项目导向型供应链创新生态系统搭建创新平台，通过创新平台为系统内各成员进行沟通联系和专业化分工与协作提供合作平台，共同向消费者提供一套完整的产品和项目解决方案。

在保持其他参数不变的条件下，将原核心企业领导力参数分别提升至0.3、0.6和0.9进行仿真，分别用核心企业领导力current 1、current 2和current 3表示，如图5.3.9和图5.3.10所示。可以看出，在大幅提高核心企业的领导能力之后，企业创新绩效有了较大提升，这表明核心企业可以通过提高自身领导能力，吸引一批富有竞争力的辅助创新企业、人才团队、资本等创新资源，实现能力互补、资源互补，由此形成规模效应。

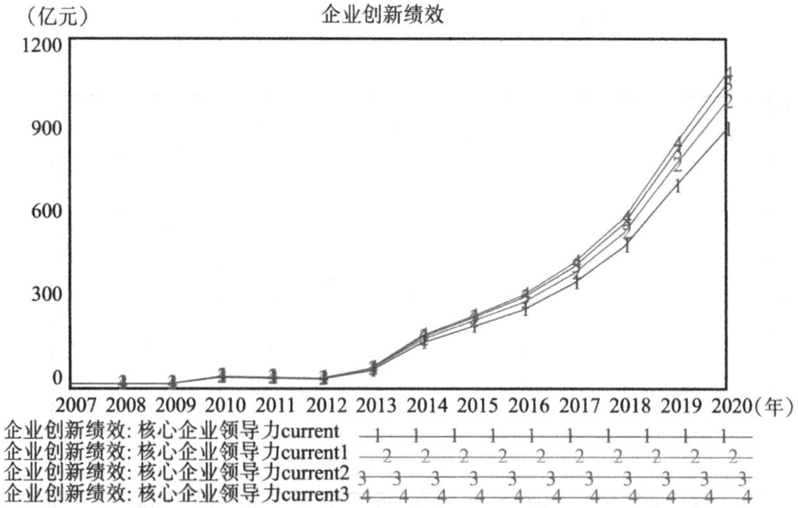

图5.3.9 核心企业领导力对企业创新绩效的影响

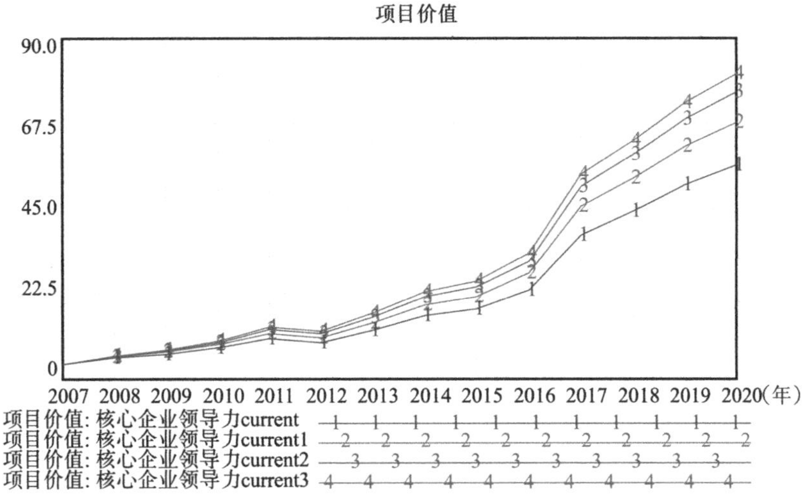

图 5.3.10　核心企业领导力对项目价值增值的影响

5.4　本章小结

基于供应链管理理论与生态系统理论，本章首先分析了项目导向型供应链创新生态系统的结构，主要包括企业创新层、技术创新层、辅助创新层与创新生态环境；之后分析了项目导向型供应链创新生态系统的功能，主要包括创新资源聚集功能、创新风险规避功能、创新环境适应功能与创新规模效应功能；最后，利用系统动力学分析了项目导向型供应链创新生态系统的动力机制，提出了动力机制概念模型，建立了项目导向型供应链创新生态系统构成要素的因果关系图、项目导向型供应链创新生态系统动力流量图，在定性分析的基础上，运用 Vensim PLE 软件对项目导向型供应链创新生态系统发展趋势进行仿真，并通过改变政策引导因素、创新文化因素、核心企业领导能力因素等来分析不同影响因素对项目导向型供应链创新生态系统发展的动态影响。

第6章 项目导向型供应链创新生态系统的知识治理效应

6.1　传统供应链企业间的知识需求模型分析

6.1.1　以制造商为核心的供应链知识需求模型

目前所研究的供应链大部分是以制造商为核心的供应链，如丰田供应链就是以制造商为核心的供应链的代表之一。

（1）以制造商为核心的供应链主要特点

①供应链的各成员企业不再是“单打独斗”，而是围绕整条供应链的共同目标来安排生产与服务，制造商作为供应链的核心企业，在制定供应链发展计划中起着领导作用。

②供应链围绕制造商的生产而服务，因此准确的市场预测对于以制造商为核心的供应链来说至为重要，能否获取客户对产品的具体需求和期望决定了市场预测的准确性，因此供应链中的各节点企业尤其是作为核心企业的制造商应努力从供应链下游如分销商、零售商乃至客户处获取客户对产品的需求知识和客户使用产品后的使用意见反馈。

③强调供应链协同设计以提高整条供应链的效益，即供应链的所有其他企业都应该参与制造商的产品设计环节，尤其是下游的零售商，因为他们相对于上游企业更加接近客户，能够较为轻松地获取客户对产品的需求，而上游的供应商在协同设计中为制造商提供相关技术支持，也能使供应链获得互补性技术资源，缩短改造周期，节约技术创新的成本。

④由于产品需求的不确定性，供应链要努力提高柔性以应对不确定的需求，规避不确定性给供应链各企业带来的损失。

（2）以制造商为核心的供应链企业间知识需求模型

针对上述特点，本节构建了由多个供应商、一个制造商、多个销售商、客户及物流商组成的以制造商为核心的供应链，建立了以制造商为核心的供应链企业间的知识需求模型（如图 6.1.1 所示）。其中，销售商节点代表了制造商下游负责销售产品的企业或企业群，既可能是分销商或者零售商，也可能包括全部。物流商代表了负责整条供应链物流配送工作的实体，既可能是专业的物流公司，也可能是供应链中某企业的物流部门。

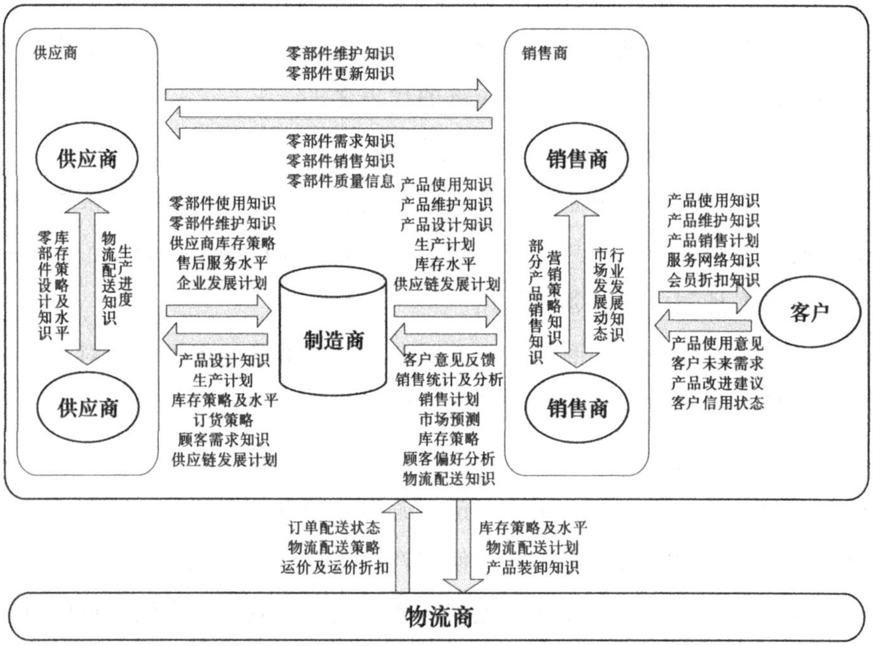

图 6.1.1 以制造商为核心的供应链企业间知识需求模型

如图 6.1.1 所示，该模型描述了制造商对供应商的主要知识需求、供应商对制造商的主要知识需求、制造商对销售商的主要知识需求、销售商对制造商的主要知识需求、销售商对客户的知识主要需求、客户对销售商的主要知识需求、供应商之间的主要知识需求、销售商之间的主要知识需求、各节点企业对物流商的主要知识需求和物流企业对各节点企业的主要知识需求。

①制造商对供应商的主要知识需求。首先，制造商从供应商处获得

产品的零部件，相应地也需要供应商零部件的使用知识和维护知识，同时制造商也关心供应商对其零部件的售后服务水平。其次，由于供应链产品的不确定性，制造商为了应对不确定的生产订单，需要了解供应商的库存策略。另外，制造商作为供应链的核心企业，在选择供应链合作伙伴及制定供应链发展计划时，也需要了解供应商企业对未来的发展计划。

②供应商对制造商的主要知识需求。首先，让供应商参与产品协同设计，使其全面掌握产品的开发信息，不仅能使产品更好地满足客户需求，还能使供应商能够按期、按质、按量交货，并主动关心供应链的管理，提高信息共享的程度，因此供应商需要获得制造商的产品设计知识及客户需求知识。其次，为了提高供应链业务协同能力，供应商需要了解制造商的生产计划、库存策略及库存水平，使得制造商和供应商的平均库存降低，使供应商的订单预测更为准确，从而更有利于供应商生产决策。另外，作为供应链中的一员，供应商需要从核心企业制造商处获得供应链发展计划。

③制造商对销售商的主要知识需求。第一，制造商在进行产品设计和制定生产计划时，从销售商处获取客户对产品的意见反馈和销售商的客户偏好分析，有助于其开发新产品、提高技术的独特性并降低销售成本，从而增强核心竞争力。第二，制造商在进行市场预测时，需要从销售商处获取产品的销售统计和相应的分析。第三，制造商在制定生产计划时，需要参考销售商对产品的市场预测、销售商的销售计划和销售商的库存策略。第四，制造商需要了解销售商的物流配送知识，诸如 HP、IBM 等制造商就要求他们的经销商共享物流配送中心仓库的进出库的数据信息，这样能够使企业保持较高的服务水平，减少库存，同时又有较高的订单供给率。

④销售商对制造商的主要知识需求。第一，销售商的产品从制造商处获得，相应地也需要制造商的产品使用知识和产品维护知识。第二，供应链下游的销售商更加了解客户的需求，在供应链协同设计时，销售

商的意见也尤为重要，因此，销售商也需要制造商的产品设计知识。第三，销售商在制定销售计划和销售产品时，需要参考制造商的生产计划及库存水平。另外，作为供应链中的一员，销售商需要从核心企业制造商处获得供应链发展计划。

⑤销售商对客户的主要知识需求。首先，为了向上游企业尤其是制造商传递精确的客户需求知识，销售商必须努力获取客户对产品的需求知识，如产品使用意见、客户未来的需求、客户对产品的改进建议等。其次，很多大型制造商的产品都是大宗商品，这种产品在价格方面一般都比较高，而现代社会越来越流行信用支付，如轿车、电脑、大型设备的分期付款等，所以销售商在销售产品时必然会关心客户的信用状态。

⑥客户对销售商的主要知识需求。第一，客户在销售商处购买产品，必然会需求产品的使用知识如产品使用说明书、产品使用技巧和产品的维护知识如汽车、电脑的养护知识。第二，对于销售商的老客户来说，销售商的未来销售计划和会员的折扣知识也是很重要的。第三，客户购买产品后，为了保证产品的售后服务，必然会关心销售商的服务网络知识。

⑦供应商之间的主要知识需求。首先，当制造商采用供应商管理库存策略时，供应商之间的生产进度信息共享一般能减少供应商的缺货和存货持有成本。其次，在给制造商配送零部件时，供应商之间共享物流配送知识、库存策略和库存水平也能减少供应链的缺货和存货持有成本。另外，在供应链协同设计时，供应商之间适当的共享彼此的零部件设计知识也能够提高产品的质量。

⑧销售商之间的主要知识需求。因为同一条供应链中的销售商销售的是相同的产品，他们之间可以对行业发展知识、市场发展动态和营销策略知识等进行交流。另外，销售商之间共享部分产品的销售知识，可以在偶尔库存不足时进行库存协调，而又不影响销售商的核心竞争力。

⑨各节点企业对物流商的主要知识需求。供应链中各节点企业都存在货物的物流配送，因此，他们都需要物流商在配送货物时的运价及运

价折扣和物流配送策略如配送路线、配送时间等。而当物流商在配送各企业的货物时，各企业都需求其产品的配送状态，如货物达到什么地点、什么时候能到货等。

⑩物流商对各节点企业的主要知识需求。首先，物流商在配送各企业的货物时，需要了解各种货物的装卸知识，如产品能否挤压，装卸时有什么需要注意等。另外，物流商作为供应链各节点企业的合作伙伴，为了加快供应链库存的周转，必须了解各企业的库存策略、库存水平和物流配送策略，以达到该送货的时候送货，该到货的时候到货。

6.1.2 以大型零售商为核心的供应链知识需求模型

供应链的核心企业除了是制造商外，还可以是大型零售商，如沃尔玛供应链就是以大型零售商为核心的供应链的代表之一。

（1）以大型零售商为核心的供应链具有一些不同于以制造商为核心的供应链的特点：

①大型零售商凭借其资金、信息、渠道等优势，对整个供应链的运营和管理拥有主导权，成为整个供应链网络的协调中心。

②物流是供应链中至关重要的环节之一。如有人将沃尔玛成功的关键要素归结为其独具特色的“跨码头”（cross - docking）存货和运输系统。此系统为沃尔玛带来了其他零售企业难以匹敌的竞争优势，使沃尔玛的销售成本比行业平均水平低2%到3%，可以实行“天天都是低价格”的竞争战略。

③大型零售商的产品大多数是日用品，其边际利润较低，因此，越来越强调通过物流来加快库存周转，从而提高供应链整体的效益。

④随着革新性产品越来越多地出现在零售商的产品清单中，如家电产品、通讯产品、服装等，大型零售商必须努力提高供应链的柔性并努力搜集客户的需求知识传递给供应商。

⑤大型零售商在各地拥有大量的连锁店，零售商的总部在衔接供应

商和连锁店时起着至关重要的作用，如连锁店向供应商订货时往往通过总部统一汇总后向供应商订货，供应商需求自己产品的销售数据时也是通过零售商总部来查询。

（2）以大型零售商为核心的供应链企业间知识需求模型

基于以上分析，本节研究构建了由多个供应商、一个大型零售商、多个连锁店、客户及物流商组成的以大型零售商为核心的供应链，建立了以大型零售商为核心的供应链企业间的知识需求模型（如图 6. 1. 2 所示）。其中，这里的大型零售商是各个连锁店的总部，如沃尔玛、家乐福这种零售企业的控制中心。随着大型零售商地位越来越高，很多大型零售商都组建了自己的配送中心来负责整条供应链的物流工作。因此，这里的物流商既可能是独立的物流公司，也可能是大型零售商的物流部门。

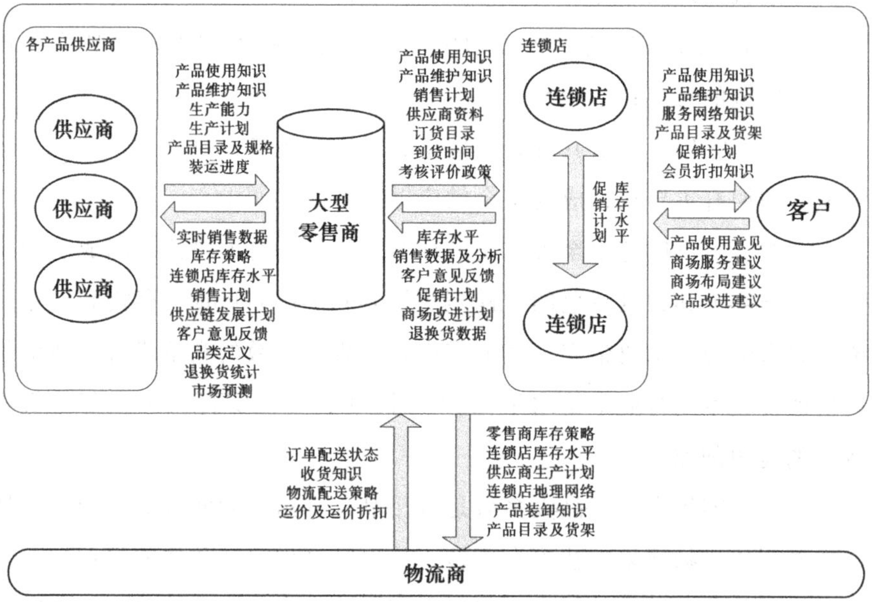

图 6. 1. 2　以大型零售商为核心的供应链企业间知识需求模型

如图 6. 1. 2 所示，该模型描述了大型零售商对供应商的主要知识需求、供应商对大型零售商的主要知识需求、大型零售商对连锁店的主要知识需求、连锁店对大型零售商的主要知识需求、连锁店对客户的知识主要需求、客户对连锁店的主要知识需求、连锁店之间的主要知识需求、各节点企业对物流商的主要知识需求和物流企业对各节点企业的主要知识需求。

①大型零售商对供应商的主要知识需求。第一，大型零售商在购买供应商的各种产品时，必然会需要相应的产品使用知识和产品维护知识。第二，大型零售商对各产品进行市场预测后制定销售计划时，需要了解各供应商的生产能力和生产计划。如果某供应商达不到零售商的供货要求，零售商就必须寻找其他的供应商。而大型零售商在选择供应商时，供应商必须提供其产品目录和规格给零售商。第三，大型零售商向供应商下订单后，需要了解供应商货物的装运进度，以保证零售商在最短的时间内得到市场所需的商品。

②供应商对大型零售商的主要知识需求。第一，大型零售商把产品的实时销售数据、连锁店库存水平、零售商的销售计划以及零售商对产品的市场预测与供应商共享，使供应商能够实时地把握产品的销售情况，最大限度地使生产与市场保持同步，提高整个供应链的反应速度，最终满足消费者期望。如在沃尔玛的联合计划预测补货系统（Collaborative Planning Forecasting and Replenishment，CPFR）中，沃尔玛与供应商共同对商品做出预测，大大降低了预测的偏差及风险，提高了补货反应速度和效率，提升了供应链的竞争力。第二，对于革新性产品的供应商来说，大型零售商需要将客户对产品的意见反馈传递给供应商，使得供应商能对客户需求做出快速反应，结合产品的销售数据，规划出更具效率的生产安排。如宝洁公司和沃尔玛建立了相互紧密协作的关系，宝洁公司能及时准确地获得市场信息，而沃尔玛又能满足用户的需要。第三，供应商需要从作为核心企业的大型零售商处获取供应链发展计划，以便更好地融入供应链。第四，如果连锁店遇到退换货的情况时，连锁店会将退换货数据上报给零售商总部，总部再将这些数据传递给相应的供应商。另外，品类定义是零售商的价值所在，因为每一个详尽的定义

中，都包含着零售商对于客户店内消费行为的理解和把握，把握了品类定义中的每一类商品的组合就是掌握了客户的真实需求，因此，大型零售商将品类定义共享给供应商，可以使供应商在开发产品时更加贴近客户的需求。

③大型零售商对连锁店的主要知识需求。首先，零售商总部作为衔接销售产品的连锁店和生产产品的供应商之间的中间节点，需要从连锁店那里获取部分知识并传递给供应商，如将各连锁店的库存水平统计传递给供应商以便及时供货，将连锁店对产品的销售数据及分析、客户意见反馈和退换货数据传递给供应商。其次，各连锁店在制定促销计划时，也需要请示零售商总部，因此大型零售商需求连锁店的促销计划。另外，各连锁店如果对商场有什么改进计划，也需要将改进计划上报给总部审批。

④连锁店对大型零售商的主要知识需求。第一，供应商将产品使用知识和产品维护知识传递给大型零售商，连锁店也需要从大型零售商处获取产品使用知识和产品维护知识。第二，连锁店需要从零售商总部获取总部安排的销售计划，以便连锁店制定自己的销售策略。第三，大型零售商往往拥有数千家的供应商，零售商往往会对供应商实行分类管理，如家乐福的“大卖场”会将其数千家供应商分为 A、B、C 三类，不同类别的区分意味着其在新商品的申报政策、优先付款政策、陈列方式与陈列位置、促销安排上的倾斜等方面获得的待遇和政策是不一样的。因此，大型零售商需要将这些供应商的资料如供应商等级，供应商评价等传递给连锁店。第四，大型零售商统一向供应商订货后，需要将各连锁店的订货目录和到货时间发送给连锁店以便连锁店及时收货。另外，连锁店作为零售商总部的下属单位，零售商需要将各种考核政策传递给连锁店以起到对连锁店员工的激励作用。

⑤连锁店对客户的主要知识需求。连锁店作为直接与客户接触的节点单位，在产品方面和卖场方面都需要关注客户的需求，实现以低成本向消费者提供更高价值服务的目标，在此基础上实现双方的利益最大

化。因此，连锁店在产品方面需求客户的产品使用意见、产品的改进意见等；在卖场方面需求客户对商场的服务建议和商场的布局建议，如沃尔玛每周都进行对客户期望和反映的调查，管理人员根据计算机信息系统收集的信息，以及通过直接调查收集到的客户期望及时更新商品的信息，组织采购，改进商品陈列摆放，营造舒适的购物环境。

⑥客户对连锁店的主要知识需求。第一，客户从连锁店处购买产品，必然会需求产品的使用知识如产品使用说明书、产品使用技巧和产品的维护知识如家电、服装等的养护知识。第二，连锁店拥有成百上千的商品，商品陈列摆放对于客户的重要性是毋庸置疑的，因此，客户会需求商场的产品目录及货架。第三，连锁店的会员及老客户会很关心连锁店的促销计划和会员折扣计划，以便能够在合适的时间买到既便宜又实惠的商品。第四，客户购买产品后，为了保证产品的售后服务，必然会关心连锁店的服务网络知识。

⑦连锁店之间的主要知识需求。连锁店作为零售商的下属单位，它们之间并不存在激烈的竞争关系，它们之间共享库存水平可以在偶尔紧急缺货时互相协调；它们之间共享促销计划可以根据彼此地域和客户群制定最优促销方案，避免促销出现“撞车”的情况。

⑧各节点企业对物流商的主要知识需求。以零售商为核心的供应链的物流配送相对于其他类型的供应链显得更加重要。供应链中各节点企业在物流配送时都需要物流商在配送货物时的运价及运价折扣和物流配送策略如配送路线、配送时间等。而当物流商在配送各企业的货物时，各企业都需求其产品的配送状态和收获知识，如货物达到什么地点、什么时候能到货、怎样收货等。

⑨物流商对各节点企业的主要知识需求。既然物流环节对于以零售商为核心的供应链如此重要，那么物流商就必须尽可能地与各节点企业在业务流程上紧密地集成。因此，物流商需要获得零售商的库存策略和连锁店的库存水平以便能够及时地补货；需要获得供应商的生产计划以便及时的发货；需要获得连锁店的地理网络和产品目录及货架以便更好

安排配送策略；需要获得各企业产品的装卸知识以便保质保量地将货物送到。

6.1.3 逆向供应链企业间的知识需求模型

逆向供应链是指从用户手中回收产品，对回收产品进行分类、检测，直到最终处置或者再利用的一些企业或企业部门构成的网络。参与逆向供应链的基本实体主要有制造商、供应商、零售商、回收商、集中退货及回收中心和客户，其中，集中退货及回收中心可能是制造商或零售商的回收部门，也可能是一个专业的第三方回收公司。逆向供应链既是面对环保采取的一种措施也是一种新的市场盈利策略，如沃尔玛、universal等，它们通过返品中心对返品进行集中处理，节约成本，提高效益；同样，一些国际知名企业像IBM、HP、柯达相机公司等也都通过实施和加强逆向供应链管理取得了较好的经济和社会效益。逆向供应链管理主要有三种活动：产品回收、产品退货及产品全生命周期支持。产品回收是把最终客户所持有的废旧物品或他们不需要的物品回收到供应链各节点；产品退货即下游客户将不符合订单要求的产品或不满意的产品退回给上游节点；产品全生命周期支持是把早期产品设计时没发现问题的瑕疵产品进行召回，并对一些大型高价值产品的定期升级和维护。

逆向物流的不确定性和复杂性决定了逆向供应链在管理上要比正向供应链复杂得多，因此逆向供应链各节点企业之间也存在着大量的知识共享与知识转移的需求，描述清楚这些具体的知识需求并进行共享与转移可以缩短回收品的处理时间、降低供应链的回收及处理成本和提高供应链的收益。

（1）逆向供应链主要特点

①逆向供应链中成员关系不仅仅局限于产品、物料或者服务的转移，更为基础的是技术的授权和使用关系，注重知识的传递，如复杂废

旧产品的鉴定技术、引导消费者使用有效回收途径、分解和组装材料配件技术、翻新技术、材料循环回收技术、产品标准以及循环材料等。

②集中退货及回收中心成为整条供应链的核心，系统回收的产品和退货的产品从诸多分散点向少数检测中心汇聚，并在此进行分拣处理，表现为产品的聚集。回收产品、零部件和原材料的分类、鉴定、分拆等工作都由集中退货及回收中心来完成，各节点企业也将相应的技术知识授权给集中退货及回收中心。

③整条供应链系统具有高度的复杂性和不确定性。从终端市场回收的物品在地点、时间、数量、质量、处理方法上具有高度不确定性，而且回收成本以及修复/再制造后产品的需求也存在很大的不确定性，增加了系统的复杂性。

④避免了信息失真与放大效应，产品的回收过程实际上也是一种信息的捕捉过程。由于是面对用户回收产品，所以信息的交流是直接的。回收产品中所隐含的使用信息包括客户库存信息、产品实际使用寿命统计信息、产品质量反馈信息等等。根据这些信息可以准确地预测市场需求，从而可以避免在供应链管理中遇到的信息失真与放大效应。

⑤供应链系统的供需失衡性，回收产品/部件的供应常在制造商的生产计划之外，致使回收处理后的产品/部件供应常与制造商计划冲突，且再制造产品的市场需求也较不确定，因而系统的供需上存在失衡，从而需要供应链各节点在库存、生产等方面具备充分的柔性。

（2）由供应商、制造商、零售商、集中退货及回收中心、回收商和客户组成的逆向供应链网络

根据以上分析，本节研究构建了由供应商、制造商、零售商、集中退货及回收中心、回收商和客户组成的逆向供应链网络。其中，集中退货及回收中心可能是制造商或零售商的回收部门，也可能是一个专业的第三方回收公司。在回收方面，由分散的回收商从客户处回收产品并统一配送到集中退货及回收中心，集中退货及回收中心对产品进行鉴定和分拆，再将可再用的产品、零部件和原材料配送到供应链中相应的企

业；在退货方面，客户将不满意或不符合要求的产品退回给零售商，零售商再将客户退回的货物交给集中退货及回收中心，集中退货及回收中心再将退货统一配送给制造商。在此供应链结构基础上，本书建立了逆向供应链企业间的知识需求模型（如图 6.1.3 所示）。

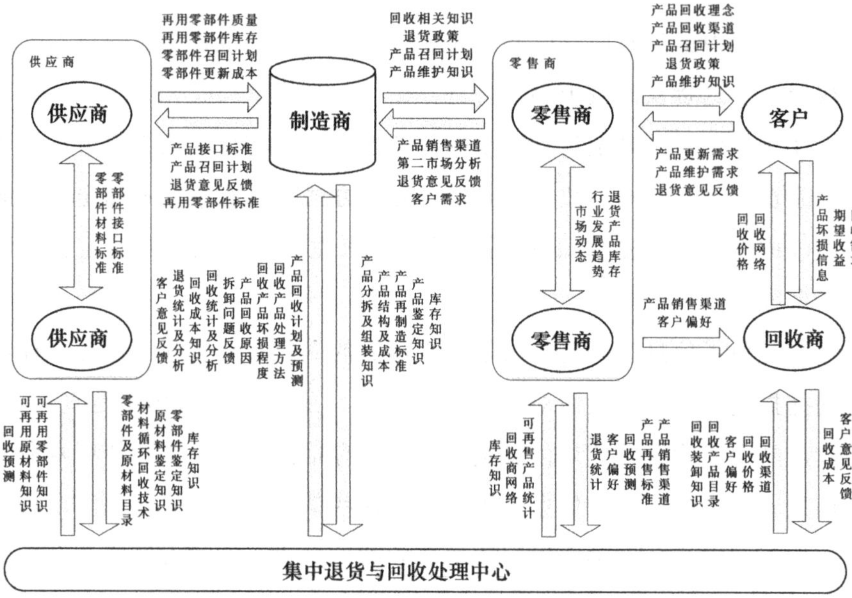

图 6.1.3 逆向供应链企业间知识需求模型

如图 6.1.3 所示，该模型描述了供应商与集中退货及回收中心之间的主要知识需求、制造商与集中退货及回收中心之间的主要知识需求、零售商与集中退货及回收中心之间的主要知识需求、回收商与集中退货及回收中心之间的主要知识需求、供应商与制造商之间的主要知识需求、制造商与零售商之间的主要知识需求、零售商与客户之间的主要知识需求、供应商之间的主要知识需求、零售商之间的主要知识需求、客户与回收商之间的主要知识需求和回收商对零售商的主要知识需求。

①供应商与集中退货及回收中心之间的主要知识需求。一方面，供应商需要了解集中退货及回收中心的可再用零部件知识和可再用原材料知识，如零部件和原材料的回收数量、零部件和原材料回收后的处理方

式、零部件的坏损程度等，根据这些知识供应商可以分析自己零部件存在的质量问题；供应商还可以根据集中退货及回收中心所做出的回收预测安排库存和零部件的生产计划。另一方面，集中退货及回收中心需要了解各供应商的零部件和所需原材料的目录以便将正确的零部件和原材料运送给正确的节点企业；供应商的库存知识也是集中退货及回收中心在制定回收计划时的参考依据之一；在鉴定及分拆回收产品时，集中退货及回收中心需要在零部件鉴定知识、原材料鉴定知识和材料循环回收知识等方面获得供应商的技术支持，从而对回收产品进行精确的鉴定、分类和处理，并将可再用的零部件和原材料回收给供应商，将不可再用的零部件或原材料以合理的途径处理掉。

②制造商与集中退货及回收中心之间的主要知识需求。

Ⅰ. 对于制造商而言，它需要从集中退货及回收中心那里获取产品回收计划及预测、回收产品处理方法、回收产品坏损程度、产品回收原因、拆卸问题反馈、回收统计及分析、回收成本知识、退货统计及分析和客户意见反馈等知识。产品回收计划及预测、回收统计及分析等知识可以为制造商制定库存水平和生产计划提供参考；回收产品处理方法、回收产品坏损程度、产品回收原因等知识可以帮助制造商挖掘客户需求和产品在质量上的不足并做出改进；拆卸问题反馈知识可以帮助制造商了解产品设计中零部件接口、产品分拆和安装的不合理之处；回收统计及分析和回收成本知识可以帮助制造商精确地跟踪整个回流过程并计算处理成本，并为客户提供及时的服务，为企业赢得信用，也是制造商与集中退货及回收中心进行收益分配时最重要的参考依据之一；退货统计及分析可以帮助制造商发现退货产品的品质问题，从而在生产制造时期就不断加强品质管理，可以最大限度地降低退货率；客户意见反馈是制造商了解客户实时需求和产品改进的重要依据。

Ⅱ. 对于集中退货及回收中心而言，它需要获得制造商的库存知识、产品鉴定知识、产品再制造标准、产品结构及成本、产品分拆及组装知识。由于回收品的损坏程度、损坏方式、使用时间各不相同，只有通过专业检测才能确定其质量，因此集中退货及回收中心需要在产品鉴定知识和产品分拆及组装知识方面获得制造商的技术支持，从而对回收的产品进行合理的鉴定、分类和分拆；集中退货及回收中心还需求制造商的产品结构及成本、产品再制造标准以决定回收产品是否有必要进行翻新制造。制造商的库存知识是集中退货及回收中心制定回收计划的重要依据之一。

③零售商与集中退货及回收中心之间的主要知识需求。

Ⅰ. 零售商需求集中退货及回收中心的库存知识和回收产品中可再售产品的统计，从而为制定库存水平、物流配送计划和销售计划提供参考；零售商还需求集中退货及回收中心的回收商网络，以便在引导客户使用有效回收途径的时候把回收渠道提供给客户。

Ⅱ. 集中退货及回收中心需要从零售商那里获取产品的销售渠道，从而安排它的回收网络，如在客户群体比较多的地方设立固定回收点，在客户群里比较少的地方由回收商定期上门或通过其他渠道与客户沟通；集中退货及回收中心根据零售商提供的客户偏好可以针对不同的客户采取不同的沟通和回收方式，从而提高回收的效率；零售商提供的回收预测可以成为集中退货及回收中心制定回收计划的参考；在产品回收后，集中退货及回收中心需要零售商提供的产品再售标准将回收产品分类，将其中可以再次销售的产品配送给零售商；产品的退货是由零售商统一交给集中退货及回收中心物流配送，因此，集中退货及回收中心需要各零售商的退货统计知识。

④回收商与集中退货及回收中心之间的主要知识需求。一方面，分散各地的大量回收商作为集中退货及回收中心的下游组织，需要集中退货及回收中心提供回收产品的目录和各产品的回收价格，还需要零售商提供回收产品的装卸知识和客户的偏好，从而保证回收产品在装卸过程中不会出现问题，并在回收过程中提高客户的满意度。另一方面，集中退货及回收中心需要了解回收商的回收成本从而为制定收益的分配提供参考标准；集中退货及回收中心还需要通过回收商了解客户在回收过程

中的反馈意见，从而了解客户的实时需求并对产品进行改进。

⑤供应商与制造商之间的主要知识需求。对于制造商而言，需要了解供应商提供的再用零部件的质量以保证产品的质量不会出问题；需要了解供应商再用零部件的库存知识，以安排再制造产品的生产计划。例如，若供应商发现零部件的早期设计问题，不更换会对客户造成比较大影响，从而影响供应链的信誉质量时，供应商需要将产品召回以更换零部件，这时供应商需要将零部件召回计划和零部件更新成本等知识传递给制造商安排产品召回计划。对于供应商而言，制造商需要将产品的接口标准知识提供给供应商，供应商再根据产品的接口设计零部件的结构，这也使得在回收产品时为产品的分拆组装和零部件分类提供了统一的标准；供应商在给制造商提供再用零部件时，需要制造商提供再用零部件标准如质量、使用时间等，从而挑选符合标准的零部件提供给制造商；制造商在发现产品设计存在问题需要将产品召回时，也需要将产品召回计划通知供应商；制造商从零售商那里获取的退货意见反馈也要传递给供应商，供应商可以根据退货意见反馈分析零部件的设计是否存在瑕疵。

⑥供应商之间的主要知识需求。同一条供应链中的各个供应商分别是不同零部件的提供者，他们之间可以共享各零部件接口标准和零部件材料标准，这不但可以提高产品可再造性，还使得多个厂家的产品有利于集中加工，并有利于回收零部件的互相调配和再制造设备利用率的提高。

⑦制造商与零售商之间的主要知识需求。对于零售商而言，它需要从制造商处获取产品的退货政策和产品维护知识，并在销售产品时将这部分知识传递给客户；制造商还需要将产品召回计划和回收相关知识如何引导消费者有效使用回收途径、逆向供应链的回收网络等传递给零售商，零售商再进一步将这些知识传递给客户。对于制造商而言，它首先需要零售商提供退货意见的反馈和客户需求等知识，通过这些知识制造商才能准确了解客户的真实需求，从而安排生产计划，并对产品设计、

产品质量、售后服务等进行改进，进而降低退货率；由于零售商直接面对客户，对于客户的需求最为了解，因此，制造商需要零售商的产品销售渠道和第二市场分析。所谓第二市场是指制造商将回收的产品和零部件进行翻新后再出售的潜在用户，通过零售商的第二市场分析，制造商可以考虑是否有必要创建一个新市场，不仅包括原来的老客户，而且包括不同市场的新客户，例如，可以将无能力购买新产品，但愿意以较低价格购买回收产品的用户，作为自己的目标客户群。

⑧零售商之间的主要知识需求。零售商之间可以共享客户的退货库存知识，在进行物流配送时他们可以相互协调以降低物流和库存成本；零售商之间还可以共享行业发展趋势和市场动态，如老市场的持续性、第二市场的可行性等，为制造商制定发展计划提供参考。

⑨零售商与客户之间的主要知识需求。对于零售商而言，它需要在销售产品时将产品回收的理念传达给客户，让客户形成环保回收的意识；同时，需要将产品回收的渠道告知客户，以便客户在有回收需求时能够及时找到回收商；在销售产品时，客户需要从零售商那里获取产品维护知识，而很多零售商都承诺退货，因此零售商需要将退货政策告知客户；当制造商需要召回产品时，零售商要将产品召回计划通知给客户。对于客户而言，在退货时，他会将退货意见反馈给零售商；客户在使用产品时，如果有产品更新和产品维护的需求，也要将这些知识传递给零售商。

⑩客户与回收商之间的主要知识需求。产品回收时是由回收商直接面对客户，他们之间存在着彼此的知识需求。客户对于回收商的知识需求主要有产品的回收网络和回收价格：通过回收网络客户可以及时将废旧产品提供给回收商；而客户愿意将产品进行回收就是希望从中获得收益，因此客户必然很关心回收产品的价格。回收商对于客户的知识需求主要有客户回收需求、客户期望收益和产品坏损信息等知识，根据客户的期望收益和产品的坏损情况，回收商就能和客户在价格上进行博弈。回收商对零售商的主要知识需求，是零售商作为与客户接触最直接、最

频繁的供应链节点企业，很多关于客户的知识都比其他节点企业了解的清楚，如产品销售渠道、客户偏好等，如果回收商可以获得这些知识，对于他们的回收工作无疑是非常有帮助的。

6.1.4　服务供应链企业间的知识需求模型

近年来随着互联网的发展和全球制造的出现，客户服务日益成为企业供应链管理领域的重要因素，供应链管理在服务业中也得到了快速发展。通过提供满足客户需求的各种服务性活动，企业不仅能有效提升自身竞争能力，而且还能实现良好的客户满意度、客户忠诚和企业业绩。旅行社通过整合航空公司、酒店等服务资源形成服务供应链来提高效率、降低成本就是供应链管理模式在服务行业应用的典型范例。

本书将服务供应链理解为：当客户向一个服务集成商提出服务请求后，他立刻响应客户请求，向客户提供系统集成化服务，并且在需要的时候分解客户服务请求，向其他服务提供者外包部分的服务性活动。这样从客户的服务请求出发，通过处于不同服务地位的服务提供者对客户请求逐级分解并彼此合作，就构成了一种供应关系，同时服务集成商承担各种服务要素、环节的整合和全程管理，称之为服务供应链。服务供应链是相对于产品供应链而言的，一定意义上，服务供应链延续了现代供应链管理中以客户为中心的理念，以资源整合和服务集成为主导，用服务拉动整条供应链的管理和运作，通过服务的整合满足客户多样化的需求。如旅游服务业中旅行社通过采购相关的服务项目，形成满足旅游者多方需求的整体性组合服务产品，再把组合产品销售给客户；又如物流服务业中物流服务集成商整合运输服务供应商、仓储服务供应商、配送服务供应商、其他服务供应商的服务资源，再将这些整合的服务产品全部或部分销售给客户。

服务产品具有不同于制造产品的六个特征，即客户影响（Customer Influence）、不可触摸（Intangibility）、不可分割性（Inseparability）、异质性（Heterogeneity）、易逝性（Perish - ability）、劳动密集性（Labor Intensity）等。这就决定了服务供应链在知识需求方面与制造供应链存在着一些差异，描述清楚服务供应链的知识需求可以有效提高服务供应链的质量、效益和客户的满意度。

（1）服务供应链的特点

①服务是无形的，其评价和绩效指标是主观的，服务的品质也不容易分类，客户较难对服务提供者的技能、经验和能力进行准确和合理测定，因此服务提供商和服务集成商需要随时关注客户的意见和反馈，从而改进服务的设计和提高服务的质量。

②服务的交付是一个过程。在获得服务的时候，交易就开始进入一个全新的执行和管理状态。要保证服务的最终交付，服务供应商和服务集成商甚至客户必须参与服务的全过程。

③服务是不一致的和较容易受情境影响的，服务质量在很大程度上取决于服务交付的环境和客户的态度。因此，在给客户提供服务时要针对不同的情景采用不同的服务方式。

④服务集成商是整条服务供应链的主导，通过对客户需求的预测和客户关系的管理，把握客户需求的变动和更新，通过对服务提供商绩效的评价和供应链关系管理，整合间接和直接服务提供商的资源与能力，向客户提供完善的一体化服务。

（2）由服务提供商、服务集成商和客户组成的服务供应链网络

根据以上分析，本书构建了由服务提供商、服务集成商和客户组成的服务供应链网络。其中，客户又分为大众客户、群体客户、重点客户，针对这三种客户分别推出一般服务、模块式选择服务和定制化设计服务。一般服务即面向广泛客户群，客户只能被动接受服务；模块式选择服务即针对某一类客户群，客户可以自由选择感兴趣模块的服务；定制化设计服务即针对少量重点客户推出的个性化定制的服务。在此供应链结构基础上，本书建立了服务供应链企业间的知识需求模型（如图6.1.4 所示）。

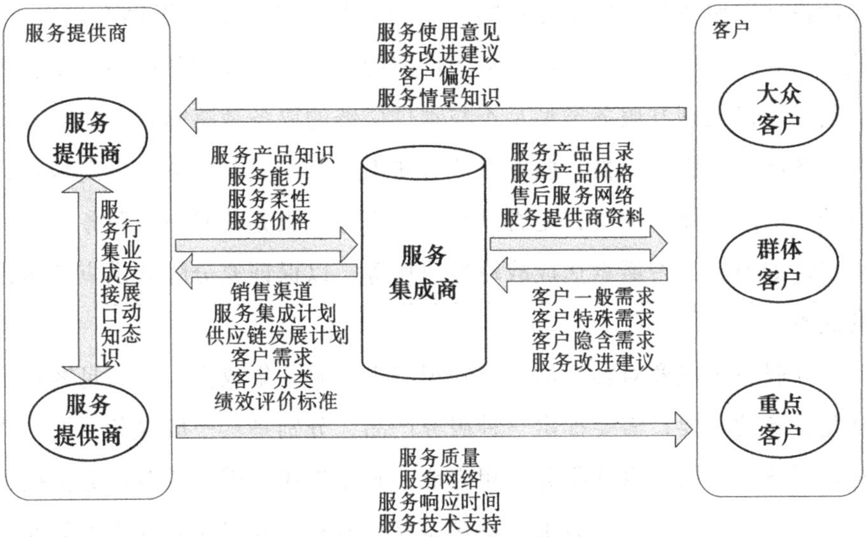

图 6.1.4　服务供应链企业间知识需求模型

图 6.1.4 的模型描述了服务提供商对服务集成商的主要知识需求、服务集成商对服务提供商的主要知识需求、服务集成商对客户的主要知识需求、客户对服务集成商的主要知识需求、服务提供商对客户的主要知识需求、客户对服务提供商的主要知识需求、服务提供商之间的主要知识需求。

①服务提供商对服务集成商的主要知识需求。第一，服务集成商将服务产品销售之后，可能需要各服务提供商对客户进行直接的服务，此时，服务提供商需要获得服务集成商的销售渠道。第二，服务提供商在加入该服务供应链之后，需要了解作为主导企业的服务集成商在未来的服务集成计划和供应链发展计划，从而为自己的长远发展进行定位。第三，服务提供商需要通过服务集成商了解客户需求、客户分类等知识，从而对自己的服务产品进行各方面的改进。此外，服务集成商无论在供应链构建之前还是供应链运营过程中都会考察服务提供商各方面的能力，对其服务评价打分，因此服务提供商需要获得服务集成商的绩效评价标准等知识。

②服务集成商对服务提供商的主要知识需求。服务集成商在服务产

品的设计和服务供应链类型确定后，要进行功能型服务提供商的选择，此时，服务集成商需要了解服务提供商的服务产品知识如产品类型、产品数量等以识别其服务类型是否与本供应链的服务战略吻合；还要了解其服务能力、服务价格、服务柔性等知识，从而了解服务提供商是否具有较大的服务能力配置，是否具有成本优势，服务的时间和服务质量的稳定性如何，是否愿意达成战略性协作等，以保证充分降低供应链运作的成本。

③服务集成商对客户的主要知识需求。服务集成商为了满足客户多样化服务的需要，需要推出三种服务产品，分别是：一般服务、模块式选择服务、定制化设计服务，相应地，服务集成商需要从客户那里挖掘客户的一般需求、特殊需求和隐含需求。另外，客户对服务产品的改进意见对于制造商也是十分重要的。

④客户对服务集成商的主要知识需求。客户在购买服务产品之前，需要从服务集成商那里获取服务产品目录和服务产品价格等知识；客户在购买产品后，需要从服务集成商那里获取售后服务网络及各服务提供商的资料，以便客户在需要服务的时候能够找到相应的服务商。

⑤服务提供商对客户的主要知识需求。首先，服务提供商在为客户提供服务时，需要从客户那里了解客户对服务的使用意见和改进建议等知识，从而改进自己的服务质量。其次，服务提供商在为客户服务之前，需要了解客户的偏好和服务情景等知识，从而针对不同的客户采用不同的服务方式以提高客户的满意度。

⑥客户对服务提供商的主要知识需求。客户在购买服务产品之前需要从服务提供商那里了解相应服务产品的服务质量、服务网络、服务响应时间、服务技术支持等知识，从而确保在购买产品后能够得到及时的高质量的服务。

⑦服务提供商之间的主要知识需求。服务提供商之间可以在服务集成接口知识方面进行共享，为服务集成商集成各种服务产品提供高质量的保证。另外，服务提供商可以在行业发展动态等知识方面进行交流。

6.2　传统供应链知识共享与转移层次模型

供应链中知识共享与转移的主体可分为员工、部门和企业三个层次，结合知识共享与转移是否跨越企业边界及跨越的何种边界将供应链中知识共享与转移分为部门内部员工之间的知识共享与转移、同企业不同部门员工之间的知识共享与转移、不同企业员工之间的知识共享与转移、员工与本部门之间的知识共享与转移、员工与本企业其他部门之间的知识共享与转移、员工与其他企业部门之间的知识共享与转移、员工与本企业之间的知识共享与转移、本企业部门之间的知识共享与转移、部门与本企业之间的知识共享与转移、不同企业部门之间的知识共享与转移和企业之间的知识共享与转移。基于以上分析，本书构建了供应链企业间知识共享与转移层次模型（如图 6.2.1 所示）。

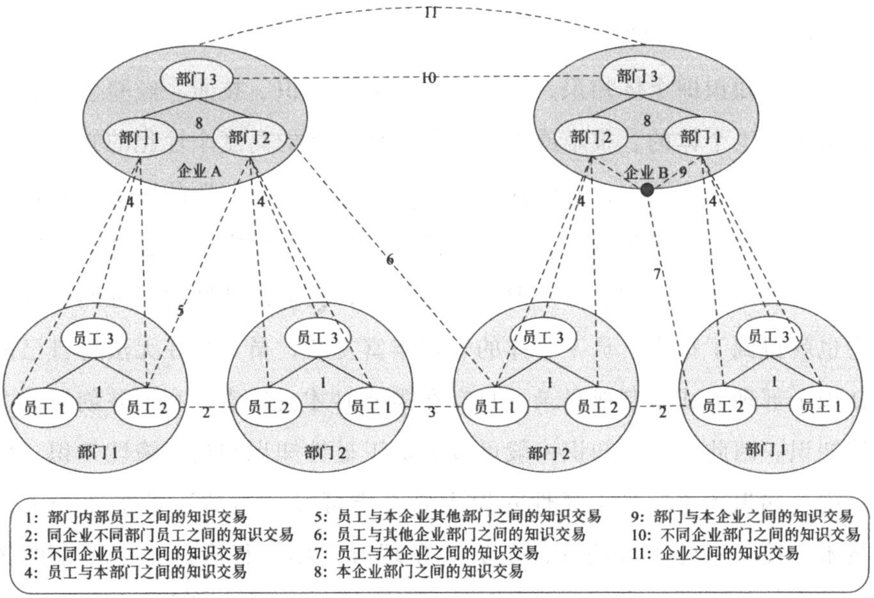

图 6.2.1　供应链企业间知识共享的层次模型

6.2.1 供应链各层次主体知识特性及其关系研究

供应链中的知识主体可分为员工层、部门层和企业层，而任何层次的知识一般又可分为显性知识和隐性知识，从而组成供应链中的六种基本知识类型：员工显性知识、员工隐性知识、部门显性知识、部门隐性知识、企业显性知识、企业隐性知识。通过供应链网络，这六种基本知识实现了跨层次的知识流动，如图 6.2.2 所示。

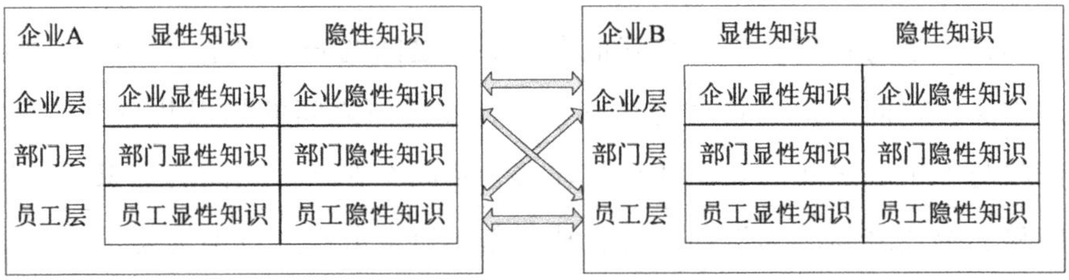

图 6.2.2 供应链中知识类型图

(1) 员工层知识

员工知识即个体知识，指员工所拥有的学识、技能、经验、思想等依附于员工个体的、很难或不被其他个体掌握的高度个性化的知识，其存在于员工的头脑中，可以独立应用于特定任务和问题的解决，并随着员工个体的迁移而转移。员工不仅是知识的积累者，也是知识的应用者，当员工在工作和学习中取得了进步时，其应用新知识处理问题的能力也就得到了提高。员工个体的知识丰富复杂，员工往往无法将自己的知识全部理清或编制成目录，只有在需要时才会搜索、利用并创新其个体知识。因此，员工知识一般可分为员工显性知识和员工隐性知识，但以隐性知识为主。员工显性知识主要是指可以“言传”的关于个人的技术、技巧和处事方法等，是员工在理解规则、程序过程中形成的知识。员工隐性知识既包括直觉、信念、洞察力等难以言明的知识，还包括专门技能这种只能依靠行动来进行共享和转移的知识，具有高度个体化、不易言传和模仿的特点。但是个体知识总是首先产生于个体的头脑中，在没有用规范的语言或者符号表达出来之前，其更多地表现为隐性知识。因此，员工的显隐性知识之间的转化一般是以员工隐性知识为起点，当隐性知识需要被表达时，员工才会将可以显性化的隐性知识进行挖掘、整理和总结，从而使部分隐性知识显性化。

（2）部门层知识

部门知识就是一个部门所拥有的文化、经验以及处理问题的能力等，它是部门在长期实践中形成的并被员工所共享的知识，并不随某个员工的离开或迁移而改变。部门知识也存在显性和隐性知识两种类型。部门显性知识是指部门内部的一些规则、工作实践、数据库和资料集等。部门隐性知识是指部门内形成的价值体系、信仰、认知要素、团队默契、文化氛围和相互协作的习惯性技能等，是由部门内的员工彼此紧密的互动和直接沟通，通过模仿与练习、感悟和领会，形成彼此能够会意却不易言传的隐性知识，主要特点是表现为群体所掌握的技艺、操作过程以及群体成员的默契、协作能力等。部门隐性知识也是部门显性知识产生、发展的前提条件。部门层次的显隐性知识之间的转化是指部门内员工对各自不同的隐性知识进行有效加工处理、整理、概括和总结，形成可以明示的操作规范、管理制度和业务指南等文件形式，并对彼此的观点见解不断地进行再解释，直至形成新的想法进而转化成部门的显性知识，从而使部门隐性知识转化的显性知识。

（3）企业层知识

企业层知识主要体现为企业的规则、程序、管理和文化，包括企业的规章制度、技术、流程、数据库、共同愿景、品牌、商标、专利和管理模式等。企业知识既不能脱离企业中员工或部门的知识而独立存在，又不是员工知识或部门知识的简单加总，而是在对员工个体、部门和从企业外部获取的各种知识有效转化、整合和长期实践的基础上形成的，它涌现出单个个体或群体所无法具有的知识特质。企业层知识往往是复杂的且长期处于变化之中的，它随着产品、服务、工序、技术、结构、地位等的变化而变化，即围绕企业的生产经营目标而改变。与员工和部门知识一样，企业知识仍然可以分为显性和隐性知识两类。企业显性知识有两层含义：一是非人格化的企业规章、制度、流程和技术等，如企业的发展目标、组织战略和结构；二是企业员工所共同拥有的显性知识。企业隐性知识也有两层含义：一是群体协作能力和企业的心智模式、价值观、企业文化和共同愿景；二是企业员工共同拥有的隐性知识，如难以表述的技能、诀窍、经验等。企业员工长期以来通过相互交流和相互协作所形成的共识和默契，所共同经历的生产过程、事件、心理和认知体验构成了企业隐性知识的共同基础，是企业隐性知识中最深层次的东西。随着企业隐性和显性知识的不断高效流动、转化和整合，对某些可显性化的企业隐性知识可根据企业发展需要进行显性化和编码化，形成各种操作规范、资料、情报和文件等新的显性知识，通过外部化方式传递给相关的部门或机构，转化为企业显性知识，从而实现企业知识的集成并最终转化成产品和服务，转化为企业的利润和市场价值，并对组织绩效产生较大的影响。

（4）各层次知识之间的关系

员工层的知识是部门层和企业层知识的基础和资源库，部门层和企业层的知识创新依赖于员工知识。如果企业中的员工知识没有更新，部门和企业层的知识创新也无从谈起，而且组织知识的创新还依赖于将分散在员工头脑中的个体知识进行整合，只要每个员工被安排在企业业务流程中的合适岗位上，发挥他们各自的特长，就能保证整个生产流程技术的创新，就能制造出新产品。而部门和组织层次的显隐性知识是员工个体知识的升华，也为员工隐性知识显性化提供更大可能，对员工知识的完善与丰富起到促进作用。

部门层的知识是员工层知识和企业层知识进行转化的中介。对于员工层来说，部门层知识始于员工层知识，部门通过整合各种员工知识最终形成部门知识。同时，部门知识也是员工知识进行共享的归宿。只有员工知识升华为部门知识，任何员工个体不再“垄断”该知识，知识在部门内自由流动，部门中的任何成员都可以了解、学习、掌握和应用这些知识，这样才能创造出不同于个人的建立在合作基础上的部门知识。对于企业层来说，部门层知识是企业层知识的基础和源泉。由于组织结构的限制，企业知识不可能直接来源于员工，企业是由各个部门组成的组织，企业的许多任务和活动都是以部门为单位来完成的，在这些过程中形成的知识往往以部门为载体，企业只能通过搜集、整理各部门的知识并将其转化为文档、手册等显性知识存入企业知识库中。

企业层知识是员工层知识和部门层知识的最终归宿。无论是员工知识还是部门知识都会直接或间接地转化为企业层知识，因为企业各层次的知识活动最终目的都是使企业知识更新并转化为企业的利润。企业层的知识为员工层和部门层的知识活动提供保障，企业知识库中的显性知识如专利技术、流程规范等可以为员工和部门获取、学习和利用，从而进行螺旋式的知识创新，企业层的隐性知识也会为影响员工层和部门层的知识活动，如良好的知识共享文化会促进各层次的知识流动。

从组织学习的视角来看，可以更清晰地表达出各层次知识之间的关系。组织学习中存在两种形态：探索式学习与挖掘式学习。其中，探索式学习包括搜寻、变异、承担风险、试验、尝试、灵活性、发现、创新等活动；而挖掘式学习则包括选择、精炼、生产、效率与执行等活动。当企业需要知识更新时，企业会将对知识的需求从组织层传递到部门层，进而传送到员工层。部门层的任务主要是让员工去完成新知识的探索即知识创新，并通过合适的机制将其转移为部门的新知识；企业层则进一步开发和利用在部门内部已形成的已知知识，它会将已存在部门内的新知识转移到企业活动中来完成价值创造。因此，员工层知识向部门层知识的转化活动本质是探索式学习，而部门层知识向企业层知识的转化活动本质是挖掘式学习，如图 6. 2. 3 所示。

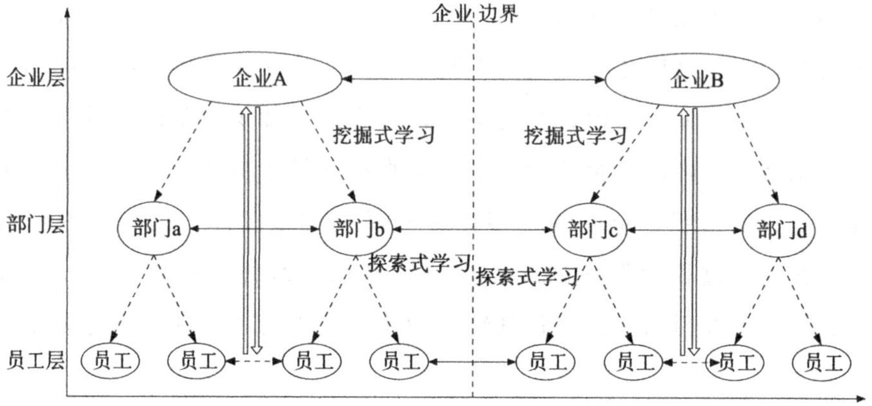

图 6.2.3 供应链各主体层次知识之间的关系

6.2.2 员工层次知识共享与转移模型研究

员工层次的知识共享与转移可分为三种情况（如图 6.2.4 所示），分别是：部门内员工之间的知识共享与转移、企业跨部门员工之间的知识共享与转移、不同企业员工之间的知识共享与转移。

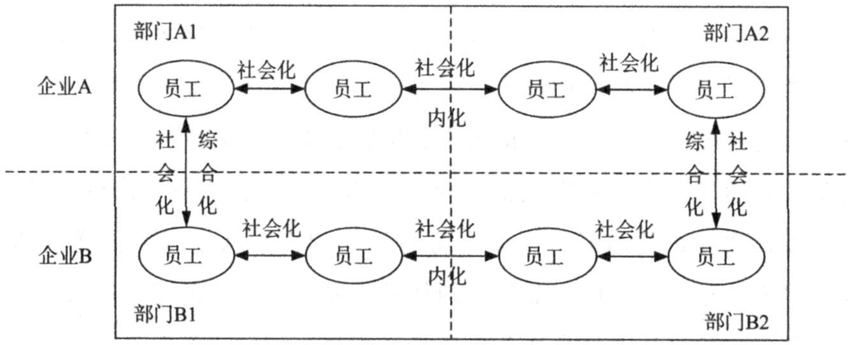

图 6.2.4 员工层次知识共享与转移模型

（1）部门内员工之间的知识共享与转移

部门内员工之间的知识共享与转移是最常见也是最基础的一种知识共享与转移方式，它一般发生在某部门内部员工之间的日常工作和交流中，通常表现为员工之间隐性知识的共享与转移，该过程处于 SECI 模型中的社会化阶段，即某员工的隐性知识转移为另一员工的隐性知识。这个转移过程往往是通过员工之间的共同活动来实现的，经验共享是这个转移过程的关键。如老师傅带徒弟、老员工带新员工的过程，由于许多经验或技巧不能明示，只能通过“手把手”的教导方式来实现了隐性知识的转移，作为知识接收方的徒弟（新员工）则应勤观察，多思考，细钻研，虚心请教，通过模仿、实践来获得隐性知识，这是一个典型的分享经验、形成共有思维模式和技能的过程。

同一部门的员工往往从事着相同或相似的业务，因而他们的知识背景一般是相同或相似的，他们之间的知识转移相对来说认知障碍比较低，转移起来也比较容易。但是同部门的员工之间也存在着利益冲突障碍。从经济学的角度看，如果在知识转移和共享过程中，只有一方能得到较大程度的知识提高，而对另外一方的知识没有什么作用的情况下，一般的经济报酬方式只会对获得知识的一方有利，而对于知识没有变化的一方，它的经济报酬很有可能降低。在日常工作中，拥有知识的员工为了自身团体的利益，可能会有意识地封锁自身的知识，不愿与其他员工进行共享，因为这样，就可以减少外部的威胁，增加他们的不可或缺性。为了促进部门内员工之间的知识共享与转移，企业应当建立刺激员工进行知识共享的机制，如巩固贡献知识的员工的地位并对其进行奖励。

（2）企业跨部门员工之间的知识共享与转移

企业内跨部门员工自己的知识共享与转移往往发生在企业不同部门在业务流程上有交集时或企业组建了由不同部门员工构成的团队时，不同部门员工之间显性知识和隐性知识的共享与转移。该过程既有 SECI 模型中的社会化阶段也有内化阶段。当两个部门需要经常性的协同合作时，它们的员工往往打交道的时间比较多，在他们长期的接触中，首先会潜移默化地进行着隐性知识的共享与转移，即完成了知识的社会化，同时由于业务需要，他们之间必然会有很多如文件、看法之类的显性知识交流，而由于不同部门员工知识背景的差异，很可能某些知识对于知识转移方是显性知识，而知识接收方却没有能力解码只能内化于自己心中，即知识的内化。现在企业内部也越来越多地通过任务导向的项目团队来完成相应的知识活动，不同部门的员工交流的机会越来越多，企业内跨部门员工之间的知识共享与转移也越来越常见。

一般企业内的不同部门从事着不同的工作，企业往往也将不同的部门在地域上隔离开来，如不同的部门分布在不同的楼层或办公室，这就造成不同部门员工交流的不方便性。为了降低这种阻碍，企业要创造出沟通和协作的良好环境，如可尝试集体办公的工作形式，增加成员在一起的时间，使其能充分及时地沟通；也可多组织些非正式交流的活动，如工作聚餐、企业内部论坛等，让员工能轻松、主动地贡献工作经验和教训。

（3）不同企业员工之间的知识共享与转移

在供应链环境下，不同企业的员工之间的知识共享与转移是比较常见的，供应链的基本活动就是协同合作，不同企业往往会为了共同的目标或任务组建项目小组或者互派员工到对方的企业中，这就为不同员工的知识跨越组织边界提供了条件，通过这种对等接触和互动，不同企业员工不仅会互相传递显性知识如各种纸质文件，而且更多地会进行隐性知识如经验、技巧的相互交流，该过程既有 SECI 模型中的社会化阶段也有综合化阶段。如供应链企业间联盟合作的典型例子——沃尔玛和宝洁之间的联盟合作。它们之间的初次合作即是互派经理层级的项目小组进驻对方企业，在信息管理系统、物流仓储体系、客户关系管理、供应链预测与合作体系、零售商联系平台以及人员培训等方面实现业务合作和知识共享。而在整个活动中的具体实践操作则是通过个体的观察、交流、感悟和思考来完成的。

企业文化在很大程度上决定了知识共享能否顺利开展，对供应链而言更是如此，因为供应链中一个企业的知识及知识共享状况将决定整个供应链的效率和水平（这一点正如木桶原理所揭示的一样，木桶能盛的水是由最短的那块木板所决定的）。在供应链中建立一种鼓励员工参与知识共享的文化，让知识共享成为供应链中受大家尊重的行为，让知识的提供方获得心灵上的满足感和荣誉感，并以此作为对知识提供方的一种补偿，在这样的文化氛围中个人才有积极性与他人共享知识，跨企业的知识共享才能够顺利实现。

6.2.3　部门层次知识共享与转移模型研究

部门层次的知识共享与转移可分为两种情况（如图 6.2.5 所示），分别是：本企业部门之间的知识共享与转移和跨企业部门之间的知识共享与转移。

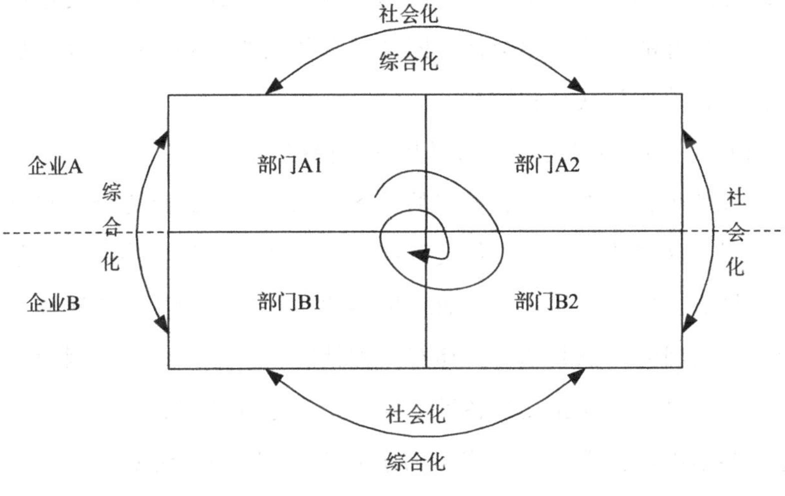

图 6.2.5　部门层次知识共享与转移模型

（1）本企业部门之间的知识共享与转移

本企业部门之间的知识共享与转移有两种情况：一是不同部门间显性资料等的互相传递，即 SECI 模型中综合化阶段；二是不同部门在长期的协作中隐性知识的共享与转移，即 SECI 模型中的社会化阶段。第一种情况是显而易见的，企业中的各部门不可能完全独立，总会时不时从其他部门获取文件资料等显性知识。第二种情况是对企业十分重要的，不同部门的群体（员工）在长期的协作中通过模仿与练习、感悟和领会，形成彼此能够意会却不易言传的隐性知识，逐渐会演变为只为两部门所掌握的一些技艺、操作过程以及部门之间的默契和协作能力，而这种技艺、操作过程、默契和协作能力是企业工作效率和创新能力的关键因素，也会直接影响企业的核心竞争力。

不同部门间显性知识的共享是比较容易实现的，往往是通过部门成员之间的直接沟通或者通过信息系统等IT技术来实现，因此只需加强部门成员之间的沟通和提升企业的IT技术就足够了。而对于不同部门间隐性知识的转移来说，首先各部门员工的知识水平对其有较大的影响，较高的员工知识水平无疑会使合作和交流过程更流畅，也更能从对方部门的工作方式和流程中吸收对方的隐性知识，所以要改变传统员工的思维方式，不再局限于学习自己岗位的知识；其次，企业文化也对其有影响，良好的企业文化会使不同部门合作的机会和频率更高，从而提高隐性知识跨部门共享和转移。

（2）跨企业部门之间的知识共享与转移

供应链中各节点企业有很多的业务往来，尤其是核心企业与上下游企业之间，这些业务活动往往是以部门为主体进行的，伴随着业务往来不仅有物流、资金流的转移，而且更多的是知识流的共享和转移。不同企业部门之间的知识共享与转移有两种情况：一是两个部门因业务需要在打交道的过程中互相交流各种显性知识和隐性知识，如上下游企业相关部门共享市场供需知识和用户需求知识，即SECI模型中的综合化阶段和社会化阶段，这与同企业部门之间的知识共享与转移类似；二是两个部门在业务上有相似性，彼此分享各种经验，即SECI模型中的社会化阶段，如果两个部门相似度较高，就可以将一个部门的最佳实践复制到另一个部门，如两部门开展经验交流会，实现显隐性知识的共享，减少供应链的重复性错误，这类知识共享对于供应链中的同类企业如供应商之间尤为重要，因为同类企业不仅在业务上具有很大的相似性，而且往往在地域方面也相近，并且员工之间有相似的知识背景，这都为同类企业进行部门间的知识共享与转移提供了有利条件。

对于由于业务往来而进行的部门间知识共享，供应链首先应建立顺畅的知识转移渠道，如引进覆盖整条供应链的 ERP 系统或者供应链所有企业采用相同接口的数据库，其次核心企业应起到领导的作用，多组织不同企业部门间的协同合作。对于复制相似性经验而进行的部门间知识共享，供应链核心企业可组织成立专门的知识审核与分析委员会，同专家、技术骨干和知识提供者一起对有效的知识和经验进行分析和提炼，经过整理的知识可录入供应链数据库提供给各个企业使用。

6.2.4　企业层次知识共享与转移模型研究

为了快速响应客户的需求，供应链各节点企业必须进行有效的知识共享，从而提高生产柔性和协调性。供应链企业层的知识共享与转移有多种情况。一是因供应链需要，彼此共享企业的发展目标、组织战略、专利技术等显性知识，即 SECI 模型中的综合化阶段，这类知识活动的特点是通过供应链正式渠道形成知识共享活动，有着组织制度的保障，是供应链进行知识共享的主要途径。二是供应链企业间在企业文化、价值观念、行为准则等隐性知识上的共享与转移，即 SECI 模型中的社会化阶段，各企业经常性地对这类知识进行交流，各企业的文化和价值观则会逐渐互相融合，供应链各企业在企业文化、价值观、行为惯例方式越融合，各企业对事物的看法越相似，它们在合作的时候就越紧密，越不容易产生分歧。三是某企业的员工或部门去另一企业进行学习考察时，将对方企业的隐性知识转化为自己企业的隐性知识的过程，即 SECI 模型中的社会化阶段，这类知识活动也很常见。供应链联盟由于合作的需要以及加深彼此的关系，通常会指派员工或者部门去另一企业参观学习，比如去参观别人先进的生产线、先进的管理方式，而这个学习的过程一般都是隐性知识的转移，因为一条生产线或者管理方式往往都不易明示，只能通过自身的体会转化为只有自己能理解的隐性知识。

为了加深企业层次知识共享与转移的深度，供应链可以采取以下措施：第一，制定完善的知识共享机制：一是制定合理的利润分配机制。在供应链中，任何组织参与知识共享都会受到成本的约束，他们愿意进行知识共享在于预期共享知识比其独占知识能够获取更大的利益，如果没有对知识共享所得利润的合理分配机制，供应链知识共享就难得以长期实现；二是制定完善的风险防范机制。组织知识对任何一个企业来说都是一种稀缺的资源，是企业的核心竞争力所在，在企业层次实施知识共享往往会涉及企业的核心知识，供应链任何环节的共享知识被泄露都将对整个供应链造成不可挽回的损失。第二，供应链要规范组织知识共享的程序，创造更多有利于组织知识共享的渠道和途径。供应链是由独立法人组成的联盟，其企业文化、价值取向、决策方式常常不相同，对哪些是重要知识的认识也不尽相同。组织知识共享虽有制度的保障，但在具体实施过程中却存在着诸多的差异，这些差异妨碍了知识共享的效率，影响了知识转化为产品的速度，降低了供应链快速反应的能力。而通过规范组织知识共享程序可以消除这种差异，这在具体实现上有多种途径，比如可以在需要知识共享的组织之间组成知识共享团队，以团队形式实现知识的传播、共享和创新。第三，核心企业要起到领袖作用，核心企业往往规模较大，企业文化比较成熟，应带头推广自己的企业文化。核心企业还应多组织各节点的知识交流，如举行定期和不定期的会议、提供人员培训等。

6.2.5 不同层次主体之间的知识共享与转移模型研究

（1）员工与本部门之间的知识共享与转移

员工与本部门之间的知识共享与转移最为紧密，在部门内部无时无刻地发生着，主要体现为个人隐性知识上升为部门显性知识和部门显性知识内化为个人隐性知识，即SECI模型中的外化阶段和内化阶段。

个人隐性知识上升为部门显性知识的外化阶段对于部门来说是一个将感性知识提升为理性知识的过程。这项工作在知识管理中难度是最大的，也是具有决定性意义的一步。部门知识的形成始于个人知识，部门的员工具有不同的学习背景和工作经验，每个成员都有独特的、不同的隐性知识，在这一阶段，员工将自己的隐性知识与所有或部分组织成员共享，同时部门成员利用集体智慧，通过比较、隐喻、模型、演绎、归纳等手段和方法将隐性知识明示化为语言可以描述和表达的内容，与群体中的成员达到一种知识的共享，属于个人的隐性知识不再被“垄断”而是在部门内自由流动，所有成员都可以了解、学习、掌握和应用这些知识，至此个人隐性知识完成了上升为部门显性知识的转化。在这个外化过程中，由于部门成员的经验和知识都参与进来，所以这个过程往往伴随着知识创新，并且增加了组织显性知识的存量。个人隐性知识外化的一种特殊情况是，企业核心人员，特别是高层管理人员将自己的隐性知识直接转化为非人格化的部门规章、制度等，并在部门内贯彻实施和执行。

部门显性知识内化为个人隐性知识的过程也是一个知识质变的过程。尽管部门显性知识在一定程度上都属于企业显性知识，但部门在长期的运作过程中产生了大量的显性知识成果，而企业层次往往会进行筛选，将比较成熟的、有较大价值的知识成果吸收进企业的知识库，于是未被吸收的知识成果则依旧滞留在部门内。这些部门显性知识是“前辈们”在实践中逐渐归纳总结出来的成果，对部门员工具有较强的借鉴意义，员工们按照自己的理解并结合自身的知识状况对这些知识进行学习，内化为各自不同的隐性知识，可以减少员工所走的弯路，提高部门的工作效率。企业知识库中的知识很多是单独针对某一部门的，如果将这些知识也看作部门知识，部门显性知识的内化过程则范围更广、意义更大。

个人隐性知识外化的过程其实是部门部分或所有员工互相学习的过程，不同个体间充分地交流能够加快他们隐性知识的转化，这就跟员工层部门内员工之间的知识共享与转移一样，因此如何促进个人隐性知识的外化可以参考员工层部门内员工之间的知识共享与转移。而部门显性知识内化则完全不同，因为部门是一个非人格化的集体组织，部门知识的转化只能通过知识接受个体即员工的有效学习才能完成，因而合适的学习方法非常重要，这些学习方法包括参观、访问、座谈、研讨等。

(2) 员工与本企业其他部门之间的知识共享与转移

员工与本企业其他部门之间的知识共享与转移通常发生在企业不同部门在业务流程上有交集时，某部门的员工从其他部门获取他所需要的显性资料或者某部门的某个项目任务需要其他部门的员工进行配合从而取得员工的显性知识，这都属于 SECI 模型中的综合化阶段。当员工从另一部门获取显性资料时，员工通过正式渠道告知另一部门其知识需求，部门准备好相关材料后员工即可获取其需求知识，于是完成了部门显性知识到个人显性知识的转移。当某部门需要其他部门的员工配合工作时，员工既可能提供显性知识也可能提供隐性知识，显性知识可直接进入部门的知识库从而转化为部门层次的显性知识，而隐性知识往往只能被部门的员工吸收，将这些隐性知识转化为部门层次的隐性知识的过程则属于员工与本部门知识共享与转移中的外化过程。

可以看出，由于企业内不同部门所从事工作内容的不同，员工与其他部门的知识交流相对比较少且深度较低。但是现代企业越来越偏向于扁平化管理，企业中部门间横向的业务交流越来越频繁，员工与其他部门之间的知识共享与转移也变得更加重要。为了促进这类知识共享，企业首先应该加强部门间的协同，为员工与其他部门接触提供更多的机会；其次，企业要营造鼓励知识共享的企业文化，使得员工与其他的部门接触过程中更愿意贡献自己的知识。

(3) 员工与其他企业部门之间的知识共享与转移

员工与其他企业的部门之间的知识共享与转移一般有三种方式：员工与其他企业的部门之间显性知识的互相转移、员工与其他企业的部门之间隐性知识转化为隐性知识、员工与其他企业的部门之间显性知识转化为隐性知识，即分别是 SECI 模型中的综合化、社会化和内化阶段。

首先，综合化阶段主要是指员工所属部门与其他企业的部门有业务往来，他们之间互相传递文件、资料等显性知识，该过程与员工与本企业其他部门的知识共享与转移过程类似。其次，社会化阶段是指当员工去其他企业的部门进行参观学习或因供应链需要进驻其他企业某部门时，员工或部门的隐性知识被对方吸收转化为自身的隐性知识，在供应链环境下，企业间的协同越来越紧密，这种知识转移是非常常见的。如当员工参观某企业生产部门的生产流水线或者管理模式时，他将体会到群体协作能力所产生的效果，他就将部门的隐性知识吸收为自己的隐性知识；如当供应链上下游企业紧密合作时，可能会互派自己的员工进驻到对方企业的某部门中指导和学习，这种进驻行为往往时间较长，指派来的员工在与部门内的员工长期接触中必然存在着隐性知识的转移。最后，内化阶段是指员工去其他企业的部门展现显性知识，而该部门的员工将其内化为隐性知识的过程，如员工为其他企业的部门提供培训或员工访问某企业时进行演讲时，员工将自己单位先进的管理模式或者工作流程以语言的方式描述出来，而其他企业部门的每个员工按自己的理解内化为隐性知识，并会用自己的方式在部门内行动，员工这种按自我理解进行的行动方式组合起来就成为部门的隐性知识。

由于供应链上下游经常会有数据往来，综合化阶段的知识转移发生的频率很高，因此供应链应通过信息系统建设等方式改造知识流动的渠道以促进这种知识转移。对于社会化阶段的知识转移，由于群体协作能力、心智模式和核心价值观的转化在很大程度上依赖于知识接收个体，因而个体的挖掘能力和学习方法就显得非常重要，所以供应链各企业应努力培养员工的洞察力，优化员工的学习方法。对于内化阶段的知识转移，就像老师给学生讲课一样，讲的是同样的东西，但是不同的学生吸收的程度却不一样，因而这个过程员工个体的吸收意识、吸收能力显得非常重要，所以供应链各企业应努力提高员工的知识水平，因为往往知识水平高的人吸收意识和吸收能力也较强。

（4）员工与本企业之间的知识共享与转移

员工与本企业的知识关系是相辅相成的，员工将个人的显性知识贡献到企业知识库中，实现个体知识的共享，即SECI模型中的综合化阶段。反之，企业知识库也为员工提供有效的知识源，员工对知识库中的知识进行学习后转化为自身的显性知识或隐性知识，即SECI模型中的综合化阶段和内化阶段。

员工个体的显隐性知识都会向企业层流动转化，但员工的隐性知识往往不能直接转化为企业层知识，而需要先转化为部门层知识，部门层知识再转移为企业层知识。而企业中大量的员工个体拥有着零散的、不系统的显性知识，企业通过信息技术对这些零散混乱的显性知识进行系统化地整理，形成系统的、具有内在联系的且为所有员工所掌握的显性知识，这些知识进入企业知识库并得到集中管理，由此完成了员工知识到企业知识的综合化过程。这一过程虽然没有增加组织的知识总量，但却改变了企业显性知识的存在结构和位置，并且增加了知识拥有者的数量。

企业显性知识内化为个人隐性知识的过程也是一个知识质变的过程。每个企业必然存在一些制度化的、约定成俗的显性知识，这些知识大多是成熟的、具有较大使用价值的知识，如企业的规则制度、工作流程、操作方法、专利技术等。每个员工都可以从企业知识库中学习这些知识，有些显性化的或者较易显性化的知识可直接转化为个体员工的显性知识，而对于一些较难显性化的制度、方法则内化为员工心中的“诀窍”并在实践中进行应用，这种综合化和内化过程都会提高员工的知识水平并进一步提高企业的效率。在这个阶段，企业层知识实现了内部的共享，并拓宽和改变了个体的思维方式，使得知识逐渐变为可根植于实践行动、流程和战略创新之中的隐性知识。一旦知识内化为思维方式或创新源地时，它就变成了组织最有价值的资产。

对于员工显性知识综合化为企业显性知识，企业首先可以通过提升信息技术水平，改善知识转移渠道来促进这种转化过程；其次，该综合化过程是一个集中整理零散知识的过程，设置专门的知识管理人员无疑会提高整合的效率，而且知识整合人员的知识水平越高，整合效率也越高。对于企业显性知识内化或综合化为员工知识来说，企业首先应该营造良好的知识共享基础设施，如完善企业的知识库和知识地图，或可以建立电子社区 E - learning 系统来协助知识内化过程；其次，企业还可以通过员工培训等方式促进企业知识的内化。

（5）部门与本企业之间的知识共享与转移

部门与本企业之间的知识关系也是相辅相成的。一是不同部门长期的协作将部门隐性知识上升为企业显性知识，即 SECI 模型中的外化阶段；二是各部门显性知识进入企业的知识库，即 SECI 模型中的综合化阶段；三是企业的知识库为各部门提供各种资源、技术和知识，即 SECI 模型中的内化和综合化阶段。

部门隐性知识外化为企业显性知识是一个知识质变的过程，企业内的各部门之间是相互联系和相互协作的，久而久之部门之间也会形成配合默契、处事理念之类的隐性知识。随着这类隐性知识在企业内实践和普及，企业往往会将这种默契或者处事方式规章制度化，形成正式的文件和工作流程，从而完成部门隐性知识到企业显性知识的外化。部门显性知识综合化为企业显性知识实际上是一个收集并整合显性知识的过程，知识在这一过程中通过文档、会议和交流等形式在部门之间进行交换和再造，大规模数据库中的数据分析与采集系统就是这个过程的一个例子。该阶段的知识转移的实质就是将部门层次的显性知识筛选、精炼为企业的显性知识，并在组织范围内进行广泛传递和应用。企业显性知识内化或综合化为部门显隐性知识的过程其实是各部门的学习过程，各部门定位自身的需求，在企业知识库中搜寻目标知识，并进一步解码和学习，将企业的显性知识吸收为部门的显性知识或隐性知识。

为了加快部门隐性知识转化为企业显性知识，企业可以通过优化工作流程如业务流程重组等方式使各部门的工作紧密衔接，各部门的协作也更加深入和频繁，进而使得隐性知识在部门之间快速流动并升华为企业显性知识。对于部门显性知识转化为企业显性知识，企业首先应该建立起知识整合机制，使各部门自觉或不自觉地将显性知识录入企业知识库，此时，完善的知识存储路径就非常重要，此外，为了避免企业出现“知识爆炸”、部门面对海量的知识难以定位自己所需求的知识的情况，企业还应有高效的数据分析和数据挖掘能力，如引进高级的数据分析和挖掘软件，使得企业可以从大量的部门知识中选取和精炼出最重要和最典型的知识。对于企业显性知识内化或综合化为部门知识，企业首先应使其显性知识易于被下层吸收和转化，如提高企业知识整理和知识发布人员的知识表达能力，使供应链中的企业知识更加明示化。

6.3 项目导向型供应链创新生态系统知识治理效应

6.3.1 基于知识流动的项目导向型供应链创新生态网络结构

项目导向型供应链强调以项目创新为核心，是具有异质且互补性知识资源的供应链上下游企业为实现共同目标而组成的具有特定功能的跨组织结构模式。考虑到知识是创新的核心要素，项目导向型供应链协同创新活动在一定程度上可以认定是围绕项目全生命周期进行知识投入、知识共享和知识创新的无限循环过程，更细化一点说，包括项目导向型供应链中各主体知识的识别、知识价值的评估、知识的共享或交换、知识的跨组织转移、知识获取方的知识吸收与知识整合，最后进行知识创新以实现项目协同创新的成功，具体如图 6.3.1 所示。在项目导向型供应链中建立创新生态系统，面向市场需求，以项目创新为核心，以技术标准为纽带，突破原有组织界限和信息壁垒，建立起互利共生、共同进化的创新体系，从而形成畅通的知识流动通道，释放知识与获取知识交互进行，实现知识资源的最优配置，最终通过跨组织的协同创新实现项目价值增值以及供应链整体竞争优势提升。

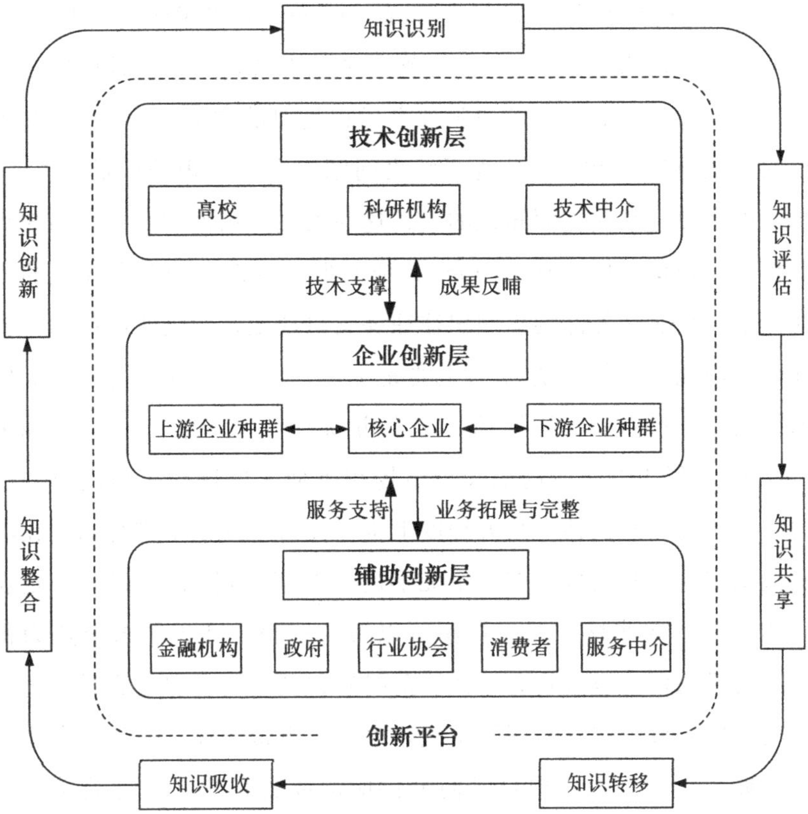

图 6.3.1　基于知识流动的项目导向型供应链创新生态网络结构

6.3.2　基于市场机制的项目导向型供应链协同创新知识治理

然而，知识通常被认为是一种资源和资产，只有占有了知识才能在竞争中处于优势地位，而一旦自己的知识被共享，相应的优势地位就会丧失，自身的利益就会受到损害。因而，在项目导向型供应链中，知识拥有者在缺乏激励情况下一般不愿意把自己的知识拿出来与人共享。另外，由于项目导向型供应链的成员企业是不同的利益主体和行为主体，没有具有行政约束力的组织机构来推动知识共享活动的进行，项目导向型供应链中跨组织的知识共享显然比企业内部的知识共享更难进行。

知识管理研究领域的著名学者 Davenport 和 Prusak（1998）在《Working Knowledge》一书中研究企业内部知识共享问题时提出企业内部存在一个与有形商品市场和服务市场相类似的“知识市场”，这个市场里的“买方”通常是那些为了解决问题而寻找知识的成员；“卖方”是企业内掌握了某些方面知识的人，这些人主要用他们所拥有的知识来换取报酬；知识市场还有“中介”，他们把需要知识和拥有知识的人联系在一起；企业从外部购买知识往往要支付现金，而企业内部的知识交易却很少用现金，其“货币”主要是互惠、名望和利他主义；市场机制像作用于有形商品一样推动着知识市场的运行。与 Davenport 和 Prusak（1998）提出的企业内部知识市场相类似，项目导向型供应链企业间的知识流动和知识共享很大程度上也是在市场推动下进行的，在项目导向型供应链中其实也存在一个无形的“知识市场”，知识供给企业通过“出售”一些非核心知识资源可以换取回报，知识需求企业为得到知识所给予的付出也会物有所值，此时知识共享与转移就容易进行。另外，项目导向型供应链又不同于战略联盟、虚拟企业、产学研合作等其他“弱联系”的组织，项目导向型供应链成员企业之间的关系比上述几种类型的组织间关系紧密，是一种“强联系”的企业联盟，因而在项目导向型供应链中构建知识市场又比在其他几种类型的组织间构建知识市场可行。

6.3.3 项目导向型供应链中知识交易的协同创新效应分析

本节研究将以社会资本理论、企业知识管理理论、供应链知识管理理论为基础，以项目导向型供应链协同创新为研究视角，研究项目导向型供应链中跨组织知识交易对企业创新绩效的影响路径及其作用机理。另外，考虑到项目导向型供应链中跨组织的知识交易和协同创新活动具有一定的社会背景和组织情境，学者们逐步引入与组织情境相关的变量，实证研究其对供应链跨组织知识交易、企业绩效的影响，如研究供应链伙伴特性、伙伴关系（含信任、关系承诺、关系质量等变量）、合作机制（市场机制与关系机制）等对跨组织知识交易与企业绩效（合作绩效，创新绩效等）的影响。然而，鉴于项目导向型供应链中跨组织的知识交易与合作创新需要各成员企业与企业外部的供应商、制造商、分销商、零售商等外部社会网络发生联系，根据社会资本理论，成员企业的外部社会资本必然会影响其运营的组织情境，因此也就会影响项目导向型供应链中跨组织知识交易以及协同创新的绩效。基于此，本节引入社会资本这一变量，首先分析社会资本各维度对跨组织知识交易和企业创新绩效的影响作用，并构建社会资本、跨组织知识交易对企业创新绩效影响的概念模型，在此基础上拟利用结构方程模型结合供应链上下游企业的问卷数据对上述概念模型进行实证研究以探寻社会资本对跨组织知识交易和企业创新绩效的影响路径及其作用机理，以期为参与项目导向型供应链跨组织知识交易的成员企业提供决策参考。

（1）基本概念界定

第一，外部社会资本。社会资本（Social Capital）最早由法国著名社会学家布迪尔（Bourdieu）正式界定并运用于社会学的研究中，其提出社会资本是实际的或潜在的资源集合体，用以强调社群中的人际关系网络是一种有助于个人在社群中发展的关系性资源。之后，社会资本理论逐步引入到经济学、管理学以及其他领域研究之中。在管理学领域研究中，关于社会资本的研究主要集中在企业层次，根据与企业发生联系的社会实体情况，可以将社会资本划分为内部社会资本和外部社会资本，其中企业内部社会资本主要包括企业内部的工作关系（员工与员工、员工与管理者以及管理者与管理者之间的关系）、内部各部门间的关系（相互信任与协作关系、信息与知识共享以及企业文化等内容）；企业外部社会资本主要包括商业网络（供应商、经销商、客户、竞争者及其他利益相关者等）、信息网络（产品展览会、各类数据库以及专利文献等）、研究网络（研讨会、研究机构、技术转移组织以及研发联盟等网络）以及参与网络（参与各种地区级、国家级和国际级的关系网络的程度）等。本节的研究基于供应链合作创新视角，以供应链成员企业为研究主体（即供应链中成员企业作为样本来源），强调供应链中成员企业跨组织的知识交易，因而本研究所界定的外部社会资本主要是指成员企业与供应链内部其他合作伙伴（供应商、分销商、零售商及客户等）所形成的关系网络。

关于社会资本维度的划分，现有文献通常采用 Nahapiet 和 Ghoshal（1998）的分类标准，即将社会资本划分为认知资本、关系资本和结构资本三个维度，分别刻画企业网络中的认知程度、信任关系及网络联系。目前也有部分学者基于 Nahapiet 和 Ghoshal（1998）的分类标准，增加了位置资本这一维度，其中位置资本主要包括企业在社会网络中的声望、地位以及嵌入在组织位置上的资源。考虑到供应链中成员企业也存在地位、声望及资源存量差异的情况，并可能影响到成员企业间的一系列活动（如知识交易、合作创新等），因此，本节研究将社会资本分为四个维度进行刻画，即认知资本、关系资本、结构资本和位置资本。

第二，跨组织知识交易。项目导向型供应链中跨组织知识交易（Inter - organizational Knowledge Trading）是指在项目导向型供应链知识市场中，知识供给企业通过“出售”一些非核心知识换取回报，知识需求企业通过付出一定代价获得需要的知识，从而达到交易双方的互惠互利，同时也可以提高供应链的整体创新能力和竞争力。由于供应链是由很多具有独立法人资格的企业所组成的企业联盟，作为不同的利益主体，各成员企业必然会考虑各自不同的利益，因此，市场机制除了传统市场中的金钱、企业内部知识市场中的互惠、名望等，还包括订单数量、价格折扣、返利、员工培训等供应链企业间合作的互惠。另外，根据知识的特性可以将知识划分为显性知识（Explicit Knowledge）和隐性知识（Tacit Knowledge）。其中，显性知识是指客观的、有形的知识，像语言、文字等一样有一定存在形式，并且表现为产品外观、文件、数据库、说明书、公式和计算机程序等形式；隐性知识是指用文字、语言、图像等形式不易表达清楚的主观知识，它以个人、团队、组织的经验、印象、技术诀窍、组织文化、风俗等形式存在。相应地，项目导向型供应链跨组织知识交易也可以从显性知识交易（Explicit Knowledge Trading）和隐性知识交易（Tacit Knowledge Trading）两个维度进行考虑，由于显性知识容易编码或结构化为某一有形的载体，其交易过程更接近于一般商品的交易；而隐性知识难以表达，其转移过程中往往需要面对面的交流，特别是一些技术壁垒属性较高的知识，还需要技术人员进行现场培训和指导才能实现有效转移，并且隐性知识的价值在交易过程中由于信息的不对称以及交易双方预期的不同等因素也难以衡量。

第三，企业创新绩效。企业创新绩效（Enterprise Innovation Performance）主要用来对企业创新活动效率及其效果进行评价，可以认定为是企业创新结果的综合反映。关于创新绩效这一变量的评价，目前国内外还没有统一的标准进行界定，如 Song 和 Parry（1996）主要从产品市场角度来评价企业创新绩效，评价指标包括新产品在市场上的获利能力、相对的销售绩效、相对的市场占有率和提供企业的新市场机会；Hagedoorn 和 Cloodt（2003）主要从产品创新角度来衡量企业创新绩效，评价指标包括 R&D、申请的专利数、引用的专利数和新产品发布数等。此外，Jantunen（2005）从产品创新和过程创新两个方面来评价创新绩效；郭骁（2011）从产品创新和市场绩效两个角度来评价创新绩效。可见，不同的研究学者基于不同的研究情境及目的关于企业创新绩效评价指标体系的选择也存在一定差异，正如 Beneito（2006）所指出，创新绩效指标的选取应该基于研究的特定目标和数据的可用性。基于此，考虑到本节研究对企业创新绩效的考察是基于供应链合作创新以及跨组织知识交易的背景下，强调通过知识转移和知识创新来达到产品技术创新和提高产品市场竞争力的目的，因而本节研究将借鉴以往学者的研究成果并结合研究的目的，从产品创新和市场绩效两个方面对企业创新绩效进行评价。

（2）理论研究假设

第一，认知资本、跨组织知识交易与企业创新绩效之间的关系。认知资本是指不同行为主体间共同的理解表达、解释与意义系统，以往很多学者使用心理学术语“共同的心智模式”来衡量双方或多方对事情重要性、价值观、基本假设和因果关系看法的相似程度。在本节研究中，项目导向型供应链背景下的认知资本可以认定为项目导向型供应链成员企业间的共同愿景、共同价值观念及组织相似性。共同愿景可以用来描述供应链成员企业的共同目标和抱负，共同愿景的建立有助于成员企业间预见资源交换（跨组织知识交易）的潜在价值，增强彼此合作的意愿，降低知识交易过程中的协调成本，形成良好的项目导向型供应链协同创新氛围，从而有利于成员企业创新绩效的提高。而共同价值观则是成员企业间合作的一种精神激励，能促进成员企业积极主动地协同开展各类活动，特别是跨组织知识交易和协同创新这一类对参与企业来说互惠互利的活动。基于上述分析，我们可以对认知资本、跨组织知识交易和企业创新绩效之间的关系做出如下假设：

H6.3.1a：认知资本对显性知识交易有显著的正向影响

H6.3.1b：认知资本对隐性知识交易有显著的正向影响

H6.3.1c：认知资本对企业创新绩效有显著的正向影响

第二，关系资本、跨组织知识交易与企业创新绩效之间的关系。关系资本是指社会网络中不同行为主体在互动过程中所建立起来的具体关系，即社会关系网络人格化的一面，主要包括双方或多方之间的信任、规范和认同感等。在本节研究中，项目导向型供应链背景下的关系资本可以认定为项目导向型供应链成员企业间基于以往业务网络所建立起来的信任、友情、尊重和互惠等，其强调随企业间长期合作所形成的关系强度，用来衡量项目导向型供应链中成员企业之间关系质量的好坏。交易成本理论认为供应链成员企业间建立起来的长期合作关系可以降低交易成本；资源依赖理论认为项目导向型供应链成员企业间的关系是对环境不确定性及资源依赖性的一种战略反映；社会交换理论认为项目导向型供应链伙伴关系来源于成员企业间能相互提供令对方满足报酬的需要。由此可见，项目导向型供应链中关系资本是通过项目导向型供应链成员企业间的交互实现的，双方的交互过程除了短期交易（产品或服务交易、信息或知识交易）外，还包括长期的关系行为，而且长期关系行为保证了合作双方均不会轻易做出有损对方利益的事情，此时隐性知识交易和项目导向型供应链企业间的协同创新等活动才更容易进行。基于上述分析，我们可以对关系资本、跨组织知识交易和企业创新绩效之间的关系做出如下假设：

H6. 3. 2a：关系资本对显性知识交易有显著的正向影响

H6. 3. 2b：关系资本对隐性知识交易有显著的正向影响

H6. 3. 2c：关系资本对企业创新绩效有显著的正向影响

第三，结构资本、跨组织知识交易与企业创新绩效之间的关系。结构资本是指社会网络中不同行为主体之间关系的整体模式，是社会关系网络非人格化的一面，主要包括网络联系的紧密程度、稳定性和连通性等。在本节研究中，项目导向型供应链背景下的外部结构资本可以认定为项目导向型供应链成员企业间外部网络联系的密度、强度及稳定性，即成员企业与项目导向型供应链中供应商、制造商、分销商、零售商等网络节点建立的联系密度、强度以及合作与交流的稳定性。从外部网络密度来看，成员企业与项目导向型供应链中其他合作伙伴建立的联系越紧密，其知识获取的范围将更大，更有助于知识在成员企业间的共享及交换，并越能促进成员企业间的信任，减少“搭便车”等非道德的机会主义行为。从外部网络强度来看，强关系因成员企业间的频繁互动、高度信任而使得一些专有性强的、较为机密的资源或隐性知识的转移成功概率大大增加。从外部网络稳定性来看，稳定性是供应链成员企业间建立长期合作伙伴关系的关键因素，如果外部网络稳定性较强，成员企业会以长远眼光来看待企业间的合作伙伴关系，此时交易双方更愿意通过知识交易达到优势互补，进而通过知识创新达到提高企业创新绩效和项目导向型供应链整体竞争优势的目的。基于上述分析，我们可以对结构资本、跨组织知识交易和企业创新绩效之间的关系做出如下假设：

H6. 3. 3a：结构资本对显性知识交易有显著的正向影响

H6.3.3b：结构资本对隐性知识交易有显著的正向影响

H6.3.3c：结构资本对企业创新绩效有显著的正向影响

第四，位置资本、跨组织知识交易与企业创新绩效之间的关系。位置资本是指行为主体在其社会网络关系中因位置而获得的资源或资产，主要体现为社会地位。在本节研究中，项目导向型供应链背景下的外部位置资本可以认定为成员企业在项目导向型供应链网络关系中的地位。这种地位是成员企业综合竞争力的体现，是决定企业在项目导向型供应链中话语权的基础。Tsai（2001）认为，企业在社会网络中的位置决定了其获取资源的机会，即企业在关系网络中根据其位置不同而有差别地占有资源和结构性地分配资源。黄中伟和王宇露（2008）认为，企业的网络位置是影响其知识资源获取的重要因素，企业社会地位越高，网络控制权力就越大，也就有更多的机会获取更多的资源。窦红宾和王正斌（2011）认为，位置资本高的企业容易汇聚不同企业的互补性技能，能争取到与优秀企业合作的机会，增强企业产品创新能力，从而提升企业的创新绩效。可见，在项目导向型供应链网络关系中，如果成员企业具有较强的地位，如项目导向型供应链中的核心企业或强势供应商等，其他成员企业往往会围绕其开展相关业务活动，这些具有较强地位的成员将有更多机会获取项目导向型供应链中其他成员企业提供的互补性知识资源，相应地其创新绩效也可能会得到显著提高。基于上述分析，我们可以对位置资本、跨组织知识交易和企业创新绩效之间的关系做出如下假设：

H6.3.4a：位置资本对显性知识交易有显著的正向影响

H6.3.4b：位置资本对隐性知识交易有显著的正向影响

H6.3.4c：位置资本对企业创新绩效有显著的正向影响

第五，显性知识交易、隐性知识交易与企业创新绩效之间的关系。Jantunen 等（2008）认为，随着技术创新的复杂化，单个企业一般难以拥有创新活动所需要的全部关键知识，它必须不断地从企业外部获取各类所需知识以满足创新活动的知识需求，一般来说，技术创新所需的新知识中，来源于企业内部的约占 2/3，另外 1/3 需要从企业外部获取。Kamasak 和 Bulutlar（2010）认为，企业利用外部知识进行创新，从某种程度上不仅可以缓解企业内部资源有限的制约，降低研发成本并提高技术创新速度，同时还可以避免企业只在某个路径上积累知识而导致创新能力刚性的问题。Estrada 等（2015）从跨企业知识共享的情形来看，企业间在进行合作或交流的过程中，通过连接的渠道可以相互交流知识与资源，从中激荡出新的思想或创意，从而能进一步提高企业的创新绩效。由此可见，在项目导向型供应链中，基于不同成员企业所具有的互补性知识资源，跨企业知识交易其实质就是为了推动互补性知识资源在企业间的有效流动，使知识资源在项目导向型供应链中能够达到有效的配置和优化，然后通过知识的吸收、整合与创新，最后达到提高企业创新绩效的目的。基于此，我们将做如下理论假设：

H6.3.5：跨组织知识交易对企业创新绩效有显著正向影响

H6.3.5a：显性知识交易对企业创新绩效有显著正向影响

H6.3.5b：隐性知识交易对企业创新绩效有显著正向影响

基于上述分析，本书建立了实证研究的概念模型，具体如图 6.3.2 所示：

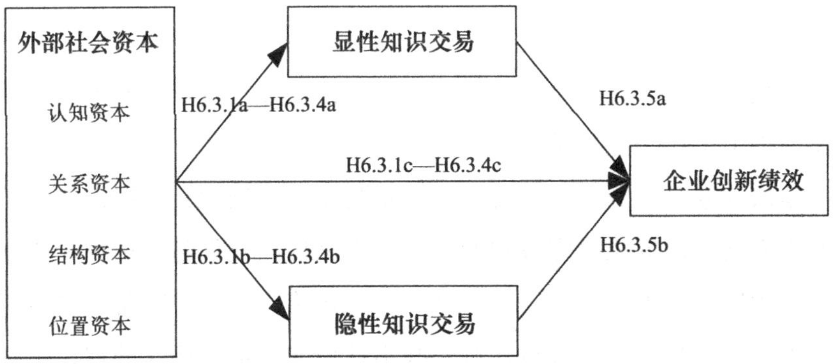

图 6.3.2　研究的概念模型

（3）实证研究设计

第一，变量与问卷设计。本书采用 Likert 五点尺度法设计社会资本、跨组织知识交易和企业创新绩效等变量的量表，从1到5分别表示非常不同意、不同意、不能确定、同意和非常同意。其中，社会资本量表主要参考Nahapiet和Ghoshal（1998）、Adler和Kwon（2002）、黄中伟和王宇露（2008）、窦红宾和王正斌（2011）的研究成果，分认知资本、关系资本、结构资本和位置资本四个维度进行评价；跨组织知识交易量表主要参考Hansen（1999）、Dhanaraj等（2004）、唐炎华和石金涛（2007）、陈伟和张旭梅等（2011，2012）的研究成果，分显性知识交易和隐性知识交易两个维度进行评价；企业创新绩效主要参考Jantunen（2005）、陈伟和张旭梅等（2011，2012）的研究成果，从产品创新和市场绩效两个方面进行评价。上述潜变量的具体问卷题项如表6.3.1所示。

第二，实证研究样本。本节研究基于项目导向型供应链协同创新的研究视角，旨在研究社会资本、跨组织知识交易对企业创新绩效的影响路径和作用机理，为保证样本选择更具代表性，选择以制造业供应链的上下游企业作为研究对象，其主要原因在于制造行业中，产品可替代程度较高，市场竞争也相对激烈，成员企业大多期望通过上下游跨企业间的知识共享掌握合作伙伴的发展趋势、产品相关信息以及获取与核心企业相匹配的相关知识以提高自己的创新水平和竞争优势，从而建立起持续稳定的供应链伙伴关系。基于此，本节研究问卷调查的对象主要涉及金属和机械工程、化工、电子电器、食品饮料等制造业领域中项目导向型供应链上下游企业的关键员工。

本次问卷调查分两步进行。第一步是小样本测试，根据以往相关文献和作者前期研究成果完成初始调查问卷之后，我们随机选择了200位在职的MBA、EMBA学员进行预测试，获取有效问卷134份，然后对问卷预测试的结果进行了分析，对一些不理想的题项作删除处理，并对最后保留下来的问卷题项进行修正和完善，最终形成正式问卷。第二步是正式的问卷数据收集，我们通过两种方式进行：其一，对于西南地区（重庆、成都、贵阳、昆明）与课题组有合作关系的企业，我们采取上门访谈、邮寄或 E-mail 的方式获取问卷数据；其二，在武汉、广州、北京和上海等地分别选择四所重点高校，直接在课堂上委托任课教师简单介绍调查目的，请符合条件的在职 MBA、EMBA 学员现场填写问卷并当场收回。通过上述两种方式正式调研，共发放问卷 600 份，回收问卷 387 份，回收率为 64.5%；在删除一些存在缺失、有明显规律性或有矛盾的无效问卷之后，最终获得有效问卷 256 份，有效回收率为 42.67%。在有效问卷中，国有及国有控股企业占 36.33%（93 份），集体合作企业占 15.23%（39 份），私营/民营企业占 17.58%（45 份），合资企业占 22.27%（57 份），外资企业占 8.59%（22 份）。就直接受访者的情况来看，企业工龄超过 5 年的占 77.15%，年龄 30 岁以上的占 92.13%，而本科及以上学历的占到了 95.76%。可见，无论就工作经验、企业经历或学历而言，受访者均应对问卷所涉及的题项具有较好的敏感性和熟悉度。

第三，信度与效度分析。信度（Reliability）主要用来考察实证测验结果的一贯性、一致性，最常用的评价指标是 Cronbach's α 系数。基于此，本节研究问卷信度采用 Cronbach's α 系数进行检验，通过 SPSS18 统计软件分析结果显示，各变量的 Cronbach's α 系数均大于 0.7，说明本节研究的变量具有较好的信度。

表 6.3.1　信度分析与因子分析结果

变量	问卷题项	因子载荷	Cronbach's α	累积解释（%）
认知资本	我们与供应链合作伙伴具有相似的价值观念	0.765	0.819	64.735
	我们与供应链合作伙伴具有相似的企业经营理念	0.761		
	我们与供应链合作伙伴具有相似的企业文化	0.745		
关系资本	我们的供应链合作伙伴是可靠并值得信赖的	0.683	0.813	65.752
	我们的供应链合作伙伴会严格遵守承诺	0.691		
	我们与供应链合作伙伴之间能够较好地相互理解	0.717		

续表

变量	问卷题项	因子载荷	Cronbach's α	累积解释（%）
结构资本	我们与供应链合作伙伴建立了广泛的联系	0.759	0.769	65.443
	我们与供应链合作伙伴致力于维持长久的合作关系	0.801		
	我们与供应链合作伙伴交流沟通非常频繁	0.795		
位置资本	供应链合作伙伴对我们非常认可	0.771	0.809	65.231
	供应链合作伙伴在进行重大决策时会慎重考虑我们的利益	0.814		
	我们在供应链中具有较高的声望	0.783		
显性知识交易	我们非常愿意将一些可以结构化成文件的知识（如管理制度）拿出来进行交易	0.757	0.767	65.317
	我们与供应链合作伙伴会经常交易这类可以结构化成文件的知识	0.815		
	通过知识交易我们获取了很多这类可以结构化成文件的知识	0.821		
隐性知识交易	对于一些难以表述的知识（如管理经验），我们也非常愿意拿出来进行交易	0.789	0.745	65.573
	我们与供应链合作伙伴会经常地通过沟通、交流或相互培训员工的方式进行这类隐性化知识的交易	0.818		
	通过知识交易我们获取了很多这类隐性化的知识	0.787		
企业创新绩效	比于市场上的同类产品，我们所开发产品的新颖程度更高	0.767	0.827	67.234
	我们所开发产品的竞争优势明显（如已申请专利或拥有技术秘密）	0.811		
	我们所开发的产品能够迅速开拓新市场	0.823		
	我们所开发产品的市场占有率高于事前预期	0.809		
	客户对我们所开发产品具有较高的满意度	0.751		

效度（Validity）包括内容效度和结构效度。对于内容效度检验，由于本节研究各变量的题项内容是以国内外学者的研究为基础，通过问

卷预测试并经过相关领域专家检查修改而成，因此具有良好的内容效度。对于结构效度检验，本节研究采用因子分析法，主要考察每个因子对相应变量的因子载荷系数（Factor Loading）。一般来说，在社会科学中，因子载荷系数的绝对值大于 0.4 就被认为是有效的。如表 6.3.1 所示，本问卷各观测变量的因子载荷系数均大于 0.6，因此各因子对于相应潜变量具有较强的解释力，具有较好的结构效度，问卷质量较高，可以进行下一步研究。

第四，结构方程模型拟合与评价。结构方程模型的拟合通常采用三个方面的指数来评价，即绝对拟合指数、增量拟合指数和简约拟合指数。为此，本节研究也采用上述指标来评价结构方程模型的拟合情况，具体各指数拟合值如表 6.3.2 所示。可见，除调整拟合优度指数 AGFI 略低于参考值外，其他拟合指数均达到参考值要求，说明研究提出的理论模型整体拟合程度较好。

表 6.3.2　　模型整体拟合指数

拟合指数		模型拟合值	解释与说明
绝对拟合指数	χ^2 统计量（P 值）	0.217	P 大于 0.05，说明模型拟合较好
	平方平均残差的平方根 RMR	0.023	P 小于 0.05，说明模型拟合较好
	拟合优度指数 GFI	0.937	P 大于 0.90，说明模型拟合较好
	调整拟合优度指数 AGFI	0.892	P 大于 0.90，说明模型拟合较好
	近似均方根误差 RMSEA	0.031	P 小于 0.05，说明模型拟合较好
增值拟合指数	相对拟合指数 CFI	0.975	P 大于 0.90，说明模型拟合较好
	标准拟合指数 NFI	0.966	P 大于 0.90，说明模型拟合较好
	Tucker - Lewis 指数（TLI）	0.987	P 大于 0.90，说明模型拟合较好
	递增拟合指数 IFI	0.992	P 大于 0.90，说明模型拟合较好
简约拟合指数	简效拟合优度指数 PGFI	0.615	P 大于 0.50，说明模型拟合较好
	简效规范拟合指数 PNFI	0.687	P 大于 0.50，说明模型拟合较好
	简效比较拟合指数 PCFI	0.719	P 大于 0.50，说明模型拟合较好
	C - min/df	1.335	P 小于 2.00，说明模型拟合较好

第五，假设检验。根据结构方程模型分析软件 AMOS21.0 对本节研究所提出假设的分析，得到潜变量之间的标准化路径系数及其相应的 P－Value 值，其中，P－Value 值用于检验变量之间关系的显著性，一般认为 $P<0.05$ 表示相关性是显著的，$P<0.01$ 表示相关性是非常显著的。具体结果如表 6.3.3 所示。

表 6.3.3 研究假设检验结果

假设	路径方向	路径系数	P－Value 值	结果
H6.3.1a	外部认知资本→显性知识交易	0.185*	0.024	通过
H6.3.1b	外部认知资本→隐性知识交易	0.273**	0.006	通过
H6.3.1c	外部认知资本→企业创新绩效	0.198	0.065	未通过
H6.3.2a	外部关系资本→显性知识交易	0.213	0.048	未通过
H6.3.2b	外部关系资本→隐性知识交易	0.489**	0.000	通过
H6.3.2c	外部关系资本→企业创新绩效	0.225	0.079	未通过
H6.3.3a	外部结构资本→显性知识交易	0.468**	0.002	通过
H6.3.3b	外部结构资本→隐性知识交易	0.415**	0.006	通过
H6.3.3c	外部结构资本→企业创新绩效	0.389**	0.000	通过
H6.3.4a	外部位置资本→显性知识交易	0.525**	0.000	通过
H6.3.4b	外部位置资本→隐性知识交易	0.369*	0.015	通过
H6.3.4c	外部位置资本→企业创新绩效	0.275**	0.003	通过
H6.3.5a	显性知识交易→企业创新绩效	0.287*	0.017	通过
H6.3.5b	隐性知识交易→企业创新绩效	0.473**	0.000	通过

注：* 表示显著性水平 $P<0.05$；** 表示显著性水平 $P<0.01$。

通过上述实证分析，本节研究假设除 H6.3.1c、H6.3.2a 和 H6.3.2c 因 P 值不显著未通过验证外，其他研究假设均通过检验。研究结果表明，认知资本对显性知识交易和隐性知识交易有显著的正向影响，但其对企业创新绩效的正向影响并不显著；关系资本对隐性知识交易有显著的正向影响，但其对显性知识交易和企业创新绩效的正向影响并不显著；结构资本和位置资本对显性知识交易、隐性知识交易和企业创新绩效均有显著的正向影响。另外，显性知识交易和隐性知识交易对企业创新绩效均有显著的正向影响。

表 6.3.4 列出了变量间的直接影响关系和间接影响关系以及相应的权重。权重分析的依据是总路径系数，它等于直接路径系数与间接路径系数之和，其中间接路径的路径系数等于各分段直接路径系数的乘积，所有间接路径系数的和等于总的间接路径系数。可以看出，外部认知资本和外部关系资本对企业创新绩效均没有直接的影响，其实际对企业创新绩效的影响主要通过跨组织知识交易这一中介变量实现，另外可以看出外部结构资本由于跨组织知识交易中介作用的存在对企业创新绩效的影响作用最大。

表 6.3.4　　总路径系数分析图

假设	路径方向	路径系数		
		直接	间接	总和
H6.3.1a	外部认知资本→显性知识交易	0.185	0	0.185
H6.3.1b	外部认知资本→隐性知识交易	0.273	0	0.273
H6.3.1c	外部认知资本→企业创新绩效	不显著	0.182	0.182
H6.3.2a	外部关系资本→显性知识交易	不显著	0	0
H6.3.2b	外部关系资本→隐性知识交易	0.489	0	0.489
H6.3.2c	外部关系资本→企业创新绩效	不显著	0.231	0.231
H6.3.3a	外部结构资本→显性知识交易	0.468	0	0.468
H6.3.3b	外部结构资本→隐性知识交易	0.415	0	0.415
H6.3.3c	外部结构资本→企业创新绩效	0.389	0.330	0.719
H6.3.4a	外部位置资本→显性知识交易	0.525	0	0.525
H6.3.4b	外部位置资本→隐性知识交易	0.369	0	0.369
H6.3.4c	外部位置资本→企业创新绩效	0.275	0.326	0.601
H6.3.5a	显性知识交易→企业创新绩效	0.287	0	0.287
H6.3.5b	隐性知识交易→企业创新绩效	0.473	0	0.473

（4）研究结果与讨论

本节研究基于项目导向型供应链协同创新的研究视角，建立了社会资本、跨组织知识交易对企业创新绩效影响的概念模型，其中社会资本包括认知资本、关系资本、结构资本和位置资本等四个维度，跨组织知识交易包括显性知识交易和隐性知识交易两个维度。利用结构方程模型结合256家项目导向型供应链上下游企业的问卷数据对上述概念模型进行了实证研究，其具体实证研究结果及管理意义如下：

第一，认知资本对显性知识交易和隐性知识交易有显著的正向影响，即H6.3.1a和H6.3.1b通过检验；但其对企业创新绩效的正向影响并不显著，即H6.3.1c未得到支持；认知资本对企业创新绩效的影响作用主要通过跨组织知识交易（显性知识交易、隐性知识交易）的中介作用来实现。关于认知资本对企业创新绩效直接影响不显著的原因可能是在项目导向型供应链协同创新的初始阶段，成员企业间的认知资本确保了合作伙伴之间的可理解性和可预测性，减少了彼此之间的冲突，企业知识创新的有效性得到加强，其创新绩效得到提高。然而，过多的认知资本也会由于“思想同质化”和“群体性思维”，不利于企业从更全面的视角来理解产品技术创新问题，这将对一些创造性观点或创新性思想的产生具有阻碍作用，也就是说过度的外部认知资本可能会抑制知识创新，从而导致企业创新绩效的降低。综上可以看出，认知资本对企业创新绩效的影响作用可能呈倒“U”形。

第二，关系资本对隐性知识交易有显著的正向影响，即H6.3.2b通过检验；但其对显性知识交易和企业创新绩效的正向影响并不显著，即H6.3.2a和H6.3.2c未得到支持；关系资本对企业创新绩效的影响作用主要通过隐性知识交易的中介作用来实现。其中，关系资本对显性知识交易不显著的原因可能在于显性知识大多是一些不涉及企业核心技术和管理经验的结构化知识资源（显性知识）。一般来说，这类知识不会仅局限于与关系最为稳定、可靠的战略合作伙伴进行交易，只要通过知识交易获得的报酬达到知识供给企业的预期收益，其也会与其他供应链的合作伙伴进行交易。与之相反，对于项目导向型供应链成员企业来说，隐性知识的价值往往大大高于一些显性知识，并且难以评估其实际价值，有些隐性知识资源甚至涉及企业“核心技术”。为了避免发生“知识泄露”的风险，企业必然会选择长期合作、关系稳定的合作伙伴进行知识交易。另外，关系资本对企业创新绩效直接影响不显著的原因可能是在供应链协同创新的初始阶段，关系资本中的信任、关系承诺促进企业供应链企业间的协作关系，为协同创新营造了良好的氛围，成员企业能够节约成本并能获取互补性知识资源，其创新绩效也就将得到显著提升。然而，随着关系资本的不断积累，项目导向型供应链中的成员企业可能会因为“面子”的缘故使得开展协同创新的企业间缺乏监督，这将会为“搭便车”等机会主义念头的产生埋下伏笔，并且可能当项目导向型供应链中成员企业有不正当行为发生时，其他合作伙伴也会有所顾忌不加以指出，因缺少及时反馈而影响协同创新的绩效。此外，过高的关系资本也会带来成员企业的过度谨慎而阻碍创新性观点的提出。可见，关系资本对企业创新绩效的影响作用在协同创新的初始阶段可能是正向的，但随着关系资本的不断增加，最终可能会抑制企业的创新绩效，可以看出认知资本对企业创新绩效的影响作用也可能呈倒“U”形。

第三，结构资本对显性知识交易、隐性知识交易和企业创新绩效均有显著的正向影响（H6. 3. 3a—6. 3. 3c 均通过检验）。研究结果表明在项目导向型供应链中，如果成员企业间的互动频繁、关系紧密且稳固，一方面，知识需求企业将获得更大的知识获取范围，也就能从越多的渠道通过知识交易获取非重复性的、异质性的知识资源；另一方面，知识供给企业将有更多用比较、隐喻、模型、演绎、归纳等手段和方法将隐含性强的知识表达出来的机会，知识交易双方也就更容易实现难言性和系统嵌入性较强的隐性知识的转移，这种情况下就越有利于知识的创新以及企业创新绩效的提高。因此，为促进项目导向型供应链中跨组织知识交易活动的顺利进行以及企业创新绩效的提高，成员企业间需要建立广泛而有效的交流机制，通过有效沟通交流，确保信息和知识流通的顺畅。

第四，位置资本对显性知识交易、隐性知识交易和企业创新绩效均有显著的正向影响（H6. 3. 4a—6. 3. 4c 均通过检验）。研究结果表明，在项目导向型供应链中，位置资本决定了成员企业在社会网络中的身份、地位，其位置资本越高，说明其在网络中控制权或话语权越大，根据供应链的概念，其他成员企业往往会围绕其开展相关业务活动，同时为维持和发展与强势成员企业的合作伙伴关系，这些成员企业也非常愿意将自己的知识转移给对方，此时强势成员企业对通过获取到的互补性知识资源进行吸收、整合和创新，必然有利于其创新绩效的提高。因此，项目导向型供应链各成员企业间要注重提升自身技术水平以及制定切合企业实际的声誉战略，以此加强自身在项目导向型供应链中的综合竞争力或地位。

第五，显性知识交易和隐性知识交易对企业创新绩效均有显著的正向影响（H6. 3. 5a 和 H6. 3. 5b 通过检验）。研究表明，跨组织的知识交易作为项目导向型供应链企业间知识共享和转移的有效手段，可以降低项目导向型供应链成员企业获取、创造知识的成本和风险，提高知识的运用效率，协调和优化供应链成员企业的知识水平，从而提高成员企业的创新绩效水平。因此，健全项目导向型供应链企业间的知识交易机制（包括组织管理机制、激励机制、价格机制、报酬机制等），有效促进成员企业间的知识交易，对提高供应链整体创新绩效具有重要的意义。

6.4 基于知识治理的项目导向型供应链协同创新伙伴选择

6.4.1 伙伴选择问题的提出

一般来说，跨组织的合作创新活动具有复杂性、动态性和不确定性等一些特征，但由于供应链是一种具有“强联系”特性的互补性企业联盟，其不同于其他类型战略联盟、虚拟企业、产学研合作等“弱联系”的组织，供应链企业间的合作创新因此更有利于项目全生命周期的演进，并能多阶段、多频次地促进合作创新项目价值增值的实现。然而，创新成功与否或创新程度的高低往往取决于知识的数量和质量，也就是说供应链合作伙伴的知识水平是影响合作创新项目成功与否的最关键因素。由于知识（特别是价值更高的隐性知识）具有无形性、外部性和难以度量性等自然属性，创新主导企业往往难以事先观测其潜在合作伙伴的真实知识水平，如果其选中的合作伙伴知识水平较低或不匹配将极大降低合作创新项目的成功概率。因而，如何设计相应机制以选择知识水平高或相匹配的合作伙伴参与跨企业知识共享是项目导向型供应链合作创新过程中亟待解决的关键问题。

目前，国内外已有一些文献研究了项目导向型供应链的合作创新问题，如唐代中等（2011）基于公平偏好理论，在考虑项目导向型供应链中各成员企业平等合作的基础上，从项目价值增值最大化角度出发，建立了项目导向型供应链跨企业的双向激励模型，并通过模型定量分析了项目型组织的公平偏好程度、努力水平、分配系数和支付成本对项目价值增值的影响；在此基础上，唐代中等（2012）进一步考虑工期—质量目标与努力成本之间的关系，构建并分析了工期—质量协调均衡的项目导向型供应链跨企业激励模型；Wu（2013）考虑供应链跨企业知识流控制目标间的努力成本关系，构建并分析了基于知识流的项目导向型供应链跨企业合作激励模型；施建刚和吴光东（2013）构建了项目导向型供应链跨企业多阶段动态激励模型，并通过模型定量分析了项目导向型供应链奖惩结构对项目净收益、项目成功概率、成员各自努力水平等因素的影响；Wu（2014）、李明和吴光东（2014）则引入项目型组织的互惠性偏好，构建了项目导向型供应链跨企业合作创新的激励模型，并以此分析了项目型组织互惠性偏好对供应链跨企业合作创新的影响。上述研究主要从合作伙伴的努力水平、公平偏好程度、支付成本、分配系数、互惠性偏好等角度研究了项目导向型供应链在达成合作创新协议之后的合作行为激励问题，尚未发现从合作伙伴知识水平视角研究项目导向型供应链在合作创新协议达成之前的伙伴选择问题。鉴于此，本节针对合作伙伴知识水平事先无法观测所引起的逆向选择问题，拟运用委托代理理论进行供应链企业间知识共享伙伴选择的机制设计，以此激励合作伙伴显示其所具有的真实知识水平，为创新主导企业选择最合适的合作伙伴提供理论支持。

6.4.2 问题描述与模型假设

在某项目导向型供应链中，制造商为风险中性的核心企业，其作为合作创新的主导企业开展某项产品的技术创新活动，该项目需要具有一定知识水平的供应商积极参与知识共享并提供相应的知识支持，在该供应链中，有 n 个风险中性的供应商可供选择。另外，创新主导企业制造商选择合作伙伴考量的最关键指标是知识水平。在本节研究中，企业知识水平是一个综合性的指标，其主要表现在知识、技术、人力资源为代表的知识性生产要素存量上。在技术合作创新的过程中，知识的特有属性使得制造商在签订正式的合作创新协议之前很难了解供应商的真实知识水平，因而供应商存在其宣称的知识水平偏离其真实知识水平的问题，使得制造商以较高的成本获取一些不匹配或质量不高的知识，以至于降低产品合作创新的成功概率，从而引发项目导向型供应链企业间合作创新的逆向选择问题。

针对上述问题，本节拟进行知识共享合作伙伴选择的机制设计以确保创新主导企业（制造商）选择最合适的合作伙伴（供应商）开展合作创新项目。合作伙伴选择的机制设计具体可以分为以下四个阶段：

（1）制造商作为产品合作创新的发起者，以招标的形式向供应链中 n 个潜在的供应商发布相应的合作创新招标信息。

（2）供应链中潜在的供应商 i（$i=1,2,\cdots,n$）当其所获得的期望收益大于0时，将按照招标合同以合作创新的参与报酬 r_i（供应商因提供知识支持合作创新而向创新主导企业收取的报酬）及知识水平 k_i 的组合（r_i,k_i）参与投标。

（3）制造商根据供应商 i 所提交的参与报酬 r_i 、知识水平 k_i 的组合 (r_i,k_i) 决定供应商 i 是否获得合作机会，用 0—1 决策变量 $p_i(r,k)$ 表示，对任意的供应商来说，其都只存在获得或失去合同两种情况，即 $p_i(r,k)=1$ 或者 $p_i(r,k)=0$ ，其中 $r=(r_1,r_2,\cdots,r_n)$ 为各供应商提供的参与报酬所组成的向量，$k=(k_1,k_2,\cdots,k_n)$ 为各供应商所宣称的知识水平所组成的向量。

（4）制造商可以根据显示原理设计一个含合同选择及最终报酬支付的合作伙伴选择合同机制，该机制由合同菜单 $[p_i(r,k),t_i(r,k)]$ 表示，其中 $t_i(r,k)$ 表示制造商支付给供应商最终的报酬，从而达到选择最优合作伙伴的目的。

为便于建立模型进行定量分析，首先做如下假设：

假设 6.4.1：供应商参与合作创新的知识投入成本函数为 $c(k)$ ，其中 $c'(k)>0$ ，$c''(k)>0$ 。制造商的合作创新收益为 $V(k)$ ，其中 $V'(k)>0$ ，$V''(k)\leqslant 0$。

假设 6.4.2：制造商和供应商均清楚该成本函数的参数结构，即成本函数 $c(k)$ 为共同信息，但供应商自身的知识水平为其私人信息，制造商及其他的供应商只知道其知识水平的随机分布，即 $k_i\in[\underline{k},\bar{k}]$ ，另假设其知识水平随机分布函数为 $F(\cdot)$ ，密度为 $f(\cdot)$ ，且满足 $\frac{F(\cdot)}{f(\cdot)}$ 单调不减。

假设 6.4.3：制造商具有完全的讨价还价能力，其作为合作创新的主导者有权根据供应商 i 所提交的参与报酬 r_i 、知识水平 k_i 的组合 (r_i,k_i) 决定供应商 i 是否获得合作创新的合同。

6.4.3　协同创新伙伴选择模型

根据决策变量 $p_i(r,k)$ ，如果供应商 i 获得制造商的合作创新合同，其从制造商处得到的期望报酬为 $t_i(r,k)$，制造商通过该合作创新项目所能获得的收益净值为 $V(k_i)-t_i(r,k)$，其中 $t_i(r,k)=r_ip_i(r,k)$。

由于制造商与供应商均为风险中性，因此期望收益与期望效用等价，制造商期望收益 Π 可表示为：

$$\Pi = E_k\sum_{i=1}^{n}[p_i(r,k)V(k_i)-t_i(r,k)] = E_k\sum_{i=1}^{n}p_i(r,k)[V(k_i)-r_i] \tag{6.4.1}$$

当供应商 i 以真实的知识水平 k_i 进行投标时，其所获得的期望收益 $U_i(r_i,k_i)$ 可表示为：

$$U_i(r_i,k_i) = E_{k_{-i}}[t_i(r,k)-p_i(r,k)c(k_i)] = E_{k_{-i}}\{p_i(r,k)[r_i-c(k_i)]\} \tag{6.4.2}$$

当供应商的真实知识水平为 k_i，但其以知识水平 $\hat{k}_i$ 进行投标时，其所获得的期望收益 $U_i(r_i,\hat{k}_i,k_i)$ 可表示为：

$$\begin{aligned}U_i(r_i,\hat{k}_i,k_i) &= E_{k_{-i}}[t_i(r,\hat{k}_i,k_{-i})-p_i(r,\hat{k}_i,k_{-i})c(k_i)]\\ &= E_{k_{-i}}\{p_i(r,\hat{k}_i,k_{-i})[r_i-c(k_i)]\}\end{aligned} \tag{6.4.3}$$

在上式（6.4.2）和式（6.4.3）中，$k_{-i}=\{k_1,\cdots,k_{i-1},k_{i+1},\cdots,k_n\}$ 为除供应商 i 外的其他供应商参与投标的知识水平所组成的向量；$t_i(r,\hat{k}_i,k_{-i})=r_ip_i(r,\hat{k}_i,k_{-i})$，表示供应商 i 的真实知识水平为 k_i，但其对制造商报告知识水平为 $\hat{k}_i$ 时所获得的期望收益；$p_i(r,\hat{k}_i,k_{-i})$ 表示当供应商 i 的真实知识水平为 k_i，但其对制造商报告为 $\hat{k}_i$，且参与报酬为 r_i 时制造商的合同分配决策。

作为合作创新项目的主导企业，制造商的问题即如何通过有效地机制设计减少因信息劣势所带来的不利影响。不对称信息下，制造商将以自身期望收益最大化为目标设计伙伴选择合同，并且其所提供的合同必须满足两个条件：参与约束条件及激励相容约束条件。该合同可由如下委托代理模型 P6.4.1 表示：

$$\text{P6.4.1} \quad \max_{p_i(r,k),t_i(r,k)} \Pi = E_k \sum_{i=1}^{n} p_i(r,k)[V(k_i) - r_i] \tag{6.4.4}$$

$$\text{S.t.} \quad (\text{IR}) \quad E_{k_{-i}}\{p_i(r,k)[r_i - c(k_i)]\} \geqslant 0 \quad \forall k_i \in [\underline{k}, \bar{k}] \tag{6.4.5}$$

$$(\text{IC}) \quad E_{k_{-i}}\{p_i(r,k_i,k_{-i})[r_i - c(k_i)]\} \geqslant E_{k_{-i}}\{p_i(r,\hat{k}_i,k_{-i})[r_i - c(k_i)]\} \quad \forall k_i \in [\underline{k}, \bar{k}] \tag{6.4.6}$$

$$r_i \in \arg\max_{r_i} E_{k_{-i}}\{p_i(r,k)[r_i - c(k_i)]\} \quad \forall k_i \in [\underline{k}, \bar{k}] \tag{6.4.7}$$

$$p_i(r,k) \in \{0,1\} \quad \forall k_i \in [\underline{k}, \bar{k}] \tag{6.4.8}$$

$$\sum_{i=1}^{n} p_i(r,k) = 1 \quad \forall k_i \in [\underline{k}, \bar{k}] \tag{6.4.9}$$

上述模型中，$p_i(r,k_i,k_{-i})$ 表示当供应商 i 报告其真实的知识水平 k_i，并且参与报酬为 r_i 时制造商的合同分配决策；$p_i(r,\hat{k}_i,k_{-i})$ 表示当供应商 i 的真实知识水平为 k_i，但其对客户企业报告为 $\hat{k}_i$，且参与报酬为 r_i 时制造商的合同分配决策。另外，式（6.4.4）为制造商的目标函数，其中 $p_i(r,k)$ 及 $t_i(r,k)$ 分别为制造商以自身期望收益最大化为目标所给出的合同分配决策及期望支付。式（6.4.5）表示供应商 i 的参与约束。式（6.4.6）为激励相容约束。式（4.3.7）表示供应商 i 以期望收益最大化为目标决策其参与报酬。（6.4.8）式表示 $p_i(r,k)$ 为决策变量，只能取 0 或者 1。式（6.4.9）表示制造商只能从 n 个供应商中选择一个参与项目的合作创新。

6.4.4　模型求解与最优机制分析

制造商与供应商之间的博弈为两阶段博弈。第一阶段，供应商以知识水平及参与报酬的组合（r_i,k_i）进行投标；第二阶段，根据供应商的知识水平向量 $k = (k_1,k_2,\cdots,k_n)$、参与报酬向量 $r = (r_1,r_2,\cdots,r_n)$，制造商选择最合适的供应商作为合作创新的合作伙伴。上述逆向选择模型可以按照主从博弈进行逆向求解，即首先在给定 r 及 k 的基础上，制

造商对决策变量 $p(r,k)$ 进行决策；然后在给定 $p(r,k)$ 的基础上，供应商对最优参与报酬 r^* 进行决策。

对于式（6.4.5），当供应商 i 向制造商宣称其所具有的知识水平为 $\bar{k}$ 时，根据假设 6.4.1 有 $c(k_i) \leqslant c(\bar{k})$，故不等式：$E_{k_{-i}}[t_i(r,\bar{k},k_{-i}) - p_i(r,\bar{k},k_{-i})c(k_i)] > E_{k_{-i}}[t_i(r,\bar{k},k_{-i}) - p_i(r,\bar{k},k_{-i})c(\bar{k})]$ 成立。

若式（6.4.6）成立，则不等式：$E_{k_{-i}}[t_i(r,k_i,k_{-i}) - p_i(r,k_i,k_{-i})c(k_i)] > E_{k_{-i}}[t_i(r,\bar{k},k_{-i}) - p_i(r,\bar{k},k_{-i})c(k_i)]$ 成立。

在式（6.4.6）成立时，只需 $E_{k_{-i}}[t_i(r,\bar{k},k_{-i}) - p_i(r,\bar{k},k_{-i})c_i(\bar{k})] \geqslant 0$，就可以保证任意 $k_i \in [\underline{k},\bar{k}]$ 使式（6.4.5）恒成立。

制造商在式（6.4.5）上一般不会对供应商产生激励，即制造商在参与约束上可采用紧约束，即参与约束式（6.4.5）可等价于：

$$U_i(r_i,\bar{k}) = 0 \tag{6.4.10}$$

式（6.4.10）表示的含义为如果能保证具有最高知识水平 $\bar{k}$ 的供应商参与合作创新就能够保证所有类型的供应商参与。

博弈第二阶段为最优选择机制中决策变量 $p(r,k)$ 的确定，进而可以明确项目合作创新伙伴选择的最优合同菜单 $[p_i(r,k),t_i(r,k)]$。

在对模型 P6.4.1 求解之后，可以针对该最优伙伴选择合同的相关性质进行分析，得到如下命题：

命题 6.4.1：当供应商的知识水平事先无法观测时，制造商进行伙伴选择的原则是：

- 当 $V(k_i) - B(k_i) > V(k_j) - B(k_j)$，$i \neq j$，供应商 i 获得合同，此时，$p_i(r,k) = 1$；
- 当 $V(k_i) - B(k_i) < V(k_j) - B(k_j)$，$i \neq j$，供应商 i 不能获得合同，此时，$p_i(r,k) = 0$。

其中，$B(k_i) = c(k_i) + c'(k_i)\dfrac{F(k_i)}{f(k_i)}$，$B(k_j) = c(k_j) + c'(k_j)\dfrac{F(k_j)}{f(k_j)}$。

证明：

由式（6.4.2）可得：

$$E_{k_{-i}}[t_i(r,k)] = U_i(r_i,k_i) + E_{k_{-i}}[p_i(r,k)c(k_i)] \quad (6.4.11)$$

则：

$$E_k[t_i(r,k)] = \int_{\underline{k}}^{\bar{k}} U_i(r_i,k_i)f(k_i)dk_i + E_k[p_i(r,k)c(k_i)] \quad (6.4.12)$$

由式（6.4.12）可知，制造商的期望收益式（6.4.1）可表示为：

$$\Pi = E_k\sum_{i=1}^{n} p_i(r,k)[V(k_i) - c(k_i)] - \sum_{i=1}^{n}\int_{\underline{k}}^{\bar{k}} U_i(r_i,k_i)f(k_i)dk_i \quad (6.4.13)$$

根据包络定理，由式（6.4.2）可得：

$$\frac{dU_i(r_i,k_i)}{dk_i} = -E_{k_{-i}}[p_i(r,k)c'(k_i)] \quad (6.4.14)$$

$$U_i(r_i,k_i) = U_i(r_i,\bar{k}) + \int_{k_i}^{\bar{k}} E_{k_{-i}}[p_i(r,\tilde{k}_i,k_{-i})c'(\tilde{k}_i)]d\tilde{k}_i$$

由式（6.4.14）可得：

$$\begin{aligned}\int_{\underline{k}}^{\bar{k}} U_i(r_i,k_i)f(k_i)dk_i &= U_i(r_i,\bar{k}) + \int_{\underline{k}}^{\bar{k}}\int_{k_i}^{\bar{k}} E_{k_{-i}}p_i(r,\tilde{k}_i,k_{-i})c'(\tilde{k}_i)d\tilde{k}_i f(k_i)dk_i \\ &= U_i(r_i,\bar{k}) + [F(k_i)\int_{k_i}^{\bar{k}} E_{k_{-i}}p_i(r,\tilde{k}_i,k_{-i})c'(\tilde{k}_i)d\tilde{k}_i]_{\underline{k}}^{\bar{k}} \\ &\quad + \int_{\underline{k}}^{\bar{k}} E_{k_{-i}}p_i(r,k_i,k_{-i})c'(k_i)F(k_i)dk_i \\ &= U_i(r_i,\bar{k}) + E_k[p_i(r,k_i,k_{-i})c'(k_i)\frac{F(k_i)}{f(k_i)}]\end{aligned} \quad (6.4.15)$$

将式（6.4.15）代入式（6.4.13）可得：

$$\Pi = E_k\sum_i p_i(r,k)[V(k_i) - c(k_i) - c'(k_i)\frac{F(k_i)}{f(k_i)}] - \sum_i U_i(r_i,\bar{k}) \quad (6.4.16)$$

$$令\ B(k_i) = c(k_i) + c'(k_i)\frac{F(k_i)}{f(k_i)} \qquad (6.4.17)$$

由式（6.4.10）可知 $U_i(r_i,\bar{k}) = 0$，故式（6.4.16）可转化为：

$$\Pi = E_k \sum_i p_i(r,k)[V(k_i) - B(k_i)] \qquad (6.4.18)$$

由于制造商以期望收益最大化为目标选择供应商参与合作创新项目，即为最大化 $V(k_i) - B(k_i)$，因此，对于供应商 i，只要存在 $V(k_i) - B(k_i) > V(k_j) - B(k_j)$，且 $i \neq j$ 时，制造商必然选择供应商 i 为参与合作创新，即 $p_i(r,k) = 1$；当 $V(k_i) - B(k_i) < V(k_j) - B(k_j)$，且 $i \neq j$ 时，制造商不会选择供应商 i 参与合作创新，即 $p_i(r,k) = 0$

综上所述，命题 6.4.1 得证。

命题 6.4.1 说明，制造商所设计的最优合作伙伴选择合同使得供应商宣称自己的知识水平时获得最大化收入，此时当供应商的知识水平满足 $V(k_i) - B_i(k_i) > V(k_j) - B_j(k_j)$ 时，供应商 i 才会被制造商选中。供应商的参与报酬并不影响制造商的伙伴选择，供应商主要是通过知识水平之间的竞争以赢得合同。

命题 6.4.2：当供应商的知识水平无法事先观测的情况下，在最优伙伴选择合同中，制造商向供应商 i 支付的报酬可表示为：

$$t_i(r,k) = \begin{cases} c\{B^{-1}[V(k_i) - V(k_\lambda) + B(k_\lambda)]\} - c(k_i), p_i(r,\tilde{k}_i,k_{-i}) = 1 \\ 0, p_i(r,\tilde{k}_i,k_{-i}) = 0 \end{cases}$$

其中，$V(k_\lambda) - B(k_\lambda) = \max\limits_{j \neq i} V(k_j) - B(k_j)$。

证明：由式（6.4.14）及 $U_i(r_i,\bar{k}) = 0$ 可得：

$$U_i(r_i,k_i) = \int_{k_i}^{\bar{k}} E_{k_{-i}}[p_i(r,\tilde{k}_i,k_{-i})c'(\tilde{k}_i)]d\tilde{k}_i$$

又由式（6.4.2）可知：

$$\begin{aligned} U_i(r_i,k_i) &= E_{k_{-i}}[t_i(r,k) - p_i(r,k)c(k_i)] \\ &= E_{k_{-i}}\int_{k_i}^{\bar{k}}[p_i(r,\tilde{k}_i,k_{-i})c'(\tilde{k}_i)]d\tilde{k}_i \qquad (6.4.19) \end{aligned}$$

因此，制造商向供应商 i 支付的报酬为：

$$t_i(r,k) = p_i(r,k)c(k_i) + \int_{k_i}^{\bar{k}} [p_i(r,\tilde{k}_i,k_{-i})c'(\tilde{k}_i)]d\tilde{k}_i \tag{6.4.20}$$

令 $V(k_\lambda) - B(k_\lambda) = \max_{j\neq i} V(k_j) - B(k_j)$，由命题6.4.1，供应商 i 中标获得合同的条件即可写为 $V(k_i) - B(k_i) > V(k_\lambda) - B(k_\lambda)$，也即：

$$V(k_i) - V(k_\lambda) + B(k_\lambda) > B(k_i) \tag{6.4.21}$$

又 $B(k_i) = c(k_i) + c'(k_i)\dfrac{F(k_i)}{f(k_i)}$，$B'(k_i) > 0$，故可将供应商 i 赢得合同的条件式（6.4.21）可以写为：

$$k < B^{-1}[V(k_i) - V(k_\lambda) + B(k_\lambda)]$$

记 $z_i(k_{-i})$ 为使供应商 i 能够获得合同的知识水平 k_i 中的最大取值，故：

$$\begin{aligned} z_i(k_{-i}) &= \{\sup k_i | V(k_i) - B(k_i) > V(k_j) - B(k_j)\} \\ &= \{\inf k_i | B^{-1}[V(k_i) - V(k_\lambda) + B(k_\lambda)]\} \end{aligned}$$

若 $\underline{k} < z_i(k_{-i}) < \bar{k}$，则：

①当 $\tilde{k}_i > z_i(k_{-i})$ 时 $p_i(r,k) = 0$，$t_i(r,k) = 0$，则：

$t_i(r,k) = c(k_i) + c\{B^{-1}[V(k_i) - V(k_\lambda) + B(k_\lambda)]\}$

即：制造商向供应商支付的服务报酬由知识投入成本及源自于不对称信息下的信息租金两部分组成。

②当 $\underline{k} < \tilde{k}_i < z_i(k_{-i})$ 时，$p_i(r,k) = 1$

因此，式（5.1.19）中 $\int_{k_i}^{\bar{k}} [p_i(r,\tilde{k}_i,k_{-i})c'(\tilde{k}_i)]d\tilde{k}_i$ 可以写为：

$$\begin{aligned} \int_{k_i}^{\bar{k}} [p_i(r,\tilde{k}_i,k_{-i})c'(\tilde{k}_i)]d\tilde{k}_i &= \int_{k_i}^{z_i(k_{-i})} [p_i(r,\tilde{k}_i,k_{-i})c'(\tilde{k}_i)]d\tilde{k}_i \\ &= c[z_i(k_i)] - c(k_i) \end{aligned}$$

综上所述，命题 6.4.2 得证。

命题 6.4.2 说明，具有高知识水平的供应商并不一定能获得合作合同，其原因在于制造商向供应商支付的报酬由知识投入成本及信息租金两部分组成，知识水平越高意味着供应商投入知识的数量和质量越高，相应地知识投入成本就越高，从而制造商选择供应商参与项目的合作创新将付出较高的经济成本。因此，制造商在选择供应商时，应综合考虑其自身期望收益、供应商知识水平以及合作创新的经济成本，而不能盲目地选择具有高知识水平的供应商作为合作伙伴。

命题 6.4.3：不对称信息情形下，在最优伙伴选择合同中，供应商获得合同时要求所具备的知识水平不高于完全信息下获得合同时所要求的知识水平。

证明：在完全信息情形下，制造商对供应商 i 的知识水平完全了解，在决策模型中的报酬支付只需保证供应商 i 的参与即可，而激励相容约束完全不存在。完全信息下制造商的问题可如模型 P6.4.2 表示：

$$\text{P6.4.2} \quad \max_{p_i(r,k),t_i(r,k)} \Pi(p_i,t_i) = \sum_i [p_i(r,k)V(k_i) - t_i(r,k)] \tag{6.4.22}$$

$$\text{S.t.} \quad U_i(r_i,k_i) = 0 \quad \forall k_i \in [\underline{k},\bar{k}] \tag{6.4.23}$$

$$p_i(r,k) \in \{0,1\} \quad \forall k_i \in [\underline{k},\bar{k}] \tag{6.4.24}$$

$$\sum_{i=1}^{n} p_i(r,k) = 1 \quad \forall k_i \in [\underline{k},\bar{k}] \tag{6.4.25}$$

由参与约束式（6.4.23），$U_i(r_i,k_i) = t_i(r,k) - p_i(r,k)c(k_i) = 0$ 可知：

$$t_i(r,k) = p_i(r,k)c(\mu_i) \tag{6.4.26}$$

将式（6.4.26）代入式（6.4.22）可得：

$$\max_{p_i(r,k)} \Pi(p_i,t_i) = \sum_i \{p_i(r,k)[V(k_i) - c(k_i)]\} \tag{6.4.27}$$

可见，在完全信息情形下，供应商 i 赢得合同的条件即为：当 $V(k_i) - c(k_i) > V(k_j) - c(k_j)$ 时，供应商 i 会被选中，即此时 $p_i(r,k) = 1$。此时，供应商 i 在获得合同所要求具备的知识水平可由如下模型 P6.4.3 决策：

$$\text{P6.4.3} \quad \max_{k_i} V(k_i) - c(k_i) \tag{6.4.28}$$

S. t.　　一阶条件：$V'(k_i) - c'(k_i) = 0$　　(6.4.29)

二阶条件满足：$V''(k_i) - c''(k_i) < 0$　　(6.4.30)

在不对称信息情形下，根据命题6.4.1，供应商i获得合同的条件为$V(k_i) - B_i(k_i) > V(k_j) - B_j(k_j)$，又$B_i(k_i) = c(k_i) + c'(k_i)\frac{F(k_i)}{f(k_i)}$，$w(k_i) = c'(k_i)\frac{F(k_i)}{f(k_i)}$，不对称信息下，供应商$i$能获得合同所宣称的知识水平可由模型P6.4.4表示：

P6.4.4　　$$\max_{k_i} V(k_i) - c(k_i) - c'(k_i)\frac{F(k_i)}{f(k_i)} \quad (6.4.31)$$

S. t.　　一阶条件：$V'(k_i) - c'(k_i) - w'(k_i) = 0$　　(6.4.32)

二阶条件满足：$V''(k_i) - c''(k_i) - w''(k_i) < 0$　　(6.4.33)

令$L(k_i) = V'(k_i) - c'(k_i) - w'(k_i)$，$L'(k_i) = V''(k_i) - c''(k_i) - w''(k_i)$，假设完全信息下供应商$i$获得合同所要求具备的最优知识水平为$k_i^*$，不对称信息下供应商$i$获得合同所宣称的最优知识水平为$k_i^{**}$，将$k_i^*$及$k_i^{**}$分别代入$L(k_i)$，可得：

$$L(k_i^*) = V'(k_i^*) - c'(k_i^*) - w'(k_i^*) \quad (6.4.34)$$

$$L(k_i^{**}) = V'(k_i^{**}) - c'(k_i^{**}) - w'(k_i^{**}) = 0 \quad (6.4.35)$$

又$w(k_i) = c'(k_i)\frac{F(k_i)}{f(k_i)}$，$w'(k_i) = c''(k_i)\frac{F(k_i)}{f(k_i)} + c'(k_i)\frac{d\frac{F(k_i)}{f(k_i)}}{dk_i}$，很明显$w'(k_i) > 0$。

由式（6.4.29）及式（6.4.34）可知$L(k_i^*) < 0$，故结合式（6.4.35）可知$L(k_i^{**}) > L(k_i^*)$。

又由式（6.4.33）知$L'(k_i) < 0$，可得$k_i^* \geq k_i^{**}$，即是不对称信息下供应商i获得合同所要求具有的知识水平不高于完全信息下获得合同所要求具有的知识水平。

综上所述，命题6.4.3得证。

命题6.4.3说明，在知识水平无法事先观测的情形下，使得供应商获得合作创新合同所要求具有的知识水平要低于完全信息下所要求的知识水平，这有利于知识水平较低的供应商参与竞争。由此可见，在这种信息不对称情形之下，降低了企业参与合作创新的门槛，从而使得企业间的合作创新更加活跃。

6.4.5 伙伴选择的研究结论

在项目导向型供应链中，跨企业的项目合作创新更有利于项目全生命周期的演进，多阶段、多频次地促进项目价值增值的实现。然而，各类创新活动从本质上来说就是知识的创新，合作伙伴的知识水平恰恰是影响项目合作创新成功与否的最关键因素，如果选择的合作伙伴知识水平不高或不匹配将极大地降低项目合作创新的成功概率。针对合作伙伴知识水平事先无法观测所引起的逆向选择问题，本书建立了项目导向型供应链合作创新伙伴选择的委托代理模型，并通过模型求解得到伙伴选择的最优合同机制。研究表明，在知识水平事先无法观测的情形下，创新主导企业主要根据知识水平、合作创新成本选择合作伙伴；创新主导企业向合作伙伴支付的报酬主要由合作伙伴的知识投入成本以及信息租金两部分构成；创新主导企业所选中合作伙伴的知识水平低于完全信息下所选中合作伙伴的知识水平。

6.5 本章小结

本章基于供应链知识管理理论，结合对传统供应链企业间的知识需求模型（以制造商为核心的供应链企业间的知识需求模型、以大型零售商为核心的供应链企业间的知识需求模型、逆向供应链企业间的知识需求模型和服务供应链企业间的知识需求模型）、知识共享与转移层次模型（部门内部员工之间的知识共享与转移、同企业不同部门员工之间的知识共享与转移、不同企业员工之间的知识共享与转移、员工与本部门之间的知识共享与转移、员工与本企业其他部门之间的知识共享与转移、员工与其他企业部门之间的知识共享与转移、员工与本企业之间的知识共享与转移、本企业部门之间的知识共享与转移、部门与本企业之间的知识共享与转移、不同企业部门之间的知识共享与转移和企业之间的知识共享与转移）的分析，首先构建了基于知识流动的项目导向型供应链创新生态系统网络结构，提出了基于市场机制的项目导向型供应链协同创新知识治理思路，并通过实证研究论证了项目导向型供应链企业间的知识交易对产品协同创新的正向影响作用，最后基于知识治理思路研究了项目导向型供应链创新生态系统中协同创新的伙伴选择机制。

第7章 项目导向型供应链创新生态系统的知识治理机制

7.1　知识投入影响下的项目导向型供应链协同创新机制研究

7.1.1　研究背景与问题提出

考虑到知识是创新的核心要素，项目导向型供应链协同创新活动在一定程度上可以认定是围绕项目全生命周期进行知识投入、知识共享和知识创新的无限循环过程，其中成员企业的知识投入是影响协同创新项目成功与否的关键因素，因此激励成员企业知识投入是改善项目导向型供应链协同创新行为的首要问题。以往研究虽然从知识管理和激励角度对项目导向型供应链协同创新问题进行了相关研究，但集中于研究知识流对协同创新项目的影响，以及考虑努力水平、公平偏好程度、支付成本、分配系数、互惠性偏好等要素激励机制的研究，尚缺乏对考虑成员企业知识投入的项目导向型供应链协同创新行为进行研究。另外，还考虑到项目导向型供应链跨组织的协同创新活动往往具有长期性、复杂性和动态性的特点，是一个时间连续的动态过程，并且协同创新活动往往是以市场为导向的。以往以制造商和核心零部件供应商作为协同创新主体的两级供应链已不能更好地符合项目导向型供应链这一现实，因而，项目导向型供应链跨企业的协同创新主体除了制造商和关键零部件供应商之外，还需要引入直接面对消费市场掌握产品市场知识的销售商（如汽车和手机供应链中的产品协同创新活动往往需要销售商的参与），即协同创新项目需要以市场需求为出发点，以新技术的应用为支撑，通过各个环节的协同来开拓和激活潜在的市场需求，并满足客户不断变化的各种需求，从而提高整个供应链的创造力和竞争力。鉴于此，本节将以项目导向型供应链的协同创新问题作为研究对象，综合考虑成员企业知识投入和时间效应的影响，构建三级项目导向型供应链协同创新的微分博弈模型，研究制造商、供应商和销售商在不同博弈情形下的最优知识投入、最优收益、最优创新水平和供应链整体收益状况，分析项目导向型供应链协同创新行为的协调机制，以期为项目导向型供应链开展协同创新活动提供理论指导。

7.1.2 问题描述与模型假设

在项目导向型供应链中，产品协同创新项目是以市场为导向的，在掌握市场需求动向之后，就需要明确项目协同创新的目标，如创新产品所需的新功能、产品生产成本的降低程度等。以协同创新目标为指导，整合供应链中原材料及零部件供应商、制造商、销售商等在相关环节上的优势知识资源，并由各节点企业指派相关人员组成协同创新团队投入优势知识资源开展供应链企业间的协同创新项目，主要包括产品、原材料和零部件、市场营销等部分的协同创新（如图 7.1.1 所示）。基于此，为定量研究项目导向型供应链协同创新的知识投入决策问题，本节构建了由单一产品制造商、单一零部件供应商和单一产品销售商构成的三级项目导向型供应链系统，三方分别投入产品技术知识、零部件技术知识和产品市场知识开展产品协同创新项目。为进行上述研究，先做如下假设：

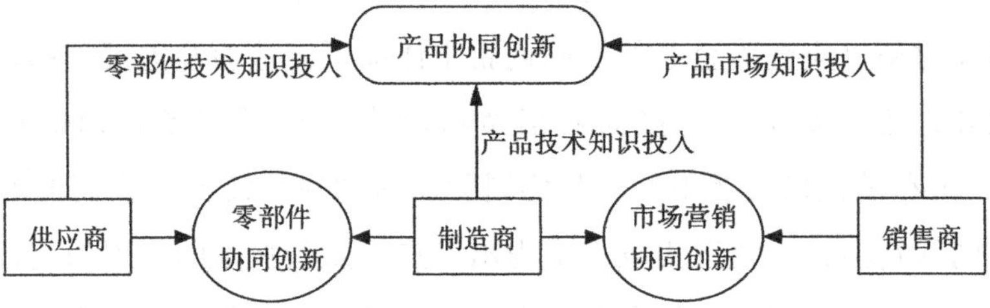

图 7.1.1 项目导向项供应链协同创新框架图

假设 7.1.1：制造商、供应商和销售商在 t 时刻的知识投入量分别

为 $k_m(t)$，$k_s(t)$ 和 $k_r(t)$，其中 $t \in [0, +\infty)$ 为时间变量。

假设7.1.2：产品创新水平 $N(t)$ 取决于制造商、供应商和销售商的知识投入量，为严格下凸函数，其动态过程如下所示：

$$\begin{cases} \dfrac{dN(t)}{dt} = \lambda_m k_m(t) + \lambda_s k_s(t) + \lambda_r k_r(t) - \delta N(t) \\ N(0) = N_0 \geqslant 0 \end{cases} \tag{7.1.1}$$

其中 λ_m，λ_s 和 λ_r 分别代表制造商、供应商和销售商知识投入量对产品创新的影响程度，即创新影响系数；δ 代表由于知识陈旧、观念和技术落后等原因造成的创新水平相对衰减率，即创新衰减系数；N_0 表示产品初始创新水平。

假设7.1.3：参考宋寒等（2017）提出成本函数假设，制造商、供应商和销售商的知识投入成本分别是关于知识投入量的二次函数，即：

$$C_m = \frac{\mu_m}{2}k_m^2(t)\text{，}C_s = \frac{\mu_s}{2}k_s^2(t)\text{，}C_r = \frac{\mu_r}{2}k_r^2(t)$$

其中 μ_m，μ_s 和 μ_r 分别表示制造商、供应商和销售商的知识投入成本系数，知识投入成本的上凸特性反映了企业边际成本递增原则，即成员企业知识投入量越大，进一步投入所需付出的成本越大。

假设7.1.4：产品协同创新项目给供应链带来的整体收益为：

$$\pi(t) = \varphi + \eta N(t) \tag{7.1.2}$$

其中 η 代表产品创新水平对供应链整体收益的影响程度，φ 是常数。

假设7.1.5：制造商、供应商和销售商均为追求自身收益最大化的理性决策者，且三方为完全信息，拥有相同的贴现率 r（$r > 0$）；合作三方按照事先商定的比例分配产品协同创新项目所带来的总收益，其中供应商获得 α_1（$0 < \alpha_1 < 1 - \alpha_2$），销售商获得 α_2（$0 < \alpha_2 < 1 - \alpha_1$），则制造商获得 $1 - \alpha_1 - \alpha_2$；另外，制造商对供应商和销售商的知识投入成本分担比例分别为 $\beta_1(t)$ 和 $\beta_2(t)$。

此外，对于上述假设中出现的参数，我们均假设其为与时间无关的正常数。

7.1.3 分散式决策情况分析

（1）Stackelberg 主从博弈

假设在项目导向型供应链中，制造商是核心企业，是本次产品协同创新项目的领导者，供应商和销售商是跟随者（如以产品技术创新、功能创新或成本降低为目标的协同创新项目），各成员企业均以各自收益最大化作为决策目标。该决策问题依照主从关系进行，首先制造商确定自身的最优知识投入量 k_m 以及对供应商和销售商知识投入成本的分担比例 β_1 和 β_2；之后供应商和销售商观察到制造商的决策结果后，分别选择自身的最优知识投入量 k_s 和 k_r。则制造商、供应商和零售商的决策问题分别为：

$$J_m = \max_{k_m}\int_0^{\infty} e^{-rt}\{(1-\alpha_1-\alpha_2)[\varphi+\eta N(t)]-\frac{\mu_m}{2}k_m^2-\beta_1\frac{\mu_s}{2}k_s^2-\beta_2\frac{\mu_r}{2}k_r^2\}\mathrm{d}t \tag{7.1.3}$$

$$J_s = \max_{k_s}\int_0^{\infty} e^{-rt}\{\alpha_1[\varphi+\eta N(t)]-(1-\beta_1)\frac{\mu_s}{2}k_s^2\}\mathrm{d}t \tag{7.1.4}$$

$$J_r = \max_{k_r}\int_0^{\infty} e^{-rt}\{\alpha_2[\varphi+\eta N(t)]-(1-\beta_2)\frac{\mu_r}{2}k_r^2\}\mathrm{d}t \tag{7.1.5}$$

命题 7.1.1：在 Stackelberg 主从博弈情形下，三级项目导向型供应链中制造商、供应商和零售商的最优知识投入量和成本分担比例分别是：

$$k_m^* = \frac{\lambda_m\eta(1-\alpha_1-\alpha_2)}{\mu_m(r+\delta)} \tag{7.1.6}$$

$$k_s^* = \frac{\lambda_s\eta(2-\alpha_1-2\alpha_2)}{2\mu_s(r+\delta)} \tag{7.1.7}$$

$$k_r^* = \frac{\lambda_r\eta(2-2\alpha_1-\alpha_2)}{2\mu_r(r+\delta)} \tag{7.1.8}$$

$$\beta_1^* = \begin{cases} \dfrac{2 - 3\alpha_1 - 2\alpha_2}{2 - \alpha_1 - 2\alpha_2}, 0 < \alpha_1 \leqslant \dfrac{2}{3}(1 - \alpha_2) \\ 0, \quad \dfrac{2}{3}(1 - \alpha_2) < \alpha_1 \leqslant 1 - \alpha_2 \end{cases} \tag{7.1.9}$$

$$\beta_2^* = \begin{cases} \dfrac{2 - 2\alpha_1 - 3\alpha_2}{2 - 2\alpha_1 - \alpha_2}, 0 < \alpha_2 \leqslant \dfrac{2}{3}(1 - \alpha_1) \\ 0, \quad \dfrac{2}{3}(1 - \alpha_1) < \alpha_2 \leqslant 1 - \alpha_1 \end{cases} \tag{7.1.10}$$

证明：对式（7.1.3）、式（7.1.4）、式（7.1.5）分别应用动态规划方法可得 Hamilton – Jacobi – Bellman（HJB）方程如下：

$$rV_m(N) = \max_{k_m}[(1 - \alpha_1 - \alpha_2)(\varphi + \eta N) - \frac{\mu_m}{2}k_m^2 - \beta_1 \frac{\mu_s}{2}k_s^2 - \beta_2 \frac{\mu_r}{2}k_r^2 + V_m'(N)(\lambda_m k_m + \lambda_s k_s + \lambda_r k_r - \delta N)] \tag{7.1.11}$$

$$rV_s(N) = \max_{k_s}[\alpha_1(\varphi + \eta N) - (1 - \beta_1)\frac{\mu_s}{2}k_s^2 + V_s'(N)(\lambda_m k_m + \lambda_s k_s + \lambda_r k_r - \delta N)] \tag{7.1.12}$$

$$rV_r(N) = \max_{k_r}[\alpha_2(\varphi + \eta N) - (1 - \beta_2)\frac{\mu_r}{2}k_r^2 + V_r'(N)(\lambda_m k_m + \lambda_s k_s + \lambda_r k_r - \delta N)] \tag{7.1.13}$$

其中，$V_i = e^{rt}J_i\ (i = m, s, r)$ 为供应链成员企业的最优创新收益函数。采用逆向归纳法，首先分别令供应商和销售商的 HJB 方程关于 k_s，k_r 一阶偏导数等于零，可得供应商和销售商的最优知识投入量为：

$$k_s^* = \frac{\lambda_s V_s'}{\mu_s(1 - \beta_1)} \tag{7.1.14}$$

$$k_r^* = \frac{\lambda_r V_r'}{\mu_r(1 - \beta_2)} \tag{7.1.15}$$

因为理性的制造商应根据供应商和销售商的决策来确定自己的最优策略，所以将式（7.1.14）、式（7.1.15）代入式（7.1.11）可得制造商的最优知识投入量和最优成本分担比例为：

$$k_m^* = \frac{\lambda_m V_m'}{\mu_m} \tag{7.1.16}$$

$$\beta_1^* = \frac{2V_m' - V_s'}{2V_m' + V_s'} \tag{7.1.17}$$

$$\beta_2^* = \frac{2V_m' - V_r'}{2V_m' + V_r'} \tag{7.1.18}$$

将式（7.1.14）—式（7.1.18）分别代入 HJB 方程的右端，可得：

$$rV_m(N) = [(1 - \alpha_1 - \alpha_2)\eta - \delta V_m'(N)]N + (1 - \alpha_1 - \alpha_2)\varphi + \frac{\lambda_m^2 [V_m'(N)]^2}{2\mu_m} + \frac{\lambda_s^2 [2V_m'(N) + V_s'(N)]^2}{8\mu_s} + \frac{\lambda_r^2 [2V_m'(N) + V_r'(N)]^2}{8\mu_r} \tag{7.1.19}$$

$$rV_s(N) = [\alpha_1\eta - \delta V_s'(N)]N + \alpha_1\varphi + \frac{\lambda_m^2 V_s'(N) V_m'(N)}{\mu_m} + \frac{\lambda_s^2 V_s'(N)[2V_m'(N) + V_s'(N)]}{4\mu_s} + \frac{\lambda_r^2 V_s'(N)[2V_m'(N) + V_r'(N)]}{2\mu_r} \tag{7.1.20}$$

$$rV_r(N) = [\alpha_2\eta - \delta V_r'(N)]N + \alpha_2\varphi + \frac{\lambda_m^2 V_r'(N) V_m'(N)}{\mu_m} + \frac{\lambda_r^2 V_r'(N)[2V_m'(N) + V_r'(N)]}{4\mu_r} + \frac{\lambda_s^2 V_r'(N)[2V_m'(N) + V_s'(N)]}{2\mu_s} \tag{7.1.21}$$

由式（7.1.19）—式（7.1.21）的形式可知，最优创新收益函数 $V_m(N)$、$V_s(N)$ 和 $V_r(N)$ 应为线性函数，假设 $V_m(N) = f_1N + f_2$、$V_s(N) = g_1N + g_2$ 和 $V_r(N) = h_1N + h_2$，其中 f_1、f_2、g_1、g_2、h_1 和 h_2 为待定常数，将 $V_m(N)$、$V_s(N)$ 和 $V_r(N)$ 及其导数分别代入式（7.1.19）—式（7.1.21）并整理可得：

$$r(f_1N + f_2) = [(1 - \alpha_1 - \alpha_2)\eta - \delta f_1]N + (1 - \alpha_1 - \alpha_2)\varphi + \frac{\lambda_m^2 f_1^2}{2\mu_m} + \frac{\lambda_s^2 [2f_1 + g_1]^2}{8\mu_s} + \frac{\lambda_r^2 [2f_1 + h_1]^2}{8\mu_r} \tag{7.1.22}$$

$$r(g_1N+g_2)=(\alpha_1\eta-\delta g_1)N+\alpha_1\varphi+\frac{\lambda_m^2f_1g_1}{\mu_m}+\frac{\lambda_s^2g_1[2f_1+g_1]}{4\mu_s}+\frac{\lambda_r^2g_1[2f_1+h_1]}{2\mu_r} \tag{7.1.23}$$

$$r(h_1N+h_2)=(\alpha_2\eta-\delta h_1)N+\alpha_2\varphi+\frac{\lambda_m^2f_1h_1}{\mu_m}+\frac{\lambda_r^2h_1[2f_1+h_1]}{4\mu_r}+\frac{\lambda_s^2h_1[2f_1+g_1]}{2\mu_s} \tag{7.1.24}$$

分别比较式（7.1.22）、式（7.1.23）和式（7.1.24）左右两边 N 的系数项和常数项，可得参数值为：

$$f_1=\frac{(1-\alpha_1-\alpha_2)\eta}{r+\delta}$$

$$f_2=\frac{(1-\alpha_1-\alpha_2)\varphi}{r}+\frac{\lambda_m^2(1-\alpha_1-\alpha_2)^2\eta^2}{2r\mu_m(r+\delta)^2}+\frac{\lambda_s^2(2-\alpha_1-2\alpha_2)^2\eta^2}{8r\mu_s(r+\delta)^2}+\frac{\lambda_r^2(2-2\alpha_1-\alpha_2)^2\eta^2}{8r\mu_r(r+\delta)^2}$$

$$g_1=\frac{\alpha_1\eta}{r+\delta}$$

$$g_2=\frac{\alpha_1\varphi}{r}+\frac{\lambda_m^2\eta^2\alpha_1(1-\alpha_1-\alpha_2)}{r\mu_m(r+\delta)^2}+\frac{\lambda_s^2\eta^2\alpha_1(2-\alpha_1-2\alpha_2)}{4r\mu_s(r+\delta)^2}+\frac{\lambda_r^2\eta^2\alpha_1(2-2\alpha_1-\alpha_2)}{2r\mu_r(r+\delta)^2}$$

$$h_1=\frac{\alpha_2\eta}{r+\delta}$$

$$h_2=\frac{\alpha_2\varphi}{r}+\frac{\lambda_m^2\eta^2\alpha_2(1-\alpha_1-\alpha_2)}{r\mu_m(r+\delta)^2}+\frac{\lambda_r^2\eta^2\alpha_2(2-2\alpha_1-\alpha_2)}{4r\mu_r(r+\delta)^2}+\frac{\lambda_s^2\eta^2\alpha_2(2-\alpha_1-2\alpha_2)}{2r\mu_s(r+\delta)^2}$$

将 $V_m'(N)=f_1$、$V_s'(N)=g_1$ 和 $V_r'(N)=h_1$ 代入式（7.1.14）—式（7.1.18），命题7.1.1得证。其中，由 $0\leqslant\beta_1\leqslant1$ 且 $0<\alpha_1<1-\alpha_2$ 可

得 $0 < \alpha_1 \leqslant \frac{2}{3}(1-\alpha_2)$；同理可得 $0 < \alpha_2 \leqslant \frac{2}{3}(1-\alpha_1)$。

命题 7.1.2：在 Stackelberg 主从博弈情形下，三级项目导向型供应链中制造商、供应商、零售商和供应链整体的最优创新收益分别为：

$$V_m^*(N^*) = \frac{\eta(1-\alpha_1-\alpha_2)}{r+\delta}N^* + \frac{\varphi(1-\alpha_1-\alpha_2)}{r} + \frac{\lambda_m^2\eta^2(1-\alpha_1-\alpha_2)^2}{2r\mu_m(r+\delta)^2} + \frac{\lambda_s^2\eta^2(2-\alpha_1-2\alpha_2)^2}{8r\mu_s(r+\delta)^2} + \frac{\lambda_r^2\eta^2(2-2\alpha_1-\alpha_2)^2}{8r\mu_r(r+\delta)^2} \tag{7.1.25}$$

$$V_s^*(N^*) = \frac{\eta\alpha_1}{r+\delta}N^* + \frac{\varphi\alpha_1}{r} + \frac{\lambda_m^2\eta^2\alpha_1(1-\alpha_1-\alpha_2)}{r\mu_m(r+\delta)^2} + \frac{\lambda_s^2\eta^2\alpha_1(2-\alpha_1-2\alpha_2)}{4r\mu_s(r+\delta)^2} + \frac{\lambda_r^2\eta^2\alpha_1(2-2\alpha_1-\alpha_2)}{2r\mu_r(r+\delta)^2} \tag{7.1.26}$$

$$V_r^*(N^*) = \frac{\eta\alpha_2}{r+\delta}N^* + \frac{\varphi\alpha_2}{r} + \frac{\lambda_m^2\eta^2\alpha_2(1-\alpha_1-\alpha_2)}{r\mu_m(r+\delta)^2} + \frac{\lambda_r^2\eta^2\alpha_2(2-2\alpha_1-\alpha_2)}{4r\mu_r(r+\delta)^2} + \frac{\lambda_s^2\eta^2\alpha_2(2-\alpha_1-2\alpha_2)}{2r\mu_s(r+\delta)^2} \tag{7.1.27}$$

$$V^*(N^*) = \frac{\eta}{r+\delta}N^* + \frac{\varphi}{r} + \frac{\lambda_m^2\eta^2(1-\alpha_1-\alpha_2)(1+\alpha_1+\alpha_2)}{2r\mu_m(r+\delta)^2} + \frac{\lambda_s^2\eta^2(2-\alpha_1-2\alpha_2)(2+\alpha_1+2\alpha_2)}{8r\mu_s(r+\delta)^2} + \frac{\lambda_r^2\eta^2(2-2\alpha_1-\alpha_2)(2+2\alpha_1+\alpha_2)}{8r\mu_r(r+\delta)^2} \tag{7.1.28}$$

其中，最优创新水平

$$N^*(t) = \frac{\lambda_m k_m^* + \lambda_s k_s^* + \lambda_r k_r^*}{\delta} + \left(N_0 - \frac{\lambda_m k_m^* + \lambda_s k_s^* + \lambda_r k_r^*}{\delta}\right)e^{-\delta t}$$

证明：将式（7.1.14）、式（7.1.15）和式（7.1.16）代入式（7.1.1），可得到：

$$N'(t) = (\lambda_m k_m^* + \lambda_s k_s^* + \lambda_r k_r^*) - \delta N(t) \tag{7.1.29}$$

由一阶线性常微分方程的通解公式可求得满足 $N(0) = N_0$ 的特

解为：

$$N^*(t) = \frac{\lambda_M k_M^* + \lambda_S k_S^* + \lambda_R k_R^*}{\delta} + \left(N_0 - \frac{\lambda_M k_M^* + \lambda_S k_S^* + \lambda_R k_R^*}{\delta}\right) e^{-\delta t}$$

将 $N^*(t)$ 和 f_1、f_2、g_1、g_2、h_1 和 h_2 的值分别代入制造商、供应商、销售商和供应链的最优创新收益函数，命题 7.1.2 得证。

（2）Nash 非合作博弈

假设在项目导向型供应链中，参与产品协同创新项目的三方地位平等（如以产品外观和包装设计为目标的协同创新项目），独立决策且同时行动以实现自身收益最大化。此时，理性的决策者将不替其他企业分担知识投入成本，因而有 $\beta_1(t) = \beta_2(t) = 0$，$t \in [0, +\infty)$，则制造商、供应商和销售商的目标函数分别为：

$$J_m = \max_{k_m} \int_0^\infty e^{-rt} \left\{ (1 - \alpha_1 - \alpha_2)[\varphi + \eta N(t)] - \frac{\mu_m}{2} k_m^2 \right\} dt$$

$$J_s = \max_{k_s} \int_0^\infty e^{-rt} \left\{ \alpha_1 [\varphi + \eta N(t)] - \frac{\mu_s}{2} k_s^2 \right\} dt$$

$$J_r = \max_{k_r} \int_0^\infty e^{-rt} \left\{ \alpha_2 [\varphi + \eta N(t)] - \frac{\mu_r}{2} k_r^2 \right\} dt$$

命题 7.1.3：Nash 非合作博弈情形下，三级项目导向型供应链中制造商、供应商和零售商的最优知识投入量分别是：

$$k_m^{**} = \frac{\lambda_m \eta (1 - \alpha_1 - \alpha_2)}{\mu_m (r + \delta)} \tag{7.1.30}$$

$$k_s^{**} = \frac{\lambda_s \eta \alpha_1}{\mu_s (r + \delta)} \tag{7.1.31}$$

$$k_r^{**} = \frac{\lambda_r \eta \alpha_2}{\mu_r (r + \delta)} \tag{7.1.32}$$

证明：由动态规划方法可得制造商、供应商和零售商的最优创新收益函数满足如下 HJB 方程：

$$\begin{aligned} rV_m(N) = \max_{k_m} [& (1 - \alpha_1 - \alpha_2)(\varphi + \eta N) - \frac{\mu_m}{2} k_m^2 \\ & + V_m'(N)(\lambda_m k_m + \lambda_s k_s + \lambda_r k_r - \delta N)] \end{aligned} \tag{7.1.33}$$

$$rV_s(N) = \max_{k_s}\left[\alpha_1(\varphi + \eta N) - \frac{\mu_s}{2}k_s^2 + V_s'(N)(\lambda_m k_m + \lambda_s k_s + \lambda_r k_r - \delta N)\right] \tag{7.1.34}$$

$$rV_r(N) = \max_{k_r}\left[\alpha_2(\varphi + \eta N) - \frac{\mu_r}{2}k_r^2 + V_r'(N)(\lambda_m k_m + \lambda_s k_s + \lambda_r k_r - \delta N)\right] \tag{7.1.35}$$

其中，$V_i = e^{rt}J_i(i = m, r, s)$ 为供应链成员企业的最优创新收益函数。以上方程的一阶最优条件分别为：

$$k_m^{**} = \frac{\lambda_m V_m'}{\mu_m} \tag{7.1.36}$$

$$k_s^{**} = \frac{\lambda_s V_s'}{\mu_s} \tag{7.1.37}$$

$$k_r^{**} = \frac{\lambda_r V_r'}{\mu_r} \tag{7.1.38}$$

将式（7.1.36）—式（7.1.38）分别代入式（7.1.33）—式（7.1.35）右端可得：

$$rV_m(N) = [(1 - \alpha_1 - \alpha_2)\eta - \delta V_m'(N)]N + (1 - \alpha_1 - \alpha_2)\varphi + \frac{\lambda_m^2[V_m'(N)]^2}{2\mu_m} + \frac{\lambda_s^2 V_m'(N)V_s'(N)}{\mu_s} + \frac{\lambda_r^2 V_m'(N)V_r'(N)}{\mu_r} \tag{7.1.39}$$

$$rV_s(N) = [\alpha_1\eta - \delta V_s'(N)]N + \alpha_1\varphi + \frac{\lambda_m^2 V_s'(N)V_m'(N)}{\mu_m} + \frac{\lambda_s^2[V_s'(N)]^2}{2\mu_s} + \frac{\lambda_r^2 V_s'(N)V_r'(N)}{\mu_r} \tag{7.1.40}$$

$$rV_r(N) = [\alpha_2\eta - \delta V_r'(N)]N + \alpha_2\varphi + \frac{\lambda_m^2 V_r'(N)V_m'(N)}{\mu_m} + \frac{\lambda_r^2[V_r'(N)]^2}{2\mu_r} + \frac{\lambda_s^2 V_r'(N)V_s'(N)}{\mu_s} \tag{7.1.41}$$

由式（7.1.39）—式（7.1.41）的形式可知最优创新收益函数

$V_m(N)$、$V_s(N)$ 和 $V_r(N)$ 应为线性函数，假设 $V_m(N)=f_1N+f_2$、$V_s(N)=g_1N+g_2$ 和 $V_r(N)=h_1N+h_2$，其中 f_1、f_2、g_1、g_2、h_1 和 h_2 为待定常数，将 $V_m(N)$、$V_s(N)$ 和 $V_r(N)$ 及其导数分别代入式（7.1.39）—式（7.1.41）并整理可得：

$$r(f_1N+f_2)=[(1-\alpha_1-\alpha_2)\eta-\delta f_1]N+(1-\alpha_1-\alpha_2)\varphi+\frac{\lambda_m^2f_1^2}{2\mu_m}+\frac{\lambda_s^2f_1g_1}{\mu_s}+\frac{\lambda_r^2f_1h_1}{\mu_r} \tag{7.1.42}$$

$$r(g_1N+g_2)=(\alpha_1\eta-\delta g_1)N+\alpha_1\varphi+\frac{\lambda_m^2f_1g_1}{\mu_m}+\frac{\lambda_s^2g_1^2}{2\mu_s}+\frac{\lambda_r^2g_1h_1}{\mu_r} \tag{7.1.43}$$

$$r(h_1N+h_2)=(\alpha_2\eta-\delta h_1)N+\alpha_2\varphi+\frac{\lambda_m^2f_1h_1}{\mu_m}+\frac{\lambda_r^2h_1^2}{2\mu_r}+\frac{\lambda_s^2h_1g_1}{\mu_s} \tag{7.1.44}$$

比较式（7.1.42）—式（7.1.44）的两端，可以解得：

$$f_1=\frac{(1-\alpha_1-\alpha_2)\eta}{r+\delta}$$

$$f_2=\frac{(1-\alpha_1-\alpha_2)\varphi}{r}+\frac{\lambda_m^2(1-\alpha_1-\alpha_2)^2\eta^2}{2r\mu_m(r+\delta)^2}+\frac{\lambda_s^2\alpha_1(1-\alpha_1-\alpha_2)\eta^2}{r\mu_s(r+\delta)^2}+\frac{\lambda_r^2\alpha_2(1-\alpha_1-\alpha_2)\eta^2}{r\mu_r(r+\delta)^2}$$

$$g_1=\frac{\alpha_1\eta}{r+\delta}$$

$$g_2=\frac{\alpha_1\varphi}{r}+\frac{\lambda_m^2\eta^2\alpha_1(1-\alpha_1-\alpha_2)}{r\mu_m(r+\delta)^2}+\frac{\lambda_s^2\eta^2\alpha_1^2}{2r\mu_s(r+\delta)^2}+\frac{\lambda_r^2\eta^2\alpha_1\alpha_2}{r\mu_r(r+\delta)^2}$$

$$h_1=\frac{\alpha_2\eta}{r+\delta}$$

$$h_2=\frac{\alpha_2\varphi}{r}+\frac{\lambda_m^2\eta^2\alpha_2(1-\alpha_1-\alpha_2)}{r\mu_m(r+\delta)^2}+\frac{\lambda_r^2\eta^2\alpha_2^2(2-2\alpha_1-\alpha_2)}{2r\mu_r(r+\delta)^2}+\frac{\lambda_s^2\eta^2\alpha_1\alpha_2}{r\mu_s(r+\delta)^2}$$

将 $V'_m(N)=f_1$、$V'_s(N)=g_1$ 和 $V'_r(N)=h_1$ 代入式（7.1.36）—式（7.1.38），命题 7.1.3 得证。

命题 7.1.4：Nash 非合作博弈情形下，三级项目导向型供应链中制造商、供应商、零售商和供应链的最优创新收益分别为：

$$V_m^{**}(N^{**})=\frac{\eta(1-\alpha_1-\alpha_2)}{r+\delta}N^{**}+\frac{\varphi(1-\alpha_1-\alpha_2)}{r}+\frac{\lambda_m^2\eta^2(1-\alpha_1-\alpha_2)^2}{2r\mu_m(r+\delta)^2}+\frac{\lambda_s^2\eta^2\alpha_1(1-\alpha_1-\alpha_2)}{r\mu_s(r+\delta)^2}+\frac{\lambda_r^2\eta^2\alpha_2(1-\alpha_1-\alpha_2)}{r\mu_r(r+\delta)^2} \tag{7.1.45}$$

$$V_s^{**}(N^{**})=\frac{\eta\alpha_1}{r+\delta}N^{**}+\frac{\varphi\alpha_1}{r}+\frac{\lambda_m^2\eta^2\alpha_1(1-\alpha_1-\alpha_2)}{r\mu_m(r+\delta)^2}+\frac{\lambda_s^2\eta^2\alpha_1^2}{2r\mu_s(r+\delta)^2}+\frac{\lambda_r^2\eta^2\alpha_1\alpha_2}{r\mu_r(r+\delta)^2} \tag{7.1.46}$$

$$V_r^{**}(N^{**})=\frac{\eta\alpha_2}{r+\delta}N^{**}+\frac{\varphi\alpha_2}{r}+\frac{\lambda_m^2\eta^2\alpha_2(1-\alpha_1-\alpha_2)}{r\mu_m(r+\delta)^2}+\frac{\lambda_r^2\eta^2\alpha_2^2}{2r\mu_r(r+\delta)^2}+\frac{\lambda_s^2\eta^2\alpha_1\alpha_2}{r\mu_s(r+\delta)^2} \tag{7.1.47}$$

$$V^{**}(N^{**})=\frac{\eta}{r+\delta}N^{**}+\frac{\varphi}{r}+\frac{\lambda_m^2\eta^2(1-\alpha_1-\alpha_2)(1+\alpha_1+\alpha_2)}{2r\mu_m(r+\delta)^2}+\frac{\lambda_s^2\eta^2\alpha_1(2-\alpha_1)}{2r\mu_s(r+\delta)^2}+\frac{\lambda_r^2\eta^2\alpha_2(2-\alpha_2)}{2r\mu_r(r+\delta)^2} \tag{7.1.48}$$

其中，最优创新水平 $N^{**}(t)=\frac{\lambda_m k_m^{**}+\lambda_s k_s^{**}+\lambda_r k_r^{**}}{\delta}+(N_0-\frac{\lambda_m k_m^{**}+\lambda_s k_s^{**}+\lambda_r k_r^{**}}{\delta})e^{-\delta t}$。

证明：与命题 7.1.2 的证明相同，略。

(3) 比较分析

结论 7.1.1 分散式决策下，制造商的知识投入在两种博弈情形下相同；而与 Nash 非合作博弈相比，在 Stackelberg 主从博弈中，供应商和零售商的知识投入量均有提高，且提高比例等于各自知识投入成本被分担的比例。

证明：已知 $0 < \alpha_1 \leqslant \frac{2}{3}(1-\alpha_2)$ 且 $0 < \alpha_2 \leqslant \frac{2}{3}(1-\alpha_1)$，由命题 7.1.1 和命题 7.1.3 可知：

$$k_m^* - k_m^{**} = 0$$

$$k_s^* - k_s^{**} = \frac{\lambda_s\eta(2-\alpha_1-2\alpha_2)}{2\mu_s(r+\delta)} - \frac{\lambda_s\eta\alpha_1}{\mu_s(r+\delta)} = \frac{\lambda_s\eta(2-3\alpha_1-2\alpha_2)}{2\mu_s(r+\delta)}$$

$$= \frac{\lambda_s\eta(2-\alpha_1-2\alpha_2)}{2\mu_s(r+\delta)} \cdot \frac{2-3\alpha_1-2\alpha_2}{2-\alpha_1-2\alpha_2} = k_s^* \cdot \beta_1^* > 0$$

$$k_r^* - k_r^{**} = \frac{\lambda_r\eta(2-2\alpha_1-\alpha_2)}{2\mu_r(r+\delta)} - \frac{\lambda_r\eta\alpha_2}{\mu_r(r+\delta)} = \frac{\lambda_r\eta(2-2\alpha_1-3\alpha_2)}{2\mu_r(r+\delta)}$$

$$= \frac{\lambda_r\eta(2-2\alpha_1-\alpha_2)}{2\mu_r(r+\delta)} \cdot \frac{2-2\alpha_1-3\alpha_2}{2-2\alpha_1-\alpha_2} = k_r^* \cdot \beta_2^* > 0$$

由结论 7.1.1 可知，如果制造商是产品协同创新项目的领导者，在开展协同创新项目时首先进行策略选择，因而其为供应商和销售商分担知识投入的成本并不会影响自身在产品协同创新项目上的努力程度；而成本分担作为激励机制，则可有效提高供应商和销售商的知识投入量，充分调动双方知识投入的积极性。

结论 7.1.2　分散式决策下，与 Nash 非合作博弈相比，在 Stackelberg 主从博弈中，产品创新水平得到提高，制造商、零售商和供应商的最优创新收益及供应链整体最优创新收益均得到提高。

证明：由 N^*，N^{**} 的表达式易得 $(N^* - N^{**}) > 0$。

当 $0 < \alpha_1 \leqslant \frac{2}{3}(1-\alpha_2)$ 且 $0 < \alpha_2 \leqslant \frac{2}{3}(1-\alpha_1)$ 时：

$$V_m^*(N^*) - V_m^{**}(N^{**}) = \frac{\eta(1-\alpha_1-\alpha_2)}{r+\delta}(N^* - N^{**})$$

$$+ \frac{\lambda_s^2\eta^2(2-3\alpha_1-2\alpha_2)^2}{8r\mu_s(r+\delta)^2} + \frac{\lambda_r^2\eta^2(2-2\alpha_1-3\alpha_2)^2}{8r\mu_r(r+\delta)^2} > 0$$

$$V_s^*(N^*) - V_s^{**}(N^{**}) = \frac{\eta\alpha_1}{r+\delta}(N^* - N^{**}) +$$

$$\frac{\lambda_s^2\eta^2\alpha_1(2-3\alpha_1-2\alpha_2)}{4r\mu_s(r+\delta)^2} + \frac{\lambda_r^2\eta^2\alpha_1(2-2\alpha_1-3\alpha_2)}{2r\mu_r(r+\delta)^2} > 0$$

$$V_r^*(N^*) - V_r^{**}(N^{**}) = \frac{\eta\alpha_2}{r+\delta}(N^* - N^{**}) +$$

$$\frac{\lambda_r^2\eta^2\alpha_2(2-2\alpha_1-3\alpha_2)}{4r\mu_r(r+\delta)^2} + \frac{\lambda_s^2\eta^2\alpha_2(2-3\alpha_1-2\alpha_2)}{2r\mu_s(r+\delta)^2} > 0$$

综上，$V^*(N^*) - V^{**}(N^{**}) > 0$。结论得证。由结论7.1.2可知，在制造商主导的产品协同创新项目中，其通过实施知识投入成本分担策略可实现参与项目成员企业及供应链整体的Pareto改进，形成共赢局面，因而与Nash非合作博弈相比，项目导向型供应链中的成员企业更倾向于选择Stackelberg主从博弈，即开展的协同创新项目需要有牵头企业或核心企业。

7.1.4 集中式决策情况分析

（1）合作博弈

假设项目导向型供应链中制造商、供应商和零售商构成一个统一的利益主体，即以供应链整体收益最大化为目标共同协商确定各自的最优知识投入量，从而最大限度提高产品创新水平。此时，知识投入的成本分担仅属于供应链内部的资金转移，因而分担比例可在[0,1]上任意取值，并不会影响到各参与企业的策略选择。则供应链系统的目标函数为：

$$J = \max_{k_M, k_S, k_R} \int_0^{\infty} e^{-rt}\{[\varphi + \eta N(t)] - \frac{\mu_M}{2}k_M^2 - \frac{\mu_S}{2}k_S^2 - \frac{\mu_R}{2}k_R^2\}\mathrm{d}t$$

通过求解可以得到如下命题7.1.5和命题7.1.6，证明与第7.1.3节类似，从略。

命题7.1.5：在合作博弈情形下，三级项目导向型供应链中制造商、供应商和零售商的最优知识投入量分别为：

$$k_m^{***} = \frac{\lambda_m \eta}{\mu_m(r+\delta)} \tag{7.1.49}$$

$$k_s^{***} = \frac{\lambda_s \eta}{\mu_s(r+\delta)} \tag{7.1.50}$$

$$k_r^{***} = \frac{\lambda_r \eta}{\mu_r(r+\delta)} \tag{7.1.51}$$

命题 7.1.6：在合作博弈情形下，三级项目导向型供应链的最优创新收益为：

$$V^{***}(N^{***}) = \frac{\eta}{r+\delta}N^{***} + \frac{\varphi}{r} + \frac{\lambda_m^2\eta^2}{2r\mu_m(r+\delta)^2} + \frac{\lambda_s^2\eta^2}{2r\mu_s(r+\delta)^2} + \frac{\lambda_r^2\eta^2}{2r\mu_r(r+\delta)^2}$$，其中，最优创新水平为 $N^{***}(t) = \frac{\lambda_m k_m^{***} + \lambda_s k_s^{***} + \lambda_r k_r^{***}}{\delta} + \left(N_0 - \frac{\lambda_m k_m^{***} + \lambda_s k_s^{***} + \lambda_r k_r^{***}}{\delta}\right)e^{-\delta t}$。

（2）比较分析

结论 7.1.3　集中式决策下，制造商、供应商和零售商的最优知识投入量均高于分散式决策。

证明：当 $0 < \alpha_1 \leqslant \frac{2}{3}(1-\alpha_2)$ 且 $0 < \alpha_2 \leqslant \frac{2}{3}(1-\alpha_1)$ 时，由命题 7.1.1 和命题 7.1.5 可知：

$$k_m^{***} - k_m^{*} = \frac{\lambda_m \eta}{\mu_m(r+\delta)} - \frac{\lambda_m \eta(1-\alpha_1-\alpha_2)}{\mu_m(r+\delta)} = \frac{\lambda_m \eta(\alpha_1+\alpha_2)}{\mu_m(r+\delta)} > 0$$

$$k_s^{***} - k_s^{*} = \frac{\lambda_s \eta}{\mu_s(r+\delta)} - \frac{\lambda_s \eta(2-\alpha_1-2\alpha_2)}{2\mu_s(r+\delta)} = \frac{\lambda_s \eta(\alpha_1+2\alpha_2)}{2\mu_s(r+\delta)} > 0$$

$$k_r^{***} - k_r^{*} = \frac{\lambda_r \eta}{\mu_r(r+\delta)} - \frac{\lambda_r \eta(2-2\alpha_1-\alpha_2)}{2\mu_r(r+\delta)} = \frac{\lambda_r \eta(2\alpha_1+\alpha_2)}{2\mu_r(r+\delta)} > 0$$

由结论 7.1.3 可知，在集中式决策情形下，参与产品协同创新项目的成员企业将以整个供应链作为决策目标，因而可有效协调项目导向型供应链成员间的知识投入行为，使得各参与企业的知识投入量达到最高，从而共同推进协同创新项目的顺利完成。

结论 7.1.4 集中式决策下产品创新水平和三级供应链的整体创新收益均高于分散式决策。

证明：由 N^*，N^{***} 的表达式易得 $(N^{***}-N^*)>0$。当 $0<\alpha_1\leqslant\frac{2}{3}(1-\alpha_2)$ 且 $0<\alpha_2\leqslant\frac{2}{3}(1-\alpha_1)$ 时：

$$V(N^{***})-V^*(N^*)=\frac{\eta}{r+\delta}(N^{***}-N^*)+\frac{\lambda_m^2\eta^2(\alpha_1+\alpha_2)^2}{2r\mu_m(r+\delta)^2}+\frac{\lambda_s^2\eta^2(\alpha_1+2\alpha_2)^2}{2r\mu_s(r+\delta)^2}+\frac{\lambda_r^2\eta^2(2\alpha_1+\alpha_2)^2}{2r\mu_r(r+\delta)^2}>0$$

由结论 7.1.4 可知，在集中式决策下，供应链成员企业将不再局限于自身收益的大小，而是以供应链整体收益最大化为目标进行决策，因而可实现产品创新水平提高和供应链整体收益的增加，达到 Pareto 最优。

7.1.5 数值算例分析

假设模型中的参数设置如下：$\mu_m=0.5$，$\mu_s=0.4$，$\mu_r=0.2$，$\lambda_m=0.4$，$\lambda_s=0.3$，$\lambda_r=0.1$，$\delta=0.1$，$\varphi=0.5$，$\eta=0.4$，$r=0.1$，$N(0)=N_0=3$，$\alpha_1=0.24$，$\alpha_2=0.16$。由式（7.1.6），式（7.1.7），式（7.1.8）可知 $k_m^*=0.96$，$k_s^*=1.08$，$k_r^*=0.68$，由式（7.1.30），式（7.1.31），式（7.1.32）可知 $k_m^{**}=0.96$，$k_s^{**}=0.36$，$k_r^{**}=0.16$，由式（7.1.49），式（7.1.50），式（7.1.51）可知 $k_m^{***}=1.6$，$k_s^{***}=1.5$，$k_r^{***}=1$。由式（7.1.9）和式（7.1.10）可知 $\beta_1^*=2/3$，$\beta_2^*=0.98$。显然有 $k_m^*=k_m^{**}<k_m^{***}$，$k_s^{**}<k_s^*<k_s^{***}$，$k_r^{**}<k_r^*<k_r^{***}$。且满足 $k_s^*-k_s^{**}=0.72=k_S^*\cdot\beta_1^*$ 以及 $k_r^*-k_r^{**}=0.52=k_r^*\cdot\beta_2^*$。以上结果与结论 7.1.1 和结论 7.1.3 相符。进而利用计算机模拟，得到分散式决策下制造商、供应商和销售商各自的最优创新收益随时间的变化趋

势，以及三种博弈情形下供应链整体创新收益及创新水平的变化轨迹，如图 7. 1. 2—图 7. 1. 4 所示。

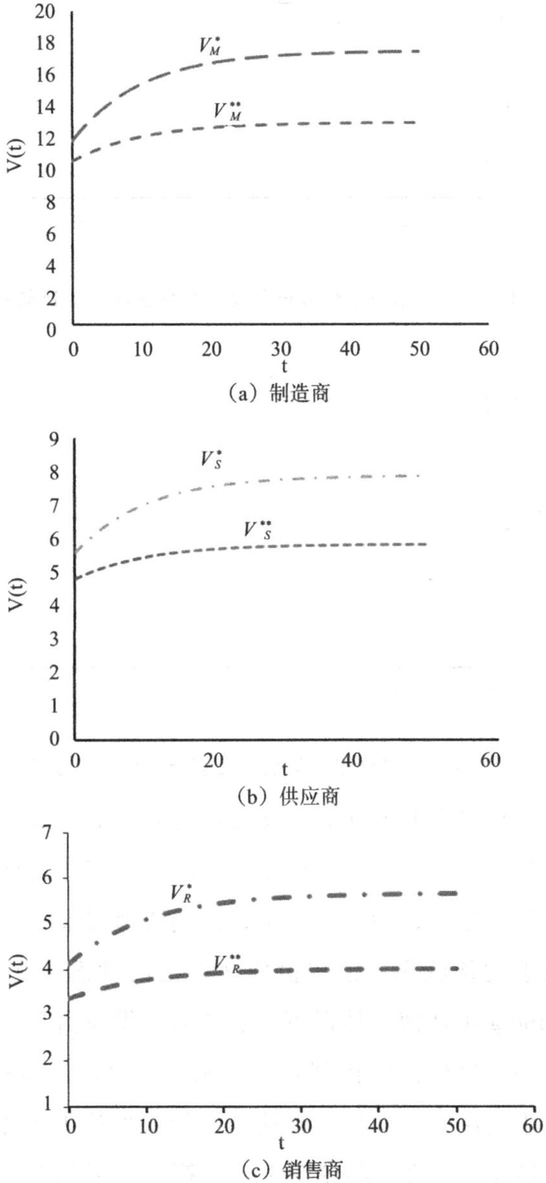

图 7. 1. 2　分散式决策下不同主体最优创新收益的比较分析

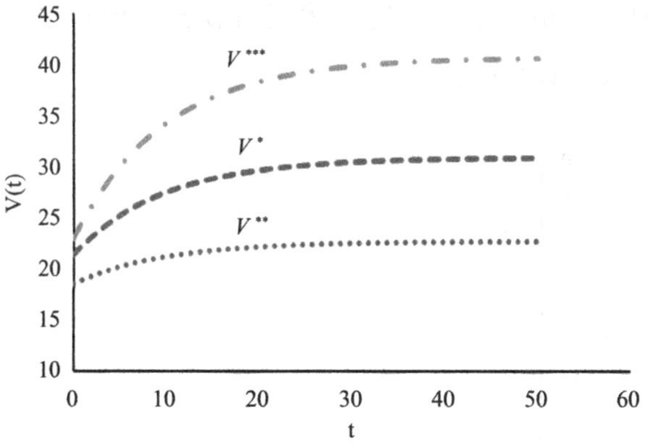

图 7.1.3　三种情形下供应链整体最优创新收益的比较分析

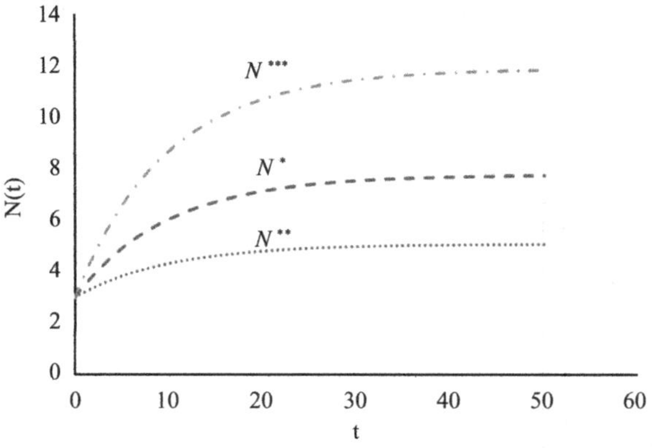

图 7.1.4　三种情形下最优产品创新水平的比较分析

由图 7.1.2 和图 7.1.3 可知，分散式决策下制造商、供应商和销售商各自的最优创新收益，以及三种博弈情形下供应链的整体创新收益水平均具有时间稳定趋向，随时间递增，前期快速增长，后期逐渐趋于平缓，最终收敛于均衡状态，说明供应链系统的动态变化得到了有效调控；在 Stackelberg 主从博弈情形下，制造商、供应商和销售商各自的最优创新收益水平及供应链整体创新收益水平始终高于 Nash 非合作博弈情形；而在集中式决策下，供应链的整体创新收益达到最高，优于分散式决策，这与结论 7.1.2 和结论 7.1.4 相符。由图 7.1.4 可知，供应链最优创新水平的轨迹虽然随时间递增，但递增的速度越来越慢，表明随着供应链成员对知识投入的不断增大，创新水平呈现边际递减趋势。

7.1.6　研究结论分析

项目导向型供应链协同创新活动在一定程度上可以认定是围绕项目全生命周期进行知识投入、知识共享和知识创新的无限循环过程，其中成员企业的知识投入是影响协同创新项目成功与否的关键因素。本节研究考虑成员企业知识投入对三级项目导向型供应链（由单一产品制造商、单一零部件供应商和单一产品销售商构成）协同创新项目的影响，构建了基于连续时间的微分对策模型，依次考察了 Stackelberg 主从博弈、Nash 非合作博弈（分散式决策）以及合作博弈（集中式决策）三种情形下成员企业最优知识投入量、最优创新收益、产品最优创新水平及供应链系统整体收益情况。通过模型结果的比较分析和数值模拟可以得到以下结论：集中决策模式下，成员企业知识投入量达到最优，产品创新水平最高，供应链整体收益达到最大；分散式决策模式下，制造商知识投入量相同，但相较于 Nash 非合作博弈，Stackelberg 主从博弈下供应商和销售商的知识投入量、成员企业收益以及产品创新水平均有所提高，实现了 Pareto 改进，其中供应商和销售商知识投入量提高的比例等于各自知识投入成本被分担的比例。

本节研究结论对项目导向型供应链成员企业开展协同创新活动具有重要的现实指导意义。第一，在分散式决策情形下，制造商可以通过分担供应商和销售商的知识投入成本改善其参与协同创新的行为，改善强度正好为各自知识投入成本被分担的比例，因而，知识投入成本分担比例越高，供应商和销售商的协同创新行为改善强度越大，相应地产品创新水平也就越高。第二，在分散式决策情形下，项目导向型供应链中参与协同创新项目的成员企业均从自身收益最大化角度出发进行决策，而成本分担策略使得参与企业（制造商、供应商和销售商）所获得的创新收益均有所增加，实现了参与企业创新收益和供应链整体收益的 Pareto 改进，因而，在项目导向型供应链中，有成员企业主导的协同创新项目采用成本分担策略是符合企业发展实际的合作机制。第三，在集中式决策情形下，项目导向型供应链中参与协同创新项目的成员企业将形成一种更紧密的合作关系，参与企业将以产品创新水平最优和供应链整体创新收益最大作为决策目标，这样合作伙伴间认定的是一种“一损俱损、一荣俱荣”的合作关系，其相互间的合作将衔接的更好，知识投入的意愿也更强烈，相应地成员企业间协同创新行为将达到最优，产品协同创新水平和创新收益也将达到最高。第四，在集中式决策情形下，项目导向型供应链中参与协同创新项目的成员企业均从整体收益最大化角度出发进行决策，实现了供应链整体创新收益的增加，但需要注意的是，事后必须采取科学合理的创新收益分配方案，以保证所有参与协同创新项目的成员企业收益均得到一定程度提高，否则理性的决策者将选择通过成本分担来实现自身收益最大化，因而，满足成员企业参与约束的完全合作博弈才是项目导向型供应链实施协同创新的最优模式。

本节研究的不足之处在于，为了便于计算与推导，对模型和参数进行了一定程度上的简化，后续的研究可以考虑产品创新水平服从一定概率分布时的均衡策略，也可以考虑一些随机干扰因素对模型推导结果的影响，还可以考虑动态参数条件下求解微分对策模型等。

7.2 学习能力影响下项目导向型供应链协同创新的知识交易机制

7.2.1 研究背景与问题提出

由于项目导向型供应链中的成员企业是不同的利益主体和行为主体，没有具有行政约束力的组织机构来推动知识共享活动的进行，项目导向型供应链企业间的知识共享显然比企业内部的知识共享更难进行，而在项目导向型供应链中建立知识市场，以市场机制来引导、鼓励、刺激、督促和规范项目导向型供应链企业间的知识交易是达成这一目标的有效途径。

达文波特（Davenport）在《Working Knowledge》一书中首次提出了企业内部知识市场的概念，其认为在企业内部存在一个与商品市场相类似的知识市场，市场机制可以像作用于有形商品一样推动着知识的流动与共享；知识交易的“货币”主要是互惠、名望和利他主义；而那些认为知识不需要货币激励就可以自由共享的想法是乌托邦式的。之后不少文献分别从定量和定性角度对企业内部知识市场及知识交易机制进行了研究，并从不同角度肯定了市场交易机制在企业内部知识共享中的推动作用。考虑到项目导向型供应链成员企业往往具有“一损俱损，一荣俱荣”的合作关系，彼此之间的关系要比其他类型的组织联盟关系（如战略联盟、虚拟企业、产学研合作等）更加紧密。同时又以商品市场交易机制为基础，在项目导向型供应链中构建知识市场显然要比在其他几种类型的组织间构建知识市场更加可行，目前已有不少文献从实证角度对此进行了一些论证。但目前国内外将市场机制应用于供应链企业间知识共享的定量研究还比较少，少量的定量研究也主要从考虑知识交易的影响因素出发，运用委托代理理论建立知识交易模型分析这些影响因素对知识交易的影响，并且在建立知识交易模型时考虑知识买方将购买所得知识可以全部转化为收益，同时考虑按固定收益加知识收益提成的方式支付知识卖方报酬。而在现实中，鉴于知识买方学习能力的差异，其将知识转化为收益的效率也是存在差异的，在知识买方学习能力为其私人信息的情况下，由于交易双方存在信息不对称，知识买方（信息优势方）为了获取更多知识收益往往会隐瞒自身的学习能力类型，此举势必会影响到知识卖方（信息劣势方）的知识交易报酬，进而影响其知识交易意愿，阻碍知识交易的顺利进行。正如Brydon和Vining（2006）研究指出知识市场面临的主要障碍是知识交易中的不确定性及信息不对称。另外，以固定收益加知识收益提成的方式支付知识卖方报酬并没有体现项目导向型供应链知识交易与其他联盟企业间知识交易的区别，并且在实际运作中可行性也受到一定限制，而在供应链中，以商品交易为基础，通过订单数量、价格折扣、返利和员工培训等形式支付知识卖方报酬在供应链知识交易中显得更具操作性、更能体现供应链知识交易的特点。

鉴于此，本节研究拟以商品价格折扣作为知识卖方的知识交易报酬机制，在考虑知识买方学习能力类型影响知识交易的情况下，从知识卖方角度设计知识交易量与折扣价格相结合的合约菜单并建立信息对称和信息不对称两种情形下的知识交易模型，通过求解得出最优合约并以此来甄别知识买方的学习能力类型，从而最优化自身收益，最后对两种情形下最优合约的相关性质进行了分析并结合数值算例进行了进一步说明，以期为项目导向型供应链企业间的知识共享决策提供理论支持。

7.2.2 问题描述与模型假设

考虑在项目导向型供应链中，核心企业制造商在制造产品时需要一批数量为 Q 的原材料产品，并且这些原材料产品均为其供应商生产供应，而核心企业制造商作为知识卖方在产品开发及生产过程中积累了大量关于供应商原材料产品方面的知识，这些知识对于知识买方供应商来说可以提高工作效率、降低生产成本。这类情况在汽车和医药制造行业比较常见，以汽车制造行业为例，1992 年，汽车制造商丰田公司作为核心企业在美国设立了丰田供应商支持中心（Toyota Supplier Support Center，TSSC），丰田公司根据供应商的具体情况将有价值的知识通过专家顾问指导的方式共享给供应商，特别在解决 TPS（Toyota Production System，即丰田的生产系统）方面的问题时，由于 TSSC 的参与，供应商履行丰田生产系统的效率明显提高，平均提高了 123% 的生产率，减少了 74% 的存货成本。通过企业间的知识交易，供应商购买知识通过协同创新可以提高生产效率、降低产品生产成本。制造商出售知识可以获取报酬，其报酬供应商将以原材料产品的价格折扣形式进行支付，由于制造商在知识交易过程中也需要付出知识转移成本，其势必会选择最优的知识交易量以最大化自身收益。另外，供应商（知识买方）的学习能力类型作为其私人信息制造商（知识卖方）并不清楚，学习能力决定知识产出，因此制造商并不清楚供应商获取知识后其获利程度，在这种不确定情况下，制造商作为信息劣势方需要制定一个知识交易量与原材料产品折扣价格相结合的合约菜单以诱导供应商透露自己的学习能力类型，从而减少供应商的信息隐瞒或谎报以最大化自身收益。由于制造商在知识交易过程中希望通过投入最优的知识交易量以帮助供应商提高工作效率、降低生产成本，以达到自身降低原材料产品采购成本的目的，因此制造商的目标是在供应链知识交易情景下实现总成本最小化。

整个合约签订过程分为两个阶段：首先项目导向型供应链中的制造商作为知识卖方给出包含知识交易量和原材料产品折扣价格相结合的知识交易合约菜单；其次供应商根据制造商给出的知识量，确定其原材料产品生产成本的降低程度，若该折扣价格能使供应商获得保留效用，则供应商将接受合约，反之将拒绝合约。为定量分析整个合约的签订过程，先做如下假设。

假设 7.2.1：制造商愿意交易的知识量为 I，$0 \leqslant I \leqslant 1$，其中 I 为 0 表示制造商不与供应商进行知识交易，I 为 1 时表示制造商与供应商交易所有的知识。制造商在知识交易过程中的知识转移成本为 $K(I)$，且满足 $\frac{dK(I)}{dI} > 0, \frac{d^2K(I)}{dI^2} > 0$，表明随着知识交易量的增加，知识转移成本以递增的速度增加。

假设 7.2.2：供应商的生产成本受知识交易量和供应商学习能力类型的影响，假设供应商的生产成本与供应商的学习能力呈线性关系，与知识交易量呈非线性关系，即供应商的生产成本可以表示为 $LC(I)$，其中 L 表示供应商的学习能力类型系数，I 表示知识交易量。L 越大，同样知识交易量下供应商生产成本越高，则表示供应商学习能力越低。另外，知识交易量对供应商生产成本影响有一定限度，也就是说生产成本不会随着知识交易量的增加而无休止的降低，生产成本在知识交易量 I 的定义域内必然存在一最小值，即 $LC(I)$ 满足 $\frac{dLC(I)}{dI} < 0, \frac{d^2LC(I)}{dI^2} > 0$。

假设 7.2.3：知识交易过程中，供应商的学习能力类型系数 L 属于私人信息，制造商只知道供应商学习能力类型系数 $L \in [\underline{L}, \bar{L}]$ 的分布密度为 $f(L)$ $[f(L) > 0]$，分布函数为 $F(L)$，且 $F(\underline{\theta}) = 0, F(\bar{\theta}) = 1$。

假设 7.2.4：制造商作为供应链中的核心企业，其在知识交易过程中具有完全的讨价还价能力，其有权决定合约菜单 $[I(L), P(L)]$，其中 $I(L)$、$P(L)$ 分别表示制造商愿意提供对 L 类型供应商的知识交易量和要求的原材料产品折扣价格。供应商的保留效用为 u，供应商根据自己的类型选择合约菜单，以最大化其收益。

假设 7.2.5：制造商在短期内对原材料产品的需求量 Q 不变，制造商在供应链知识交易过程中的总成本由知识转移成本和原材料产品采购成本构成，总成本即为 $K[I(L)] + P(L)Q$，令 $W(L) = P(L)Q$，合约菜单 $[I(L), P(L)]$ 可以改写为 $[I(L), W(L)]$，其中 $W(L)$ 表示制造商对 L 类型供应商提供原材料产品的采购支付。

7.2.3 对称信息下的合约机制

作为研究基准，首先对信息对称下的项目导向型供应链知识交易模型进行研究。在该情形下，制造商能够直接观测到供应商的学习能力类型 L，即供应商的学习能力类型为共同信息，因而制造商知道知识交易量对供应商生产成本的影响，即制造商清楚供应商生产成本的降低程度，其面临的问题是考虑供应商参与约束的前提下，确定合约 $[I(L), W(L)]$，从而最小化其成本。上述问题可以用模型 P7.2.1 表示。

P7.2.1：
$$\min_{I(L)} K[I(L)] + W(L) \tag{7.2.1}$$

$$\text{St}: W(L) - LC[I(L)] \geq u \tag{7.2.2}$$

$$0 \leq I(L) \leq 1 \tag{7.2.3}$$

上述模型中式（7.2.1）为制造商期望成本最小化目标函数；式（7.2.2）是供应商参与约束，其参与知识交易能获得的收益不小于保留效用；式（7.2.3）为知识交易量的限制。在对称信息情形下，制造商在参与约束上不会对供应商产生激励，将参与约束式（7.2.2）取等号并代入目标函数式（7.2.1），由于保留效用 u 为常数，不影响优化结果，实际上可以省略该项，即目标函数变为 $K[I(L)] + LC[I(L)]$ 。可见，在对称信息情形下，制造商的目标函数实际上是使整个供应链系统成本最低，此时的知识交易量使得整个供应链运行最优。制造商提供的最优知识交易量 $I^*(L)$ 满足以下一阶条件：

$$K'[I^*(L)] + LC'[I^*(L)] = 0 \tag{7.2.4}$$

对该一阶条件式（7.2.4）中 L 求导并化简整理得 $dI^*(L)/dL = -C'[I^*(L)]/[K''(I^*(L)] + LC''[I^*(L))]$，由假设式（7.2.1），式（7.2.2）可知 $K''[I(L)]$ 与 $C''[I(L)]$ 均大于 0，而 $C'[I(L)] < 0$，所以 $dI^*(L)/dL > 0$，即随着 L 增加，最优的 $I^*(L)$ 也增加。

假设制造商在对称信息情形下能对每种学习能力类型的供应商加以区分对待，即对任意 $L \in [\underline{L},\bar{L}]$，都有唯一的 $I^*(L) \in [0,1]$ 与之对应。随着 L 增加，满足系统最优的 $I^*(L)$ 也随之增加，只要 $0 \leq I^*(\underline{L}) \leq I^*(\bar{L}) \leq 1$ 就能使得制造商在对称信息情形下对每种学习能力类型的供应商加以区分对待，而且此时的原材料采购支付为：

$$W^*(L) = LC[I^*(L)] + u \tag{7.2.5}$$

7.2.4　不对称信息下的合约机制

在不对称信息情形下，知识买方的学习能力为其私人信息，供应商试图利用信息优势进行获利，而制造商处于信息劣势，制造商就需要设

计合约菜单 $[I(L),W(L)]$ 以区分供应商类型，从而减少信息劣势带来的负面影响。在签订合约前，制造商就对供应商具有不对称信息，这是一个典型的逆向选择问题，由此可以建立优化模型 P7.2.2。

P7.2.2：

$$\min_{I(L),W(L)} \int_{\underline{L}}^{\bar{L}} f(L)\{K[I(L)] + W(L)\} dL \tag{7.2.6}$$

$$\text{St}: W(L) - LC[I(L)] \geqslant u \tag{7.2.7}$$

$$L \in \arg\max_{\hat{L}} W(\hat{L}) - LC[I(\hat{L})] \tag{7.2.8}$$

$$0 \leqslant I(L) \leqslant 1 \tag{7.2.9}$$

其中 $L \in [\underline{L},\bar{L}]$，$\hat{L} \in [\underline{L},\bar{L}]$

上述模型中式（7.2.6）为制造商期望成本最小化目标函数；式（7.2.7）是供应商参与约束，其参与知识交易能获得的收益不小于保留效用；式（7.2.8）为激励相容约束，等价于 $W(L) - LC[I(L)] \geqslant W(L\hat{L}) - LC[I(\hat{L})]$，其保证了供应商只有签订与自身学习能力类型一致的合约菜单才能获得最大收益，从而达到真实揭露供应商学习能力类型的目的；式（7.2.9）为知识交易量的限制。

上述模型为带约束的极值问题，因此可首先分析约束条件，从而得到可行解。对于参与约束条件式（7.2.7）有如下命题 7.2.1。

命题 7.2.1：在激励相容约束式（7.2.7）成立下，参与约束等价于 $W(\bar{L}) - \bar{L}C[I(\bar{L})] \geqslant u$。

证明：在约束条件式（7.2.8）成立下，对学习能力类型为 $\bar{L}$ 的供应商有如下式（7.2.10）成立：

$$W(L) - LC[I(L)] \geqslant W(\bar{L}) - LC[I(\bar{L})] \tag{7.2.10}$$

由于 $L \leqslant \bar{L}$，对于 $\forall L \in [\underline{L},\bar{L}]$，均有如下不等式成立：

$$W(\bar{L}) - LC[I(\bar{L})] \geqslant W(\bar{L}) - \bar{L}C[I(\bar{L})] \tag{7.2.11}$$

由式（7.2.10）和式（7.2.11）可知：

$$W(L) - LC[I(L)] \geqslant W(\bar{L}) - LC[I(\bar{L})] \geqslant W(\bar{L}) - \bar{L}C[I(\bar{L})] \tag{7.2.12}$$

因此对于参与约束式（7.2.7），只要 $W(\bar{L}) - \bar{L}C[I(\bar{L})] \geqslant u$，就能保证参与约束式恒成立，命题 7.2.1 得证。

制造商在参与约束上不会对供应商产生激励，因此制造商在参与约束上可采用紧约束，即参与约束式（7.2.7）等价于下式：

$$W(\bar{L}) - \bar{L}C[I(\bar{L})] = u \tag{7.2.13}$$

式（7.2.13）的含义为，制造商给出的合约菜单只要能保证学习能力类型为 $\bar{L}$（最低学习能力类型）的供应商参与知识交易，即能保证所有类型的供应商参与知识交易。

下面分析激励相容约束（7.2.8），对此有如下命题 7.2.2。

命题 7.2.2：在知识交易量 $I(L)$ 给定下，若 $dI(L)/dL > 0$，则存在原材料产品采购支付 $W(L)$ 满足参与约束式（7.2.7）与激励相容约束式（7.2.8），且采购支付 $W(L) = u + \int_{L}^{\bar{L}} C[I(x)]dx + LC[I(L)]$。

证明：对激励相容式（7.2.8），令：

$$\omega(L) = \max_{\hat{L}} W(\hat{L}) - LC[I(\hat{L})] = W(L) - LC[I(L)] \tag{7.2.14}$$

函数 $\omega(L)$ 度量了 L 类型供应商从合约中获得的收益，表示 L 类型供应商选择与自己类型相符的合约菜单 $[I(L), W(L)]$ 才能获得最大的收益，由包络定理知：

$$d\omega(L)/dL = -C[I(L)] \tag{7.2.15}$$

将 $\omega(L)$ 写成从 $\bar{L}$ 到 L 的积分，利用式（7.2.15）可得：

$$\omega(L) = \omega(\bar{L}) + \int_{\bar{L}}^{L} \frac{d\omega(L)}{dL}dx = \omega(\bar{L}) + \int_{L}^{\bar{L}} C[I(x)]dx \tag{7.2.16}$$

由式（7.2.13）、式（7.2.14）得 $\omega(\bar{L}) = u$，将其带入上式

（7.2.16），并结合式（7.2.14）可得：

$$\omega(L)=u+\int_{\underline{L}}^{L}C[I(x)]dx=W(L)-LC[I(L)] \quad (7.2.17)$$

即：

$$W(L)=u+\int_{\underline{L}}^{L}C[I(x)]dx+LC[I(L)] \quad (7.2.18)$$

上述包络定理只保证了激励相容约束关于 $\hat{L}$ 的一阶条件成立，即：

$$\left.\frac{d\{W(\hat{L})-LC[I(\hat{L})]\}}{d\hat{L}}\right|_{\hat{L}=L}=0 \quad (7.2.19)$$

化简可知：

$$W'(L)-LC'[I(L)]\frac{dI(L)}{dL}=0 \quad (7.2.20)$$

而激励相容约束二阶条件要求：

$$\left.\frac{d^2\{W(\hat{L})-LC[I(\hat{L})]\}}{d\hat{L}^2}\right|_{\hat{L}=L}<0 \quad (7.2.21)$$

化简可知：

$$W''(L)-L\frac{d^2C[I(L)]}{dI^2}\left[\frac{dI(L)}{dL}\right]^2-L\frac{dC[I(L)]}{dI}\frac{d^2I(L)}{dL^2}<0 \quad (7.2.22)$$

对一阶条件式（7.2.20）中 L 的求导得：

$$W''(L)-\frac{dC[I(L)]}{dI}\frac{dI(L)}{dL}-L\frac{d^2C[I(L)]}{dI^2}\left[\frac{dI(L)}{dL}\right]^2-L\frac{dC[I(L)]}{dI}\frac{d^2I(L)}{dL^2}=0 \quad (7.2.23)$$

比较式（7.2.22）与式（7.2.23）可知，只要 $\frac{dC[I(L)]}{dI}\frac{dI(L)}{dL}<0$ 成立，即可保证式（7.2.22）成立。

由假设可知 $\frac{dC[I(L)]}{dI}<0$，所以激励相容二阶条件等价为：

$$dI(L)/dL>0 \quad (7.2.24)$$

综上，由式（7.2.18）和式（7.2.24）可知，命题 7.2.2 得证。

由命题 7.2.2 可知制造商的原材料采购支付由供应商保留效用 u，生产成本 $LC[I(L)]$，信息租金 $\int_{\underline{L}}^{\bar{L}} C(I(x))dx$ 组成。

将式（7.2.18）带入模型 P7.2.1 中的目标函数式（7.2.6）得：

$$\min_{I(L)} \int_{\underline{L}}^{\bar{L}} f(L)\left[K[I(L)] + u + \int_{\underline{L}}^{\bar{L}} C[I(x)]dx + LC[I(L)]\right]dL \tag{7.2.25}$$

对上式中信息租金项 $\int_{\underline{L}}^{\bar{L}} C[I(x)]dx$ 分步积分得：

$$\int_{\underline{L}}^{\bar{L}} f(L)\left(\int_{\underline{L}}^{\bar{L}} C[I(x)]dx\right)dL = \int_{\underline{L}}^{\bar{L}} f(L)\frac{F(L)C[I(L)]}{f(L)}dL \tag{7.2.26}$$

由式（7.2.26）可知信息租金 $\int_{\underline{L}}^{\bar{L}} C[I(x)]dx = \frac{F(L)C[I(L)]}{f(L)}$，将其带入目标函数，优化问题 P7.2.2 可表示为如下优化问题 P7.2.3。

$$\text{P7.2.3}: \min_{I(L)} \int_{\underline{L}}^{\bar{L}} f(L)\left[K[I(L)] + u + \frac{F(L)C[I(L)]}{f(L)} + LC[I(L)]\right]dL \tag{7.2.27}$$

$$\text{St}: dI(L)/dL > 0 \tag{7.2.28}$$

$$0 \leqslant I(L) \leqslant 1 \tag{7.2.29}$$

$$\text{其中 } L \in [\underline{L}, \bar{L}]$$

对上述优化问题求解首先假定约束条件式（7.2.28）、式（7.2.29）成立，将问题转化为无约束优化，然后对约束条件进行验证，求出满足约束的条件。由 Pontryagin 最优化原理，$I(L)$ 最优化一阶条件为：

$$K'[I^{**}(L)] + \frac{F(L)C'[I^{**}(L)]}{f(L)} + LC'[I^{**}(L)] = 0 \tag{7.2.30}$$

命题 7.2.3：若供应商学习能力类型系数 L 的分布函数满足风险比率单调性假说$\left\{\frac{d[F(L)/f(L)]}{dL} \geqslant 0\right\}$，则约束条件 $dI(L)/dL > 0$ 恒成立。

证明：对式（7.2.30）中 L 求导并化简可知：

$$\left\{K''[I(L)] + \frac{F(L)C''[I(L)]}{f(L)} + LC''[I(L)]\right\}\frac{dI(L)}{dL} = -\left\{1 + \frac{d[F(L)/f(L)]}{dL}\right\}C'[I(L)] \tag{7.2.31}$$

由假设 7.2.1，假设 7.2.2 可知：$K''[I(L)] + \frac{F(L)C''[I(L)]}{f(L)} + LC''[I(L)] > 0$，由于 $C'[I(L)] < 0$，所以则有 $\frac{d[F(L)/f(L)]}{dL} \geqslant -1$ 时，$\frac{dI(L)}{dL} > 0$ 成立，显然满足风险比率单调性假说的要求 $\left\{\frac{d[F(L)/f(L)]}{dL} \geqslant 0\right\}$。命题 7.2.3 得证。

在委托代理分析中常假设风险比率单调性假说成立，因此在本节分析中同样假定其满足风险比率单调性假说，所以约束式（7.2.28）成立。

现考虑约束条件式（7.2.29），

令 $V[I(L)] = K'[I(L)] + F(L)C'[I(L)]/f(L) + LC'[I(L)]$，由假设7.2.1、假设 7.2.2 知 $V'[I(L)] > 0$，即 $V[I(L)]$ 为增函数。因为 $F(\bar{L}) = 1$，所以 $F(\bar{L})C'[I(L)]/f(\bar{L}) < 0$。如果 $V(1) = K'(1) + F(\bar{L})C'(1)/f(\bar{L}) + \bar{L}C'(1) < 0$，则对于 $\bar{L}$ 类型的供应商在 I 的定义域 $[0,1]$ 内，其一阶条件恒小于 0。由于目标函数是求最小值，则应该取定义域的上限，即 $I(\bar{L}) = 1$。由命题7.2.3 知 $dI(L)/dL > 0$，则 L 在 $[\underline{L},\bar{L}]$ 中存在一下确界：

$$L_{\inf} = \inf\{L \in [\underline{L},\bar{L}]: K'(1) + F(L)C'(1)/f(L) + LC'(1) \leqslant 0\} \tag{7.2.32}$$

当然，如果 $K'(1) + F(\bar{L})C'(1)/f(\bar{L}) + \bar{L}C'(1) > 0$，下确界 $L_{\inf}$ 将不存在，$I(\bar{L})$ 解将在定义域 $[0,1]$ 内。

同理，对于$\underline{L}$类型的供应商，因为分布函数$F(\underline{L})=0$，所以对于$\underline{L}$类型供应商最优交易量的一阶条件为：$K'[I(\underline{L})]+\underline{L}C'[I(\underline{L})]=0$。因为$K''[I(\underline{L})]+\underline{L}C''[I(\underline{L})]>0$，若$K'(0)+\underline{L}C'(0)>0$，则对$\underline{L}$类型的供应商在$I$的定义域$[0,1]$内，其一阶条件$K'[I(\underline{L})]+\underline{L}C'[I(\underline{L})]>0$。由于目标函数为求最小值，则应取定义域的下限，即$I(\underline{L})=0$。由命题7.2.3知$dI(L)/dL>0$，则$L$在$[\underline{L},\bar{L}]$中存在一上确界：

$$L_{sup}=\sup\{L\in[\underline{L},\bar{L}]:K'(0)+LC'(0)\geqslant 0\} \qquad (7.2.33)$$

当然，如果$K'(0)+LC'(0)<0$，则上确界L_{sup}将不存在，$I(\underline{L})$解将在定义域$[0,1]$内。

综合上述求解过程，逆向选择下制造商的最优合约菜单$[I^{**}(L),W^{**}(L)]$为：

$$\left.\begin{array}{ll} I^{**}(L)=0, & L\in[\underline{L},L_{sup}] \\ 0\leqslant I^{**}(L)\leqslant 1, & L\in[L_{sup},L_{inf}] \\ I^{**}(L)=1, & L\in[L_{inf},\bar{L}] \end{array}\right\} \qquad (7.2.34)$$

其中$L\in[L_{sup},L_{inf}]$时，$I^{**}(L)$满足式（7.2.30），即$K'[I^{**}(L)]+\frac{F(L)C'[I^{**}(L)]}{f(L)}+LC'[I^{**}(L)]=0$

$W^{**}(L)$满足下式：

$$W^{**}(L)=u+\int_{\underline{L}}^{L}C[I^{**}(x)]dx+LC[I^{**}(L)] \qquad (7.2.35)$$

7.2.5　合约的相关性质分析

基于上述分析，将对称信息下的最优合约菜单$[I^{*}(L),W^{*}(L)]$与不对称信息下的最优合约菜单$[I^{**}(L),W^{**}(L)]$相比可得以下性质。

性质7.2.1：对于$\underline{L}$型（最强学习能力类型）供应商，不对称信息下的知识交易量不会产生扭曲，即 $I^{*}(\underline{L}) = I^{**}(\underline{L})$。

证明：由假设 7.2.3 知 $F(\underline{L})C'[I^{**}(\underline{L})]/f(\underline{L}) = 0$，比较式（7.2.4）和式（7.2.30）可知，对于$\underline{L}$型供应商，不对称信息下最优知识交易量的一阶条件与对称信息下的一阶条件相同，即 $K'[I(L)] + LC'[I(L)] = 0$，性质 7.2.1 得证。

性质 7.2.1 说明合约菜单对于学习能力最强的供应商，对称信息情形下的知识交易量与不对称信息下的知识交易量一致。

性质 7.2.2：不对称信息情形下的最优知识交易量不小于对称信息下的最优知识交易量，即 $I^{*}(L) \leqslant I^{**}(L)$。

证明：前文假设 $V[I(L)] = K'[I(L)] + F(L)C'[I(L)]/f(L) + LC'[I(L)]$，由假设 7.2.1 和假设 7.2.2 可知，$K''[I(L)]$ 和 $C''[I(L)]$ 均大于 0，则有 $V'[I(L)] \geqslant 0$，即 $V[I(L)]$ 为增函数。根据式（7.2.4）$K'[I^{*}(L)] + LC'[I^{*}(L)] = 0$，而 $F(L)C'[I(L)]/f(L) < 0$，故 $V[I^{*}(L)] < 0$，由式（7.2.30）可知，$V[I^{**}(L)] = 0$，由于 $V[I(L)]$ 为增函数，可见 $I^{*}(L) \leqslant I^{**}(L)$，性质 7.2.2 得证。

性质 7.2.2 说明在不对称信息情形下，制造商与供应商的知识交易量比对称信息下的更多，制造商的知识交易量由此产生向上“扭曲”。造成这一现象出现的原因是由于在不对称信息下，制造商需要付给供应商信息租金 $\int_{\underline{L}}^{L} C[I(x)]dx$，而 $C[I(x)]$ 为 $I(x)$ 的减函数，制造商通过向上“扭曲”知识交易量可以减少信息租金。

性质 7.2.3：若 $K'(1) + F(\bar{L})C'(1)/f(\bar{L}) + \bar{L}C'(1) > 0$，制造商能提供完全分离（Separating）合约；若 $K'(1) + F(\bar{L})C'(1)/f(\bar{L}) + \bar{L}C'(1) \leqslant 0$，在 $L \in [L_{\inf}, \bar{L}]$ 时，不对称信息情形下的合约将产生混同（Pooling），且知识交易量对供应商生产成本影响越大，即 $C'(I)$ 越大，混同区域 $L \in [L_{\inf}, \bar{L}]$ 越大。

证明：在 $0 \leqslant I^*(\underline{L}) \leqslant I^*(\bar{L}) \leqslant 1$ 成立时，由性质 7.2.1 可知 $I^{**}(\underline{L}) \in [0,1]$，显然上界将不存在，此时在不对称信息下的最优合约菜单 $[I^{**}(L), W^{**}(L)]$ 可写为如下形式：

①当 $K'(1) + F(\bar{L})C'(1)/f(\bar{L}) + \bar{L}C'(1) \leqslant 0$ 时，

$$\left.\begin{aligned} &0 \leqslant I^{**}(L) \leqslant 1, \quad && L \in [\underline{L}, L_{\inf}] \\ &I^{**}(L) = 1, \quad && L \in [L_{\inf}, \bar{L}] \end{aligned}\right\} \tag{7.2.36}$$

其中对于 $L \in [\underline{L}, L_{\inf}]$，$I^{**}(L)$ 满足一阶条件式（7.2.30），$W^{**}(L)$ 满足式（7.2.35）。由式（7.2.36）可以看出 $L \in [L_{\inf}, \bar{L}]$ 时，在不对称信息下的合约将产生混同（Pooling），具体如图 7.2.1 所示。

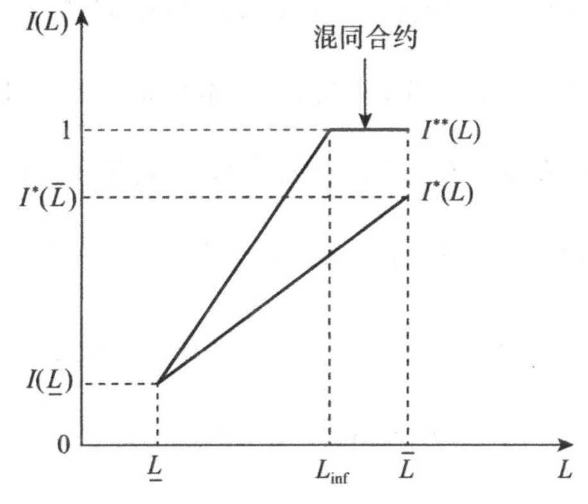

图 7.2.1　部分混同合约

②当 $K'(1) + F(\bar{L})C'(1)/f(\bar{L}) + \bar{L}C'(1) > 0$ 时，

$$0 \leqslant I^{**}(L) \leqslant 1, \quad L \in [\underline{L}, \bar{L}] \tag{7.2.37}$$

其中 $I^{**}(L)$ 满足一阶条件式（7.2.30），$W^{**}(L)$ 满足式（7.2.35），由式（7.2.37）可以看出制造商在 $L \in [\underline{L}, \bar{L}]$ 时可以提供完全分离（Separating）合约，具体如图 7.2.2 所示。

产生混同合约的原因是制造商的知识资源限制，若制造商可以投入

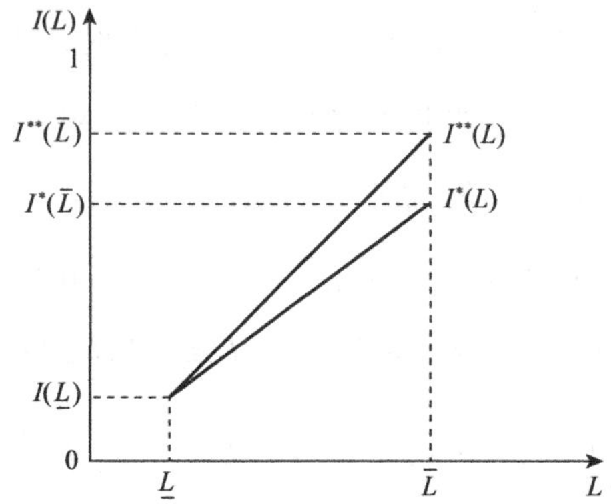

图 7.2.2 可分离合约

交易的知识量趋向无限，则混同将不发生。然而在实际中，制造商愿意交易的知识往往为其非核心知识，知识资源是有限的，若制造商投入交易的知识对供应商的生产成本影响较大，制造商将不得不对靠近低学习能力类型 $\bar{L}$ 的供应商提供可以交易的全部知识资源，此时制造商将不能区分学习能力类型 $L \in [L_{\inf}, \bar{L}]$ 的供应商，制造商的知识交易量始终为 $I^{**}(L) = 1$，而此时制造商对 $L \in [L_{\inf}, \bar{L}]$ 类型供应商的采购支付为：

$$W^{**}(L) = u + \int_{L}^{\bar{L}} C(1)dx + LC(1) \tag{7.2.38}$$

对式（7.2.38）关于 L 求导可知 $dW^{**}(L)/dL = -C(1) + C(1) = 0$，因此对于 $L \in [L_{\inf}, \bar{L}]$ 区域类型的供应商宣称自己属于 $[L_{\inf}, \bar{L}]$ 任意类型其得到的采购支付均相同，此时对 $L \in [L_{\inf}, \bar{L}]$ 区域类型供应商的合约菜单失效，制造商不能区别对待该区域每种类型的供应商。

另外，由下界的定义可知 $K'(1) + F(L_{\inf})C'(1)/f(L_{\inf}) + L_{\inf}C'(1) = 0$。由于 $\frac{d[F(L)/f(L)]}{dL} \geqslant 0$，当制造商知识交易量对供应商生产成本影响越大，即 $C'(1)$ 越大时，在 $K'(1)$ 固定的情况下，为保证式 $K'(1) + F(L_{\inf})C'(1)/f(L_{\inf}) + L_{\inf}C'(1) = 0$ 成立，就必须减少 $L_{\inf}$，即混同的区域 $[L_{\inf}, \bar{L}]$ 将增大。

在极端的情况下，若对于所有的供应商 $L \in [\underline{L},\bar{L}]$，$K'(1) + F(L)C'(1)/f(L) + LC'(1) \leqslant 0$ 成立，制造商将对任意供应商提供其可以交易的全部知识资源，此时在不对称信息情形下（供应商学习能力不确定）的合约菜单完全失效，制造商将向供应商提供完全混同合约。性质 7.2.3 得证。

7.2.6 数值算例分析

假定制造商的知识转移成本函数为 $3I^2$，学习能力类型为 L 的供应商其生产成本为 L/I，其中制造商愿意提供的知识交易量 $I \in [0,1]$，制造商的知识转移成本函数一阶导数与二阶导数均大于 0，与模型假设 7.2.1 相符，供应商的生产成本函数对于 I 满足一阶导数小于 0，二阶导数大于 0，与模型假设 7.2.2 相符。制造商知道供应商的能力类型参数 L 在 $[1,5]$ 上服从均匀分布，算例中以 0.5 为步长（其中混同临界点值为 3.5）。基于上述条件分别计算了不同学习能力类型的供应商在对称信息情形下的系统最优知识交易量 $I^*(L)$ 及不对称信息情形下的最优知识交易量 $I^{**}(L)$（需要说明的是不对称信息下的最优支付 $W^{**}(L)$ 比对称信息下的最优 $W^*(L)$ 仅多一个信息租金值 $\int_{\underline{L}}^{\bar{L}} C[I(x)]dx$，通过式（7.2.5）和式（7.2.35）可以很明显的反映两者之间的关系，因此在算例中不加以考虑），合约菜单中最优知识交易量的计算结果详见表 7.2.1。

表 7.2.1　对称与不对称信息下制造商最优知识交易量对比分析

供应商能力类型 L	对称信息下制造商最优知识交易量 $I^*(L)$	不对称信息下制造商最优知识交易量 $I^{**}(L)$
1.0	0.5503	0.5503
1.5	0.6300	0.6934
2.0	0.6934	0.7937

续表

供应商能力类型 L	对称信息下制造商最优知识交易量 $I^{*}(L)$	不对称信息下制造商最优知识交易量 $I^{**}(L)$
2.5	0.7469	0.8736
3.0	0.7937	0.9410
3.5	0.8355	1.0000
4.0	0.8736	1.0000
4.5	0.9086	1.0000
5.0	0.9410	1.0000

从上述算例可知，对于学习能力类型最高的供应商（$L=1$），对称信息情形下系统最优的知识交易量 $I^{*}(1)$ 与不对称信息下的最优知识交易量 $I^{**}(1)$ 均为 0.5503，这与前文性质 7.2.1 的制造商知识交易量高端“无扭曲”的结论一致。当供应商的能力类型参数 L 大于 1 时，由算例容易得出不对称信息下的最优知识交易量 $I^{**}(L)$ 大于对称信息情形下系统最优的知识交易量 $I^{*}(L)$，这与前文性质 7.2.2 的结论一致；当 $L \leqslant 3.5$ 时，制造商能设计出分离合约；当 $L > 3.5$ 时，不对称信息情形下的合约将产生混同，这与前文的性质 7.2.3 的结论一致。

7.2.7 研究结论分析

在项目导向型供应链中建立知识市场，将市场机制引入成员企业间的知识交易是促进项目导向型供应链知识共享的有效手段，但知识交易中的不确定性及信息不对称往往会阻碍知识交易的顺利进行。本节研究在考虑供应商的学习能力为其私人信息的情况下，建立了不对称信息下的知识交易模型，通过模型求解得到了制造商提供的知识交易量和原材料产品采购支付相结合的知识交易合约菜单，并结合对称信息下的基准情形对合约菜单性质进行了分析。研究结果显示，在不对称信息情形下，制造商原材料产品的最优采购支付总是高于对称信息下的最优采购支付，高出部分正好为其在不对称信息下的信息租金；对于学习能力最强的供应商，在不对称信息下，制造商的最优知识交易量不会发生“扭曲”，但对于其他学习能力类型的供应商，制造商知识交易量将向上“扭曲”；当制造商提供的知识对供应商生产成本影响较小时，制造商能设计出可分离的合约菜单，而当制造商提供的知识对供应商生产成本影响较大时，靠近最低学习能力类型的供应商区域将产生混同合约，且制造商提供的知识对供应商生产成本影响越大，混同区域越大。

7.3　知识属性影响下项目导向型供应链协同创新的知识交易机制

7.3.1　研究背景与问题提出

上节中，在考虑知识学习能力影响下，研究了项目导向型供应链企业间知识共享的市场机制。在本节中，我们将引入知识属性这一影响因素来研究项目导向型供应链协同创新的知识交易机制。原因在于按照知识的本质属性可以将知识分为显性知识和隐性知识，对于不同属性的知识，其激励机制也应有所区别。基于此，本节拟从项目导向型供应链协同创新的视角出发，考虑知识的本质属性，利用多任务委托代理模型建立项目导向型供应链企业间显性知识和隐性知识交易模型，并通过模型求解以期得出在此条件下的最优激励合约，为促进项目导向型供应链企业间的知识共享与转移提供理论依据和决策参考。

7.3.2　问题描述与模型假设

在项目导向型供应链中，核心企业制造商开展产品创新活动往往需要其供应商的积极参与并提供相应的知识支持，这在汽车行业中非常普遍。汽车是典型的复杂产品，其研发和生产本质上是知识密集性活动，汽车行业技术变化速度很快，其生产经营对新知识、新技术的依赖很强，所以该行业需要供应链上下游进行充分的知识共享与合作，以提高产品创新成功的概率。在项目导向型供应链协同创新过程中，制造商通过知识交易的方式获取供应商提供的显性知识和隐性知识，假设制造商是委托人，供应商是代理人，首先制造商需要设计关于供应商显性知识和隐性知识交易的双重激励合约，供应商接受合约，随后供应商投入努力转移制造商所需的显性知识和隐性知识，制造商获取供应商转移的显性知识和隐性知识开展产品创新活动并获得收益，然后根据供应商所转移显性知识量和隐性知识量兑现激励合约承诺。为定量分析整个合约的设计过程，现做如下假设：

假设 7.3.1：e_i（$i = 1,2$）表示供应商（代理人）在知识交易过程中的知识转移努力水平，努力水平的选择是一次性的（因而是一个静态模型），其中 e_1 表示用在显性知识转移上的努力水平，e_2 表示用在隐性知识转移上的努力水平。此外，用 $C(e_1,e_2)$ 表示供应商参与知识交易的知识转移成本，$C(e_1,e_2)$ 是严格递增的凸函数，即知识转移的边际成本递增。

假设 7.3.2：k_i 为供应商知识转移的努力选择所决定的可观测变量，其代表各类知识转移量，$k_i = \mu_i e_i + \theta_i$，$\mu_i > 0$，$i = 1,2$，其中 μ_i 为 e_i 的单位努力业绩产出（或称为绩效因子），θ_i 为外生变量，表示外部无法控制的因素，$\theta_i \sim N(0,\delta_i^2)$，且 θ_1，θ_2 独立分布。

假设 7.3.3：制造商采用线性激励合约方式给供应商参与知识交易（显性知识和隐性知识转移）的报酬：$\pi(k) = \alpha + \beta_1 k_1 + \beta_2 k_2$，其中 α 为供应商的固定收入，β_1，β_2 分别为努力业绩 k_1，k_2 的报酬激励因子。

假设 7.3.4：制造商通过获取供应商转移的显性知识和隐性知识进行产品创新可获得的期望收益为 $V(e_1,e_2)$，$V(e_1,e_2)$ 是严格递增的凹函数，即制造商边际收益递减。

假设 7.3.5：由于项目导向型供应链本身具有动态性和不确定性，基于投机行为和参与人有限理性的假设，假设制造商为风险中性，供应商作为代理人是风险规避的，其效用函数具有不变的绝对风险规避特性，即 $u(\pi)=-e^{-\rho\pi}$，其中 ρ 表示绝对风险规避系数（$\rho>0$），则供应商的确定性等价收入为满足 $u(CE)=Eu(\pi)$ 中的 CE，即：

$$CE=\alpha+\beta_1\mu_1e_1+\beta_2\mu_2e_2-\frac{1}{2}\rho(\beta_1^2\delta_1^2+\beta_2^2\delta_2^2)-C(e_1,e_2)$$

上式中，$\alpha+\beta_1\mu_1e_1+\beta_2\mu_2e_2$ 为供应商参与知识交易的期望报酬，$\frac{1}{2}\rho(\beta_1^2\delta_1^2+\beta_2^2\delta_2^2)$ 为供应商参与知识交易的风险成本，$C(e_1,e_2)$ 为供应商参与知识交易的知识转移成本。

另外，根据上述假设可知，制造商的实际收入 π_M 为制造商期望收益减去支付给供应商的报酬，由于假设制造商是风险中性，其期望收益为：

$$\begin{aligned}E(\pi_M)&=E[V(e_1,e_2)-\alpha-\beta_1\mu_1e_1-\beta_2\mu_2e_2]\\&=V(e_1,e_2)-\alpha-\beta_1\mu_1e_1-\beta_2\mu_2e_2\end{aligned}$$

假设供应商参与知识交易的保留效应水平为 λ，λ 表示供应商不参与知识交易所能够得到的最大期望效用。因此，在本节问题描述的两级供应链中，项目导向型供应链企业间显性知识和隐性知识交易的激励模型可以描述为：制造商通过出价调整激励因子 β_i，激励供应商选择投入更大的努力水平 e_i 去完成显性知识和隐性知识转移任务，以通过产品创新来实现制造商收益最大化。即满足供应商参与约束和激励约束的条件下，制造商达到期望收益最大化。用委托代理模型即可以表示如下：

$$\max_{\beta_i,e_i}E(\pi_M)=V(e_1,e_2)-\alpha-\beta_1\mu_1e_1-\beta_2\mu_2e_2 \tag{7.3.1}$$

$$s.t.\ (IR)\ CE=\alpha+\beta_1\mu_1e_1+\beta_2\mu_2e_2-\frac{1}{2}\rho(\beta_1^2\delta_1^2+\beta_2^2\delta_2^2)-C(e_1,e_2)\geqslant\lambda \tag{7.3.2}$$

$$(IC)\ (e_1,e_2)\in\operatorname{argmax}\left[\alpha+\beta_1\mu_1e_1+\beta_2\mu_2e_2-\frac{1}{2}\rho(\beta_1^2\delta_1^2+\beta_2^2\delta_2^2)-C(e_1,e_2)\right]$$

(7.3.3)

由式（7.3.3）可知：

$$\beta_i = \frac{1}{\mu_i}\frac{\partial C(e_1,e_2)}{\partial e_i} = \frac{1}{\mu_i}C_i(e_1,e_2)\ ,\ i = 1,2 \tag{7.3.4}$$

对式（7.3.4）分别关于 e_i 和 β_i 求导可知：

$$\frac{\partial \beta_i}{\partial e_i} = \frac{1}{\mu_i}C_{ii},\frac{\partial \beta_i}{\partial e_j} = \frac{1}{\mu_i}C_{ij}\ ,\ i \neq j\ ,\ i,j = 1,2 \tag{7.3.5}$$

$$\frac{\partial e_i}{\partial \beta_i} = \frac{\mu_i C_{jj}}{C_{ii}C_{jj} - C_{ij}C_{ji}},\frac{\partial e_i}{\partial \beta_j} = \frac{-\mu_j C_{ij}}{C_{ii}C_{jj} - C_{ij}C_{ji}}\ ,\ i \neq j\ ,\ i,j = 1,2 \tag{7.3.6}$$

上述两式中，$\frac{\partial \beta}{\partial e}$表示激励因子对供应商知识转移努力变化的敏感程度，$\frac{\partial e}{\partial \beta}$表示供应商知识转移努力水平对激励因子变化的敏感程度。

一般情况下，制造商作为委托人不会支付给供应商更多的报酬，因此，在最优情况下，式（7.3.2）会取等式，即：

$$\alpha + \beta_1\mu_1 e_1 + \beta_2\mu_2 e_2 - \frac{1}{2}\rho(\beta_1^2\delta_1^2 + \beta_2^2\delta_2^2) - C(e_1,e_2) = \lambda \tag{7.3.7}$$

将式（7.3.7）带入式（7.3.1）得：

$$\max_{\beta_i} E(\pi_M) = V(e_1,e_2) - \lambda - \frac{1}{2}\rho(\beta_1^2\delta_1^2 + \beta_2^2\delta_2^2) - C(e_1,e_2) \tag{7.3.8}$$

此时已将基本模型的约束极值问题转化为无约束极值问题，根据上述条件求解可知：

$$\beta_1 = \frac{\mu_1\mu_2^2 V_1 + (V_1 C_{22} - V_2 C_{12})\mu_1\rho\delta_2^2}{\mu_1^2\mu_2^2 + \rho(\mu_2^2 C_{11}\delta_1^2 + \mu_1^2 C_{22}\delta_2^2) + \rho^2(C_{11}C_{22} - C_{12}^2)\delta_1^2\delta_2^2} \tag{7.3.9}$$

$$\beta_2 = \frac{\mu_2\mu_1^2 V_2 + (V_2 C_{11} - V_1 C_{12})\mu_2\rho\delta_1^2}{\mu_1^2\mu_2^2 + \rho(\mu_2^2 C_{11}\delta_1^2 + \mu_1^2 C_{22}\delta_2^2) + \rho^2(C_{11}C_{22} - C_{12}^2)\delta_1^2\delta_2^2} \tag{7.3.10}$$

7.3.3 成本函数相互独立下的合约机制

供应商的显性知识和隐性知识转移成本函数相互独立，意味着供应商显性（隐性）知识转移成本的增加不会导致隐性（显性）知识转移成本的增加或减少，即显性知识转移与隐性知识转移相互独立，互不影响。例如某次知识交易的显性知识与隐性知识没有任何内容关联，或者是获取显性知识和隐性知识的机构分别属于制造商的两个独立部门等均会产生两类知识转移成本函数相互独立的情况。基于此，为研究两种类型知识转移成本函数相互独立下的合约激励情况，现做如下假设：

假设 7.3.6：供应商的显性知识转移成本函数与隐性知识转移成本函数相互独立，即 $C_{12}=C_{21}=0$，且影响知识转移量 k_1、k_2 的随机变量 θ_1、θ_2 独立分布。

命题 7.3.1：如果供应商的显性知识转移成本函数与隐性知识转移成本函数相互独立（即 $C_{12}=C_{21}=0$），那么在激励相容条件下，两种类型知识交易的最优激励合约相互独立（即 β_1 与 β_2 相互独立），且最优激励因子 β_i 是制造商边际收益 V_i 的增函数、是供应商绝对风险规避系数 ρ、知识转移边际成本变化率 C_{ii} 和知识转移量方差 δ_i^2 的减函数。

证明：由于 $C_{12}=C_{21}=0$，将其带入式（7.3.9）—式（7.3.10）中化简得：

$$\beta_1=\frac{\mu_1\mu_2^2V_1+V_1C_{22}\mu_1\rho\delta_2^2}{\mu_1^2\mu_2^2+\rho(\mu_2^2C_{11}\delta_1^2+\mu_1^2C_{22}\delta_2^2)+\rho^2C_{11}C_{22}\delta_1^2\delta_2^2}=\frac{\mu_1V_1}{\mu_1^2+\rho C_{11}\delta_1^2} \tag{7.3.11}$$

$$\beta_2=\frac{\mu_2\mu_1^2V_2+V_2C_{11}\mu_2\rho\delta_1^2}{\mu_1^2\mu_2^2+\rho(\mu_2^2C_{11}\delta_1^2+\mu_1^2C_{22}\delta_2^2)+\rho^2C_{11}C_{22}\delta_1^2\delta_2^2}=\frac{\mu_2V_2}{\mu_2^2+\rho C_{22}\delta_2^2} \tag{7.3.12}$$

根据式（7.3.11）—式（7.3.12），如果供应商的显性知识转移成本函数与隐性知识转移成本函数相互独立，那么在激励相容条件下，两种类型知识交易的最优激励因子 β_i 相互独立，且最优激励因子 β_i 是制造商边际收益 V_i 的增函数、是供应商绝对风险规避系数 ρ 、知识转移边际成本变化率 C_{ii} 和知识转移量方差 δ_i^2 的减函数。命题 7.3.1 证毕。

β_i 是制造商边际收益 V_i 的增函数，表明制造商通过知识交易获得的边际收益越大，其给予供应商的报酬应该越多，反之亦然。若制造商隐藏信息给予供应商不公平的收益分享比例，将导致供应商对制造商的信任降低甚至丧失，从而影响供应商的知识交易意愿。β_i 是供应商绝对风险规避系数 ρ 的减函数，表明针对不同风险态度的供应商应该有不同的最优激励方案。对于合作时间较长的供应商，其绝对风险规避系数 ρ 相对较低，此时制造商应该提高激励因子；而对于合作时间较短的供应商，其绝对风险规避系数相对较高，此时制造商应该降低激励因子。因而，在企业实际运作过程中，往往与制造商长期合作的供应商会享受各种各样的优惠政策和奖励，而刚刚建立合作关系的供应商在这方面享受的就相对较少。β_i 是边际成本变化率 C_{ii} 的减函数，表明如果供应商某类型知识转移的单位激励成本高，则相应降低对该类知识转移的激励；而如果供应商某类型知识转移的单位激励成本低，则相应提高对该类知识转移的激励。β_i 是知识转移量方差 δ_i^2 的减函数，表明如果某类型知识转移量的可观测变量方差高，则应当降低对该类知识转移的激励，反之亦然。某类型知识转移量方差大意味着供应商在该类知识转移上投入的努力水平与其知识转移量多少相关程度不大，知识转移量大，有可能是运气好或对方学习能力强，并不是努力的真实反映，在这种情况之下，制造商提高激励水平也就不能起到激励其努力转移知识的效果。因而只有当努力与知识转移量强相关时，即在某类型知识转移量的可观测变量方差较低时，才能通过提高其知识转移量的激励达到促进其努力转移知识的效果。

推论 7.3.1： 当供应商知识转移努力的绩效因子 μ_i 低于效率风险时，最优激励因子 β_i 随着绩效因子 μ_i 的增加而增大；当供应商努力的绩效因子 μ_i 高于效率风险时，最优激励因子 β_i 随着绩效因子 μ_i 的增加而减少。

证明：由式（7.3.11）—式（7.3.12）对 μ_i 求导可知：

$$\frac{\partial\beta_1}{\partial\mu_1}=\frac{V_1(\mu_1^2+\rho C_{11}\delta_1^2)-2\mu_1^2V_1}{(\mu_1^2+\rho C_{11}\delta_1^2)^2}=\frac{V_1(\rho C_{11}\delta_1^2-\mu_1^2)}{(\mu_1^2+\rho C_{11}\delta_1^2)^2}\quad(7.3.13)$$

$$\frac{\partial\beta_2}{\partial\mu_2}=\frac{V_2(\mu_2^2+\rho C_{22}\delta_2^2)-2\mu_2^2V_2}{(\mu_2^2+\rho C_{22}\delta_2^2)^2}=\frac{V_2(\rho C_{22}\delta_2^2-\mu_2^2)}{(\mu_2^2+\rho C_{22}\delta_2^2)^2}\quad(7.3.14)$$

假设 $\bar{\mu}_1=\sqrt{C_{11}\rho}\delta_1$，$\bar{\mu}_2=\sqrt{C_{22}\rho}\delta_2$ 分别表示供应商进行显性知识转移和隐性知识转移的效率风险，则有：

当 $\mu_1<\bar{\mu}_1$ 时，$\frac{\partial\beta_1}{\partial\mu_1}>0$，$\beta_1$ 是 μ_1 的递增函数；当 $\mu_2<\bar{\mu}_1$ 时，$\frac{\partial\beta_2}{\partial\mu_2}>0$，$\beta_2$ 是 μ_2 的递增函数，即最优激励因子 β_i 随着绩效因子 μ_i 的增加而增大。

当 $\mu_1>\bar{\mu}_2$ 时，$\frac{\partial\beta_1}{\partial\mu_1}<0$，$\beta_1$ 是 μ_1 的递减函数；当 $\mu_2>\bar{\mu}_2$ 时，$\frac{\partial\beta_2}{\partial\mu_2}<0$，$\beta_2$ 是 μ_2 的递减函数，即最优激励因子 β_i 随着绩效因子 μ_i 的增加而减少。推论 7.3.1 得证。

对于假定的效率风险 $\bar{\mu}_i=\sqrt{C_{ii}\rho}\delta_i$，$i=1,2$，其包含了供应商的知识转移边际成本变化率、绝对风险规避系数以及知识转移量的不确定性，它表明了供应商参与知识交易期望补偿的最低风险成本水平。在供应商的绩效因子 μ_i 低于效率风险 $\bar{\mu}_i$ 时，制造商此时加大激励力度，有利于树立供应商参与知识交易的信心，从而提高知识转移努力水平，进而提高知识转移量；在供应商的绩效因子 μ_i 低于效率风险 $\bar{\mu}_i$ 时，如果 μ_i 越高，知识转移量 $k_i=\mu_ie_i+\theta_i$ 中 k_i 与供应商的努力水平 e_i 相关性越小，此时，就算给予较高的激励因子 β_i 也难以激励供应商的努力增加多少，还不如降低 β_i 以节省激励成本，就算适当减少 β_i，供应商的努力也不会减少多少。此外，具有高绩效因子 μ_i 的供应商毕竟是少数，若在此基础上再加以高激励因子 β_i，就会导致供应商之间激励报酬的进一步拉大，这样就不利于激励多数的供应商，从而不利于供应链企业间的合作。

7.3.4 两种类型知识的转移成本函数相互依存下的合约机制

在假设 7.3.6 中我们假定供应商的显性知识转移成本函数与隐性知识转移成本函数相互独立，但是我们在企业实际运作中可以观察到，如果显性知识和隐性知识存在关联，制造商在获取显性知识后，经过学习、吸收，具有了一定知识存量或基础后将更有利于隐性知识的获取。在上述情况下，供应商的显性知识转移成本函数与隐性知识转移成本函数就是相互依存的，即 $C_{12} = C_{21} \neq 0$ 。基于此，为研究两种类型知识转移成本函数相互依存下的合约激励情况，现做如下假设：

假设 7.3.7：供应商的显性知识转移成本函数与隐性知识转移成本函数相互依存，且影响知识转移量的随机变量 θ_1 、θ_2 独立分布。

由于显性知识是指客观的、有形的知识，容易编码或结构化为某一有形的载体，主要表现为文件、数据库、产品外观、说明书、公式和计算机程序等形式，因而供应商在显性知识转移方面付出的努力制造商可以直接观测。而隐性知识是指用文字、语言、图像等形式不易表达清楚的主观知识，难以编码或结构化，以个人、团队、组织的经验、印象、技术诀窍、组织文化、风俗等形式存在，因而供应商隐性知识转移的努力投入是很难观测的，其只有通过隐性知识转移量 $k_2 = \mu_2 e_2 + \theta_2$ 进行间接测度。基于上述分析，我们做出如下假设：

假设 7.3.8：在项目导向型供应链企业间的知识交易过程中，供应商显性知识转移的努力投入可以由制造商直接观测，此时即有 $\delta_1^2 = 0$ ，而供应商隐性知识转移的努力投入无法由制造商直接观测，但是隐性知识转移量 $k_2 = \mu_2 e_2 + \theta_2$ 可以观测。

命题 7.3.2：如果供应商的显性知识转移成本函数与隐性知识转移成本函数相互依存（即 $C_{12} = C_{21} \neq 0$），那么激励相容条件下：

①供应商显性知识交易的最优激励合约是“门槛型合约”，即当制

造商的边际收益（供应商显性知识转移努力水平下）达到一定的“门槛值”时，对供应商的显性知识转移激励才是正向的，否则将是负向的；并且“门槛值”与供应商两类知识转移边际成本替代率 C_{12} 、隐性知识转移下的制造商边际收益 V_2 成正比，与隐性知识转移边际成本变化率 C_{22} 成反比。

②供应商隐性知识交易的最优激励合约与两类知识转移成本函数的相互依存性无关。

证明：由假设 7.3.8 可知 $\delta_1^2=0$，将其带入式（7.3.9）—式（7.3.10）可知：

$$\beta_1=\frac{\mu_1\mu_2^2V_1+V_1C_{22}\mu_1\rho\delta_2^2-V_2C_{12}\mu_1\rho\delta_2^2}{\mu_1^2\mu_2^2+\rho\mu_1^2C_{22}\delta_2^2}=\frac{1}{\mu_1}\left(V_1-\frac{V_2C_{12}\rho\delta_2^2}{\mu_2^2+\rho C_{22}\delta_2^2}\right) \tag{7.3.15}$$

$$\beta_2=\frac{\mu_2\mu_1^2V_2}{\mu_1^2\mu_2^2+\rho\mu_1^2C_{22}\delta_2^2}=\frac{\mu_2V_2}{\mu_2^2+\rho C_{22}\delta_2^2} \tag{7.3.16}$$

由式（7.3.15）可知，供应商显性知识交易的最优激励合约是“门槛型合约”，即只有在显性知识交易情况下制造商的边际收益满足式（7.3.17）时，对显性知识转移的激励才是正向的，否则将是负向的。

$$V_1>\frac{V_2C_{12}\rho\delta_2^2}{\mu_2^2+\rho C_{22}\delta_2^2} \tag{7.3.17}$$

同时通过对式（7.3.17）的门槛条件分析可知，“门槛值”与供应商两类知识转移边际成本替代率 C_{12} 、隐性知识转移下的制造商边际收益 V_2 成正比，与隐性知识转移边际成本变化率 C_{22} 成反比。定理 7.3.2 中①得证。

由式（7.3.16）可知，C_{12} 并未在等式中出现，因此隐性知识交易的最优合约与两类知识转移成本函数的相互依存性无关，命题 7.3.2 中②得证。

当供应商的显性知识转移成本函数与隐性知识转移成本函数相互依

存（即 $C_{12}=C_{21}\neq 0$），且供应商显性知识转移的努力投入可以由制造商直接观测（$\delta_1^2=0$）的情形下，隐性知识交易的最优合约与两类知识转移成本函数的相互依存性无关，也就是供应商两类知识转移的边际成本替代率（成本函数的交叉偏导）并不影响隐性知识转移最优激励因子的确定，其最优化条件与两类知识转移成本函数之间相互独立时是完全相同的。但是，供应商显性知识转移的最优化激励则有较大变化，由于显性知识转移努力选择的可观测性，其最优激励合约是“门槛型合约”，当门槛条件未达到时，对供应商显性知识转移的激励将是负向的，这将对供应商显性知识转移的积极性产生不利影响；一旦超过门槛值，则供应商在显性知识转移上所得到的激励将完全由其在显性知识转移方面所创造的增量业绩来决定，而不是如隐性知识转移那样是一种剩余索取比例的分享，这无疑会诱导供应商把更多的精力和时间放在显性知识转移活动中，从而忽略隐性知识转移。而项目导向型供应链合作创新所需要的技术知识大多属于隐性知识，一旦供应商忽略隐性知识转移或降低隐性知识转移的努力程度，项目导向型供应链企业间协同创新的成功概率和效率将大受影响。

7.3.5 研究结论分析

本节基于项目导向型供应链协同创新视角，考虑知识的显性和隐性属性，以核心企业制造商为知识买方，供应商为知识卖方，运用多任务委托代理理论建立了项目导向型供应链企业间显性知识和隐性知识交易的合约模型，通过模型求解得到如下结论：如果显性知识和隐性知识的转移成本函数相互独立，那么激励相容条件下两类知识交易的最优业绩报酬也是相互独立的，且最优激励因子是各类交易下知识买方边际收益的增函数、是知识卖方绝对风险规避系数、各类知识转移边际成本变化率和业绩方差的减函数，并在此基础上提出了效率风险的概念及其经济意义解释；而如果两类知识的转移成本函数相互依存，那么在激励相容条件下，隐性知识交易的最优激励合约是“门槛型合约”，其中“门槛值”与供应商两类知识转移边际成本替代率、隐性知识转移下的制造商边际收益成正比，与隐性知识转移边际成本变化率成反比。

7.4　多重任务结构影响下项目导向型供应链协同创新的激励机制

7.4.1　研究背景与问题提出

上节中，在考虑知识学习能力影响下，研究了项目导向型供应链协同创新的伙伴选择机制。在本节中，我们将考虑项目导向型供应链协同创新的多重任务结构（多重任务目标），将在遵循多任务委托代理研究逻辑的基础上构建项目导向型供应链协同创新激励模型，从而实现项目导向型供应链协同创新项目整体绩效优化。

7.4.2　问题描述与模型假设

在项目导向型供应链创新生态系统中，围绕产品协同创新项目，核心企业一般只负责产品平台核心技术的研发，外围配套产品的研发任务则需要委托给代理企业（系统中其他成员企业），核心企业需要设计契约激励代理企业在配套产品的研发工期、成本和质量方面的努力投入以实现项目整体收益的优化。在产品协同创新过程中，代理企业的工作目标包括三个方面：工期目标、成本目标和质量目标，用 $e = (e_1, e_2, e_3)$ 表示代理企业的努力向量，其中 e_1 代表在研发工期目标上的努力水平，e_2 代表在研发成本上的努力水平，e_3 代表在研发质量上的努力水平，$e_i > 0(i = 1,2,3)$。

假设 7.4.1：假定规模报酬不变，参考拓展型 Cobb – Douglas 生产函数形式，代理企业在三项任务中投入努力的情形下核心企业的收益函数为 $B(e_1,e_2,e_3) = Ae_1^p e_2^q e_3^{1-p-q} + \varepsilon$，其中 $A > 0$，表示核心企业的综合技术实力，主要包括其企业研发能力、技术人员素质、经营管理水平、资源整合能力等，反映其能将代理企业努力水平转化为收益产出的能力；另外 $B(e_1,e_2,e_3)$ 满足边际收益递减的经济学假定，是严格递增的凹函数，即满足 $B_i = \frac{\partial B}{\partial e_i} > 0$，$B_{ii} = \frac{\partial^2 B}{\partial {e_i}^2} < 0$。

假设 7.4.2：核心企业在不同的协同创新项目中对代理企业研发工期、成本和质量目标的重视程度不同，在收益函数 $B(e_1,e_2,e_3)$ 中，分别用 p，q，$1-p-q$ 表示工期目标、成本目标和质量目标的相对重要性，并满足 $0 < q < 1, 0 < p < 1, 0 < p+q < 1$。另外，$\varepsilon$ 是收益函数中服从正态分别的干扰项，$\varepsilon \sim N(0,\delta^2)$，代表与代理企业努力水平不相关的其他因素对核心企业受益的影响，其反映协同创新环境的不确定性，δ^2 越大代表对环境的不确定性越大。

假设 7.4.3：代理企业在配套产品研发工期、成本和质量方面的努力投入需要付出一定的代价，即存在努力成本，为了模型的简洁性，假设代理企业多任务努力成本相互独立，其成本函数表达式即为 $C(e_1,e_2,e_3) = \frac{1}{2}(c_1e_1^2 + c_2e_2^2 + c_3e_3^2)$，其中 $c_1,c_2,c_3 > 0$，分别代表配套产品研发工期、成本和质量三项任务上的边际努力成本变化率，且 $C(e_1,e_2,e_3)$ 是严格递增的增函数，满足边际成本递增的经济学假设，即 $C_{ii} = \frac{\partial^2 C}{\partial e_i^2} > 0$。

假设 7.4.4：核心企业根据产出 $B(e_1,e_2,e_3)$ 对代理企业进行激励，假设报酬函数采取线性形式 $W(e_1,e_2,e_3) = \alpha + \beta[B(e_1,e_2,e_3) - B_0]$，其中，$\alpha$ 为固定报酬，β 为报酬激励系数，B_0 为事先约定好的在代理企业投入一定努力后所要达到的最低产出。本节研究选取线性报酬函数，一方面有助于提高激励机制的可操作性，核心企业可根据实际产出与约定的最低产出之间的差值对代理企业进行奖惩，这与实践项目协同创新活动中核心企业在合约中规定的基于绩效的奖惩机制是相符的；另一方面，由于一般委托代理模型中均采用线性报酬函数，本节研究采用线性报酬函数有助于将分析结果与其他学者的研究结果相比较。

假设 7.4.5：按照一般的委托代理分析框架，假定核心企业风险中性，代理企业风险规避且具有不变绝对风险规避的效用函数，即 $u = -e^{-\rho\omega}$，其中 ρ 为绝对风险规避系数，即 Arrow - Pratt 绝对风险规避度，ω 为实际货币收入。

7.4.3 基本模型构建

由于代理企业风险规避，根据确定性等价原理，其确定性等价收入 CE（Certainty Equivalence）等于实际收入的均值减去其努力成本和收入的风险成本。根据确定性等价原理，风险成本为 $\frac{1}{2}\rho Var(S) = \frac{1}{2}\rho Var[\alpha + \beta(Ae_1^p e_2^q e_3^{1-p-q} + \varepsilon - B_0)] = \frac{1}{2}\rho\beta^2\delta^2$。由上式可见，代理企业收入的风险成本受绝对风险规避系数 ρ 和外部环境不确定性 δ^2 的影响。

因此，代理企业的确定性等价收入 CE 为：

$$CE = \alpha + \beta(Ae_1^p e_2^q e_3^{1-p-q} - B_0) - \frac{1}{2}(c_1 e_1^2 + c_2 e_2^2 + c_3 e_3^2) - \frac{1}{2}\rho\beta^2\delta^2 \tag{7.4.1}$$

核心企业的实际收入为其期望收益减去支付给代理企业的报酬。由于假设核心企业是风险中性的，因此其期望收益为：

$$\begin{aligned} U &= E[B(e_1, e_2, e_3) - W(e_1, e_2, e_3)] \\ &= Ae_1^p e_2^q e_3^{1-p-q} - [\partial + \beta(Ae_1^p e_2^q e_3^{1-p-q} - B_0)] \end{aligned} \tag{7.4.2}$$

假定代理企业参与产品协同创新项目的保留效用水平为 $\bar{U}$，$\bar{U}$ 表示代理企业不参与该项目所能得到的最大期望效用（机会成本）。另外，核心企业支付给代理企业的固定报酬 α 只影响到项目总收益在核心企业和代理企业之间的分配，取决于代理企业的保留效用及其讨价还价能力，但并不影响 β 和 $e=(e_1,e_2,e_3)$。因此，本节所研究的项目导向型供应链创新生态系统协同创新的多任务激励模型可以描述为，在不对称信息下，核心企业如何确定报酬激励系数 β 来激励代理企业的多任务努力投入以实现自身期望收益最大化，即在满足代理企业参与约束和激励约束的条件下，核心企业达到期望收益最大化。用委托—代理模型 P7.4.1 可将上述问题表示如下：

P7.4.1 $$\max_{\beta} U = Ae_1^p e_2^q e_3^{1-p-q} - [\partial + \beta(Ae_1^p e_2^q e_3^{1-p-q} - B_0)] \quad (7.4.3)$$

S. t. (IR) $$\alpha + \beta(Ae_1^p e_2^q e_3^{1-p-q} - B_0) - \frac{1}{2}(c_1e_1^2 + c_2e_2^2 + c_3e_3^2) - \frac{1}{2}\rho\beta^2\delta^2 \geq \bar{U} \quad (7.4.4)$$

(IC) $$(e_1,e_2,e_3) \in \operatorname{argmax}[\alpha + \beta(Ae_1^p e_2^q e_3^{1-p-q} - B_0) - \frac{1}{2}(c_1e_1^2 + c_2e_2^2 + c_3e_3^2) - \frac{1}{2}\rho\beta^2\delta^2] \quad (7.4.5)$$

一般情况下，核心企业作为委托人不会支付给代理企业更多的报酬，因此在上述模型中，式（7.4.4）一般会取等式，即：

$$\alpha + \beta(Ae_1^p e_2^q e_3^{1-p-q} - B_0) - \frac{1}{2}(c_1e_1^2 + c_2e_2^2 + c_3e_3^2) - \frac{1}{2}\rho\beta^2\delta^2 = \bar{U} \quad (7.4.6)$$

将式（7.4.6）代入式（7.4.3）可得：

$$\max_{\beta} U = Ae_1^p e_2^q e_3^{1-p-q} - \frac{1}{2}(c_1e_1^2 + c_2e_2^2 + c_3e_3^2) - \frac{1}{2}\rho\beta^2\delta^2 - \bar{U} \quad (7.4.7)$$

考虑到保留效用 $\bar{U}$ 在模型中的固定属性，核心企业的优化问题实质上可以转化为如何确定报酬激励系数 β 来激励代理企业通过最优努力投入达到最大化协同创新项目总体收益 TCE（Total Certainty Equivalence），即项目参与者核心企业和代理企业的收益之和，即模型 P7.4.1 可以转化成如下最优化问题：

$$\text{P7.4.2}\quad \max_{\beta} TCE = Ae_1^p e_2^q e_3^{1-p-q} - \frac{1}{2}(c_1 e_1^2 + c_2 e_2^2 + c_3 e_3^2) - \frac{1}{2}\rho\beta^2\delta^2 \tag{7.4.8}$$

$$\begin{aligned} \text{S.}t:\ (e_1, e_2, e_3) \in \operatorname{argmax}[&\alpha + \beta(Ae_1^p e_2^q e_3^{1-p-q} - B_0) \\ &- \frac{1}{2}(c_1 e_1^2 + c_2 e_2^2 + c_3 e_3^2) - \frac{1}{2}\rho\beta^2\delta^2] \end{aligned} \tag{7.4.9}$$

由式（7.4.9）可得：

$$\begin{cases} \beta Ape_1^{p-1} e_2^q e_3^{1-p-q} = c_1 e_1 \\ \beta Aqe_1^p e_2^{q-1} e_3^{1-p-q} = c_2 e_2 \\ \beta A(1-p-q) e_1^p e_2^q e_3^{-p-q} = c_3 e_3 \end{cases} \tag{7.4.10}$$

根据式（7.4.10），可以得到 $M(e_1^*, e_2^*, e_3^*)$：

$$\begin{cases} e_1^* = \beta A(\frac{c_1}{p})^{-\frac{1+p}{2}}(\frac{c_2}{q})^{-\frac{q}{2}}(\frac{c_3}{1-p-q})^{-\frac{1-p-q}{2}} \\ e_2^* = \beta A(\frac{c_1}{p})^{-\frac{p}{2}}(\frac{c_2}{p})^{-\frac{1+q}{2}}(\frac{c_3}{1-p-q})^{-\frac{1-p-q}{2}} \\ e_3^* = \beta A(\frac{c_1}{p})^{-\frac{p}{2}}(\frac{c_2}{q})^{-\frac{q}{2}}(\frac{c_3}{1-p-q})^{-\frac{2-p-q}{2}} \end{cases} \tag{7.4.11}$$

$M(e_1^*, e_2^*, e_3^*)$ 的海塞矩阵为：

$$H(M) = \begin{bmatrix} (p-2)c_1 & c_1^{1/2}c_2^{1/2}p^{1/2}q^{1/2} & c_1^{1/2}c_3^{1/2}p^{1/2}(1-p-q)^{1/2} \\ c_1^{1/2}c_2^{1/2}p^{1/2}q^{1/2} & (q-2)c_2 & c_1^{1/2}c_3^{1/2}q^{1/2}(1-p-q)^{1/2} \\ c_1^{1/2}c_3^{1/2}p^{1/2}(1-p-q)^{1/2} & c_1^{1/2}c_3^{1/2}q^{1/2}(1-p-q)^{1/2} & (-p-q-1)c_3 \end{bmatrix} \tag{7.4.12}$$

将 $M(e_1^*, e_2^*, e_3^*)$ 带入式（7.4.8）中可以得到：

$$\begin{aligned} TCE = &-\frac{1}{2}\beta^2[A^2(\frac{p}{c_1})^p(\frac{q}{c_2})^q(\frac{1-p-q}{c_3})^{1-p-q} + \rho\delta^2] \\ &+ \beta A^2(\frac{p}{c_1})^p(\frac{q}{c_2})^q(\frac{1-p-q}{c_3})^{1-p-q} \end{aligned} \tag{7.4.13}$$

根据 $\frac{dTCE}{d\beta}=0$，可以得到：

$$\beta^{*}=\frac{1}{1+\rho\delta^{2}A^{-2}\left(\frac{c_{1}}{p}\right)^{p}\left(\frac{c_{2}}{q}\right)^{q}\left(\frac{c_{3}}{1-p-q}\right)^{1-p-q}} \tag{7.4.14}$$

进一步，通过下式：

$$\frac{d^{2}TCE}{d\beta^{2}}=-A^{2}\left(\frac{p}{c_{1}}\right)^{p}\left(\frac{q}{c_{2}}\right)^{q}\left(\frac{1-p-q}{c_{3}}\right)^{1-p-q}-\rho\delta^{2}<0 \tag{7.4.15}$$

可以得到式（7.4.8）中的最优激励系数 β^{*}，将 β^{*} 带入式（7.4.11）中，可以得到：

$$\begin{cases} e_{1}^{*}=\dfrac{A\left(\frac{p}{c_{1}}\right)^{\frac{1+p}{2}}\left(\frac{q}{c_{2}}\right)^{\frac{q}{2}}\left(\frac{c_{3}}{1-p-q}\right)^{\frac{1+p+q}{2}}}{\frac{c_{3}}{1-p-q}+\rho\delta^{2}A^{-2}\left(\frac{c_{1}}{p}\right)^{p}\left(\frac{c_{2}}{q}\right)^{q}\left(\frac{c_{3}}{1-p-q}\right)^{2-p-q}} \\ e_{2}^{*}=\dfrac{A\left(\frac{p}{c_{1}}\right)^{\frac{p}{2}}\left(\frac{q}{c_{2}}\right)^{\frac{1+q}{2}}\left(\frac{c_{3}}{1-p-q}\right)^{\frac{1+p+q}{2}}}{\frac{c_{3}}{1-p-q}+\rho\delta^{2}A^{-2}\left(\frac{c_{1}}{p}\right)^{p}\left(\frac{c_{2}}{q}\right)^{q}\left(\frac{c_{3}}{1-p-q}\right)^{2-p-q}} \\ e_{3}^{*}=\dfrac{A\left(\frac{p}{c_{1}}\right)^{\frac{p}{2}}\left(\frac{q}{c_{2}}\right)^{\frac{q}{2}}\left(\frac{c_{3}}{1-p-q}\right)^{\frac{p+q}{2}}}{\frac{c_{3}}{1-p-q}+\rho\delta^{2}A^{-2}\left(\frac{c_{1}}{p}\right)^{p}\left(\frac{c_{2}}{q}\right)^{q}\left(\frac{c_{3}}{1-p-q}\right)^{2-p-q}} \end{cases} \tag{7.4.16}$$

7.4.4 模型求解与分析

命题 7.4.1：代理企业在配套产品的研发周期、成本和质量方面的最优努力水平与核心企业的综合技术能力正相关，与其各自任务的边际努力成本变化率负相关。

证明：由式（7.4.16）可知，$\frac{\partial e_{1}^{*}}{\partial A}>0$、$\frac{\partial e_{2}^{*}}{\partial A}>0$、$\frac{\partial e_{3}^{*}}{\partial A}>0$，并且有 $\frac{\partial e_{1}^{*}}{\partial c_{1}}<0$、$\frac{\partial e_{1}^{*}}{\partial c_{2}}<0$、$\frac{\partial e_{1}^{*}}{\partial c_{3}}<0$。由此可见核心企业综合技术能力越高，其

更容易将代理企业的各项努力转化成产品协同创新项目的实际收益，代理企业也就更愿意提高努力水平获得更高的报酬。另外，当配套产品研发周期、成本和质量任务上的边际努力成本变化率提高时，代理企业提高努力水平将会付出更高的努力成本，在报酬没有随之增加的情况下，代理企业努力工作的积极性便会降低，投入在各任务上的努力水平也将随之降低。证毕。

命题 7.4.2：代理企业在配套产品研发周期、成本和质量任务上所投入最优努力水平的比重由任务的相对重要性和相对边际成本变化率决定，即任务越重要，相对边际努力成本变化率越低，代理企业投入的努力水平越高。

证明：由式（7.4.16）可知，代理企业在配套产品研发周期、成本和质量任务上所投入最优努力水平之间的比例关系为：

$$\begin{cases} e_1^* = \sqrt{\dfrac{c_3 p}{c_1(1-p-q)}}e_3^* \\ e_2^* = \sqrt{\dfrac{c_3 p}{c_2(1-p-q)}}e_3^* \end{cases} \tag{7.4.17}$$

令 $\lambda = \sqrt{\dfrac{c_3 p}{c_1(1-p-q)}}$，$\mu = \sqrt{\dfrac{c_3 p}{c_2(1-p-q)}}$，则有 $e_1^* = \lambda e_3^*$，$e_2^* = \mu e_3^*$，可将 $\lambda(p,q;c_1,c_3)$ 和 $\mu(p,q;c_2,c_3)$ 看成是给定 (c_1,c_2,c_3) 情况下关于 (p,q) 的二元函数。图 7.4.1 给出了 $c_1 = c_3$ 时 λ 与 p,q 相关关系的图形。

由图 7.4.1 可知，当 p 趋近于 0 时，λ 也趋近于 0，说明当研发周期任务的重要程度较低时，代理企业在周期任务上投入的努力也较低。随着 p 的增加（q 不变）或者 q 增加（p 不变）时，λ 的值越来越大，即随着周期任务相对于质量任务重要程度的上升，代理企业在周期任务上相对于质量任务所投入的努力将逐渐增加。当 $p \to 1$ 时，说明研发周期变得极为重要，这时 $\lambda \to 1$，代理企业会将绝大部分的努力投入到研发周期任务上，这时可能出现为了赶时间而忽视研发成本和质量的情况。

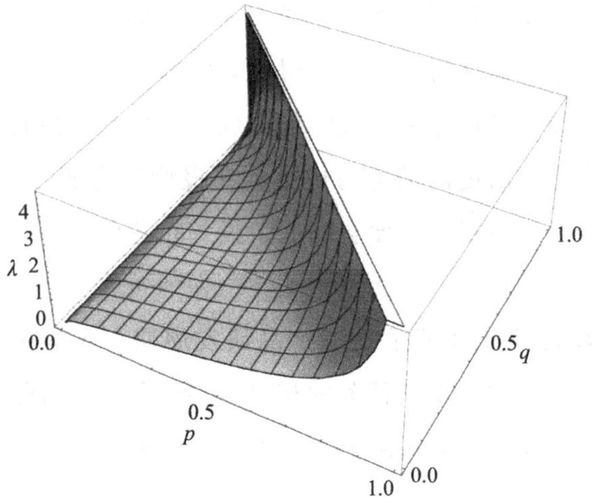

图 7.4.1　$c_1 = c_3$ 时代理企业相对于配套产品研发质量所投入的最优周期努力水平

对于核心企业而言，代理企业因一边倒地追求配套产品的研发周期目标，往往忽略了研发成本过高甚至是研发项目质量低下的问题，这将极大地影响到产品协同创新项目的最终效益。

图 7.4.2 给出了 $c_2 = c_3$ 时 μ 与 p, q 相关关系的图形。同理，随着成本任务相对于质量任务重要性的上升，代理企业在成本任务上相对于质量任务所投入的努力将逐渐增加。当成本任务重要性极大，代理企业会将绝大部分努力投入到成本任务上，这时可能出现为了尽量节约成本而忽视研发周期和质量的情况，这种情况常常反映为私人业主由于资金限制，为了节约投资而不得不适当延迟周期和降低质量要求，代理企业不得不在成本控制上投入更多的努力。

如果将图 7.4.1 和图 7.4.2 合并到一个坐标系当中，此时给出 $c_1 = c_2 = c_3$，如图 7.4.3 所示，反映了代理企业在配套产品研发周期、成本和质量任务上所投入努力随任务重要性的变化而变化。在 $p = 0$ 附近区域内，这种情况对于研发周期要求较低的协同创新项目，代理企业只需要在控制研发成本和保证研发质量上分配自己的努力即可。在 $q = 0$ 附近区域内，这种情况下，研发成本并不是核心企业考虑的主要问题，对

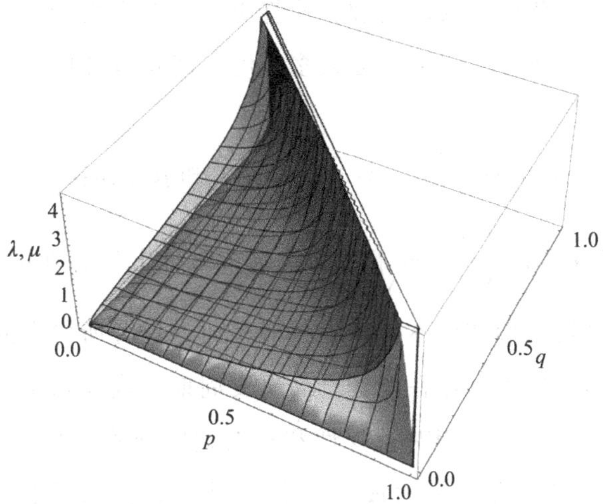

图 7.4.2　$c_2 = c_3$ 时代理企业相对于配套产品研发质量所投入的最优成本努力水平

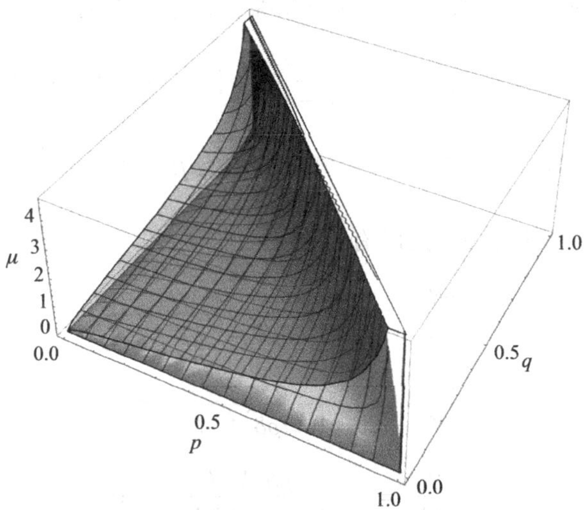

图 7.4.3　$c_1 = c_2 = c_3$ 时代理企业相对于配套产品研发质量所投入的最优周期、成本努力水平

于研发资金充足的企业来说，在保证研发质量的前提下，核心企业会加大对研发周期努力投入的激励。对于核心企业的战略性项目而言，此类项目往往对研发周期和质量均有较高的要求，但是在研发资金上预算较为充足，最优激励要求代理企业将更多的努力投入到配套产品的研发周期与质量任务上，以便在复杂多变的市场竞争环境中抓住机遇，抢占有利先机。

当 $c_1 \neq c_3$，$c_2 \neq c_3$ 时，$\lambda(p,q;c_1,c_3)$ 和 $\mu(p,q;c_2,c_3)$ 的图像为图 7.4.1 和图 7.4.2 以 $\sqrt{\frac{c_3}{c_1}}$ 和 $\sqrt{\frac{c_3}{c_2}}$ 为比例在纵轴上进行伸缩，比例越大，代理企业在研发周期和成本任务上相对于质量任务所付出的努力越高。

综上可知，代理企业在配套产品研发周期、成本和质量任务上所投入努力的比重由任务的相对重要性和相对边际成本的成本变化率决定，任务越重要、相对边际努力成本变化率越低，投入的相对努力越大。证毕。

命题 7.4.3：最优激励系数是代理企业绝对风险规避系数和外部环境不确定性的递减函数，是代理企业综合技术水平的递增函数。

证明：令 $l = \left(\frac{c_1}{p}\right)^p \left(\frac{c_2}{q}\right)^q \left(\frac{c_3}{1-p-q}\right)^{1-p-q}$，$l(p,q;c_1,c_2,c_3)$ 即为 p，q 的幂指数函数，式（7.4.14）可以表示为 $\beta^* = \frac{1}{1+\rho\delta^2 A^{-2} l}$，其中 ρ，A^{-2}，l 和 δ^2 均恒大于 0，此时有：

$$\begin{cases} \dfrac{\partial\beta^*}{\partial\rho} = -\dfrac{\delta^2 A^{-2} l}{(1+\rho\delta^2 A^{-2} l)^2} < 0 \\ \dfrac{\partial\beta^*}{\partial\delta^2} = -\dfrac{\rho A^{-2} l}{(1+\rho\delta^2 A^{-2} l)^2} < 0 \\ \dfrac{\partial\beta^*}{\partial A} = -\dfrac{2\rho\delta^2 A^{-3} l}{(1+\rho\delta^2 A^{-2} l)^2} > 0 \end{cases} \tag{7.4.18}$$

由式（7.4.18）可知，最优激励系数 β^* 是代理企业绝对风险规避系数 ρ 和外部环境不确定性 δ^2 的递减函数，是代理企业综合技术水平 A 的递增函数。证毕。

最优激励系数是代理企业绝对风险规避系数的递减函数说明对于持不同风险态度的代理企业（核心企业）应采取不同的激励方案。风险厌恶的代理企业不喜欢收益水平的不确定性，如果代理企业是风险厌恶的，则应减少对其产出的激励。因此，对于具有配套产品研发经验、资金实力较强的代理企业而言，其具有更高的风险承受能力，绝对风险规避度较低，核心企业可以基于产出采取较强的激励。相反，对于资金实力较弱、组织文化偏向保守并处在不利外部经济环境中的代理企业，他们往往更偏向于风险规避，对于此类代理企业则应采用较弱的产出激励，并适当增加一些固定报酬给予代理企业一些信心。

最优激励系数是外部环境不确定性的递减函数意味着若产品协同创新项目的外部环境越不确定，项目的产出难以归因为是代理企业努力工作还是外界随机变量干扰所带来的，核心企业和代理企业之间的信息不对称性将会增加，也就是说，项目绩效好可能是由于外部环境好，并不是代理企业努力和综合技术能力的真实反映；反之，项目绩效不好也不一定是代理企业没有努力工作，而可能是环境变动所导致的。因此，在外部环境不确定性高的情况下，代理企业各项工作上投入的努力水平与产品协同创新的绩效产出相关度不高，此时，提高激励强度并不能起到激励代理企业努力工作的效果。

最优激励系数是代理企业综合技术水平的递增函数意味着代理企业的综合技术水平越高，在相同的努力水平下能带来更大的收益，代理企业就会越有积极性去努力工作，对应的激励强度也应提高。但是，影响代理企业风险态度的因素可能也会影响到代理企业的综合技术水平，如拥有较强资金、技术实力或者有类似经验的代理企业其综合技术水平会更高，同时绝对风险规避度也会降低，从这两个角度出发对此类代理企业都应采用较强的激励。

命题 7.4.4：在其他条件相同的情况下，在极值点处，较高的研发周期、成本和质量目标的边际努力成本变化率之和导致较低的最优激励强度，反之亦然。

证明：因为 $\beta^* = \dfrac{1}{1+\rho\delta^2 A^{-2} l}$，所以 l 越大，最优激励系数 β^* 越

小，$l(p,q;c_1,c_2,c_3)$，$l(p,q;c_1,c_2,c_3)$ 为 p,q 的幂指数函数，变量（c_1，c_2,c_3）为参数，利用对数微分方法，求得 l 的一阶偏导如下：

$$l_1=\frac{\partial l}{\partial p}=(\frac{c_1}{p})^p(\frac{c_2}{q})^q(\frac{c_3}{1-p-q})^{1-p-q}\ln\frac{c_1(1-p-q)}{c_3p} \tag{7.4.19}$$

$$l_2=\frac{\partial l}{\partial q}=(\frac{c_1}{p})^p(\frac{c_2}{q})^q(\frac{c_3}{1-p-q})^{1-p-q}\ln\frac{c_2(1-p-q)}{c_3p} \tag{7.4.20}$$

令 $l_1=l_2$，可求得一阶极值点 $(p^*,q^*)=\left(\frac{c_1}{c_1+c_2+c_3},\frac{c_2}{c_1+c_2+c_3}\right)$，以下先证明该极值点的存在性。关于式（7.4.19）和式（7.4.20）分别求二阶偏导：

$$\begin{cases}l_{11}=\frac{\partial^2 l}{\partial p^2}=l_1\ln\frac{c_1(1-p-q)}{c_3p}-l(\frac{1}{1-p-q}+\frac{1}{p})\\ l_{12}=\frac{\partial^2 l}{\partial p\partial q}=l_2\ln\frac{c_1(1-p-q)}{c_3p}-\frac{l}{1-p-q}\\ l_{21}=\frac{\partial^2 l}{\partial q\partial p}=l_1\ln\frac{c_2(1-p-q)}{c_3p}-\frac{l}{1-p-q}\\ l_{22}=\frac{\partial^2 l}{\partial q^2}=l_2\ln\frac{c_2(1-p-q)}{c_3p}-(\frac{1}{1-p-q}+\frac{1}{q})\end{cases} \tag{7.4.21}$$

在 (p^*,q^*) 处有 $l_{11}(p^*,q^*)<0$，$l_{11}l_{12}-l_{12}l_{21}\big|_{(p^*,q^*)}=\frac{l^2(c_1+c_2)(c_1+c_2+c_3)}{c_1c_2c_3}>0$。由二元函数求极值的二阶充分条件可知，$(p^*,q^*)$ 是 l 的极大值点，其中 l 的极大值 $l^*=c_1+c_2+c_3$。考虑到最优激励系数 β^* 是关于 l 的减函数，也就是说 l 取极大值的时候，β^* 取极小值。由此可见，代理企业配套产品研发周期、成本和质量任务目标满足极值点条件时，较高的研发周期、成本和质量任务目标的边际努力成本变化率之和将导致较低的激励强度。反之亦然。证毕。

命题7.4.4表明，在极值点处，若产品协同创新项目的边际努力成本变化率之和越大，则应采取较低的激励强度；如果边际成本变化率之和越大，则代理企业额外的努力将伴随着努力成本的大幅上升，根据命题 7.4.4，此时应采取较弱的激励。

命题 7.4.5：给定 ρ 和 δ^2，当配套产品研发周期、成本和质量任务目标上的相对重要性与其边际努力成本变化率所占边际努力成本变化率之和的比重相接近时，最优的激励强度较弱。

证明：由于 l 的极大值点 $(p^*, q^*) = \left(\frac{c_1}{c_1 + c_2 + c_3}, \frac{c_2}{c_1 + c_2 + c_3}\right)$ 可知，$1 - p^* - q^* = \frac{c_3}{c_1 + c_2 + c_3}$，即配套产品研发的周期、成本和质量等工作目标的相对重要性与其边际努力成本变化率在三者变化率之和所占比例相一致时，l 取极大值，此时有极小的最优激励系数。

为进一步论证，图 7.4.4、图 7.4.5、图 7.4.6 分别给出了当 $c_1 = c_2 = c_3 = 1$，$c_1 = 1, c_2 = 2, c_3 = 3$ 和 $c_1 = 3, c_2 = 2, c_3 = 1$ 时，函数 $l(p, q; c_1, c_2, c_3)$ 的曲面图。在 l 的极值点附近会形成一个“弱激励区域”，在该区域内，给定绝对风险规避系数 ρ 和外部环境不确定性 δ^2，l 值较高，最优激励系数 β^* 较小。其中，当 $c_1 = c_2 = c_3 = 1$ 时，“弱激励区

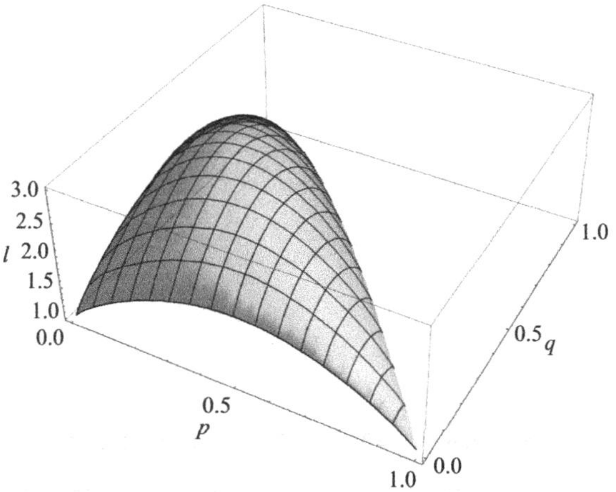

图 7.4.4　$c_1 = c_2 = c_3 = 1$ 时 l 的曲面

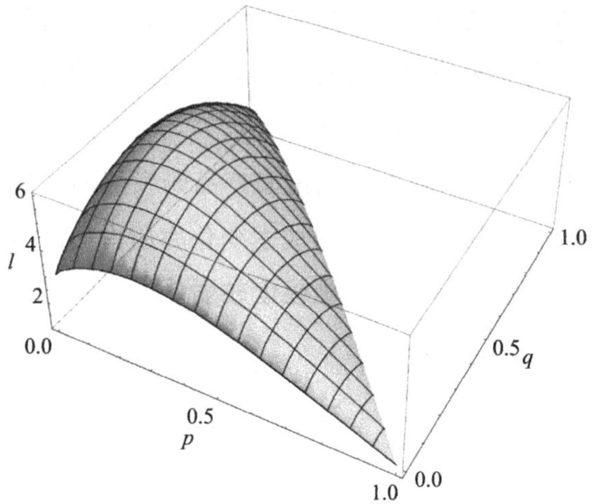

图 7.4.5　$c_1=3$，$c_2=2$，$c_3=1$ 时 l 的曲面

域”在 $p=q=\frac{1}{3}$ 附近（如图 7.4.4 所示）；当 $c_1=1$、$c_2=2$、$c_3=3$ 时，“弱激励区域”在 $p=\frac{1}{6}$、$q=\frac{1}{3}$ 附近（如图 7.4.5 所示）；当 $c_1=3$、$c_2=2$、$c_3=1$ 时，“弱激励区域”在 $p=\frac{1}{2}$、$q=\frac{1}{3}$ 附近（如图 7.4.6 所示）。

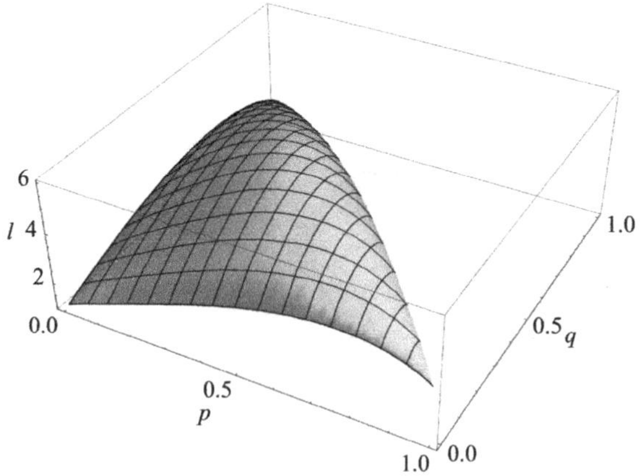

图 7.4.6　$c_1=3$，$c_2=2$，$c_3=1$ 时 l 的曲面

命题 7.4.5 表明，当产品协同创新项目中某项任务的相对重要性与代理企业完成此项任务付出一定努力所需花费的代价不相匹配，远离

“弱激励区域”时，即存在某项任务相对重要性高且代理企业完成此项任务付出的努力成本较低时，核心企业所选择的最优激励系数会较高，此时较强的激励会鼓励代理企业付出更多的努力以较小的代价去完成重要性较高的任务，从而带来更高的项目绩效产出，这对于核心企业和代理企业来说是一个双赢的局面。

综合命题 7.4.3、命题 7.4.4 和命题 7.4.5 可知，核心企业对代理企业的最优激励系数取决于两方面因素，一方面是代理企业自身因素，包括代理企业的综合技术水平、绝对风险规避度和边际努力成本变化率；另一方面是产品协同创新项目及环境因素，包括项目不同任务的重要性及所处环境的不确定程度。产品协同创新实际过程中，最优激励系数的确定不能只依据代理企业或项目其中一方的特点，而是需要综合考虑二者在相关参数上的关联性，从而选择既满足项目特点又针对特定代理企业的最优激励系数。

7.4.5　研究结论分析

项目导向型供应链协同创新是以合作契约组织所有项目参与者，平衡各方利益，确定项目目标，建立完善的协调沟通机制，最终实现合理分担风险、友好解决纠纷的目标。项目导向型供应链协同创新需要一个创新生态系统，该生态系统以产品创新项目为核心。在该创新生态系统内，核心企业负责产品平台的核心技术开发，外围配套产品的研发（R&D）任务委托给代理企业。核心企业通过设计合同，从工期、成本和质量三个方面激励代理企业，实现整体收益的最优化。本节研究考虑代理企业的 R&D 能力，运用委托代理理论建立了多任务激励模型。研究结果表明，代理企业在工期、成本和质量任务上的最优努力水平与其研发能力正相关，与每项任务的边际努力成本变化率负相关。代理企业的最优激励系数不仅受代理企业自身因素（包括研发能力、绝对风险规避程度和边际努力成本变化率）的影响，还取决于项目不同任务的重要性和环境的不确定性。研究结果有助于核心企业选择合适的激励机制，实现合理的风险分担。

需要注意的是，配套产品在不同阶段其研发周期、成本和质量任务的重要性是不同的，具有动态变化性，如产品协同创新项目后期，研发周期控制变为首要目标，质量控制则随着时间推移而逐渐增强，因此未来研究可在本节所构建的静态模型的基础上考虑配套产品研发多任务之间重要性的动态变化性以进一步深化激励模型。此外，本节研究为了模型的简洁性，在代理企业的努力成本假定上做了一定的妥协，假定多任务努力成本之间相互独立，然而更贴近实际的情况是，代理企业在研发周期、成本和质量上的投入具有一定的替代性，如在研发周期上投入更多的努力，会使得质量上的边际努力成本上升，研发周期与成本、成本与质量之间也存在这种任务替代性。因此，识别代理企业在每项任务上的努力对努力成本的影响，并在任务之间相互替代的基础上构造代理企业努力成本函数是未来研究需要解决的另一个问题。

7.5 行为不确定下项目导向型供应链协同创新的知识交易机制

7.5.1 研究背景与问题提出

考虑知识的无形性、外部性以及难以度量性等自然特性，在实际知识共享的市场机制实施过程中由于信息不对称往往存在双边道德风险问题，即不仅知识需求方将知识转化为收益的行为不可被第三方验证，其具有隐藏行动的道德风险，而且知识供给方所出售知识的数量和质量同样不可被第三方验证，其同样具有道德风险。正因为知识交易过程中双边道德风险的存在，知识交易双方投入要素均无法观察验证，不能在正式的市场合约中被明确定义，因而维系知识交易双方的市场合约具有较强的不完全性。双边道德风险的市场合约设计研究表明，在满足预算约束平衡下，不存在一种分配机制能激励双方的投入达到系统收益最优，因而正式交易合约往往无法有效激励知识交易双方的行为。以社会关系为基础的关系交易理论认为通过内在的、道德的控制，并通过建立一致目标，营造长期的合作氛围，有利于创造更大程度的互动和双方的相互理解，最终促进交易关系的顺利进行，其强调了社会交往和关系在经济活动中所起的作用，即双方在正式市场合约的基础上，形成一种长期的合作关系，表现为关系合约机制。

鉴于此，本节从项目导向型供应链协同创新视角下的知识交易关系出发，针对知识交易过程中交易双方行为不确定（投入要素无法验证）的双边道德风险问题，拟运用委托代理理论设计项目导向型供应链协同创新的知识交易市场合约及关系合约机制并进行比较分析，以期为项目导向型供应链协同创新过程中的知识共享决策提供理论依据。

7.5.2　问题描述与模型假设

在项目导向型供应链中，核心企业制造商进行产品创新活动需要其供应商的积极参与并提供相应的技术知识支持，即项目导向型供应链企业间的协同创新，这在汽车行业中非常普遍。汽车是典型的复杂产品，其研发和生产本质上是知识密集性活动，汽车行业技术变化速度很快，其生产经营对新知识、新技术的依赖很强，所以该行业需要供应链上下游进行充分的知识共享与合作，以提高产品创新成功的概率。在项目导向型供应链的产品协同创新过程中，制造商通过知识交易的方式获取供应商提供的相关技术知识，然后自身投入努力（努力主要表现在知识、技术、人力资源为代表的知识性生产要素的投入力度上）进行产品创新活动，并以创新产出为参考来支付供应商提供知识的报酬。可见，这类产品创新活动的结果不仅受到制造商创新工作努力水平的影响，还受到产品创新过程中供应商技术知识支持力度（技术知识转移量）的影响，而制造商的工作努力水平及供应商的技术知识转移量（多为隐性知识）均不易观察量化而存在着知识交易行为的不确定性，他们在知识交易过程中均有可能为获取私利而出现败德行为。为进行上述双边道德风险下知识交易的合约机制研究，现做如下假设：

假设7.5.1：根据市场需求，制造商需要进行一项产品创新活动，创新活动在执行后通常表现为成功或失败两种结果，分别记为 S 和 F。假定创新成功后的产出 $\pi(S)=\theta$，创新失败后的产出 $\pi(F)=0$。

假设7.5.2：项目导向型供应链产品协同创新项目的成功与否受供应商提供的技术知识转移量 k 和制造商在产品创新过程中工作努力水平 e 的影响。假定产品创新的成功概率为 $f(k,e)$，其中 k（$k\in[0,1]$）为供应商技术知识转移量，$k=0$ 表示供应商不向制造商提供相关技术知识，$k=1$ 表示向制造商提供所有相关技术知识；e（$e\in[0,1]$）表示制造商进行产品创新的工作努力水平，e 取值越大表示制造商产品创新的工作努力水平越高。另外，产品创新的成功概率 $f(k,e)$ 具有以下性质：

（1）$\partial f(k,e)/\partial k>0$、$\partial f(k,e)/\partial e>0$、$\partial^2 f(k,e)/\partial k^2<0$、$\partial^2 f(k,e)/\partial e^2<0$；

（2）$\dfrac{\partial^2 f(k,e)}{\partial k^2}\dfrac{\partial^2 f(k,e)}{\partial e^2}-\left(\dfrac{\partial^2 f(k,e)}{\partial k\partial e}\right)^2>0$

其中（1）表示制造商进行产品创新的成功概率随着 k 或 e 的增加而递减增加，满足边际递减规律；（2）表示制造商进行产品创新的成功概率 $f(k,e)$ 为 k,e 的联合凹函数。

假设7.5.3：制造商努力成本函数为 $C_m(e)$，供应商技术知识转移成本函数为 $C_s(k)$，且满足以下条件：

（1）$C_m(0)=C_s(0)=0$，表示制造商不努力、供应商不转移知识时均不产生成本；

（2）$\lim\limits_{e\to 1}C_m(e)=+\infty$，表示制造商工作努力水平接近于1时其努力

成本是巨大的；$\lim_{k \to 1} C_s(k) = +\infty$，表示供应商的知识转移量接近于 1 时其转移成本是巨大的；

(3) $\partial C_s(k)/\partial k > 0, \partial^2 C_s(k)/\partial k^2 > 0$，表示随着知识转移量增加，供应商的知识转移成本也随之增加并且以递增的速度增加；

(4) $\partial C_m(e)/\partial e > 0, \partial^2 C_m(e)/\partial e^2 > 0$，表示随着工作努力水平增加，制造商的努力成本也随之增加并且以递增的速度增加。

假设 7.5.4：制造商和供应商都是风险中性的。沿用霍姆斯特姆与米尔格罗姆参数化扩张模型，假定制造商对供应商提供技术知识支持的支付函数为 $W(\pi) = \alpha + \beta\pi$，其中 $W(\pi)$ 为制造商对供应商的总支付，α 为制造商向供应商支付的固定费用，π 为制造商产品创新的收益产出，β 为产品创新成功时供应商分享的产出份额，即收入共享激励系数，且 $\beta \in [0,1]$。

假设 7.5.5：在项目导向型供应链产品协同创新过程中，制造商进行产品创新的工作努力水平和供应商在知识交易过程中的技术知识转移量均不易观察验证，因此本节假设制造商工作努力水平 e 和供应商技术知识转移量 k 均为各自私人信息，其他信息均为共同信息。

7.5.3　知识交易的正式合约

在正式合约框架下，制造商与供应商进行单周期两阶段博弈。即第一阶段制造商设计知识交易支付合约，供应商根据合约期望收益选择接受或拒绝合约，如接受合约将进入第二阶段；第二阶段制造商和供应商分别投入努力和技术知识进行产品创新活动。

正式合约下可用如下优化问题 P7.5.1 描述。

P7.5.1
$$\max_{\alpha,\beta,e} E(\pi_m) = (1-\beta)\theta f(k,e) - \alpha - C_m(e) \tag{7.5.1}$$

S. t.
$$(1-\beta)\theta \frac{\partial f(k,e)}{\partial e} - \frac{\partial C_m(e)}{\partial e} = 0 \tag{7.5.2}$$

$$\beta\theta\frac{\partial f(k,e)}{\partial k}-\frac{\partial C_s(k)}{\partial k}=0 \tag{7.5.3}$$

$$\alpha+\beta\theta f(k,e)-C_s(k)\geqslant\overline{U} \tag{7.5.4}$$

在上述优化问题 P7.5.1 中，式(7.5.1)是制造商产品创新的目标收益函数；式(7.5.2)是制造商的激励相容约束，表示制造商对供应商技术知识转移量的最优反应函数；式(7.5.3)是供应商激励相容约束，表示供应商对制造商工作努力水平的最优反应函数；式(7.5.4)是供应商参与约束，其中 $\overline{U}$ 为供应商的保留效用，该约束保证供应商通过知识交易至少能获得保留效用。一般情况下，制造商在保证供应商参与的基础上不会给供应商更多的支付，即供应商的参与约束在制造商收益最大化条件下取等号，即式(7.5.4)可写成式(7.5.5)。

$$\alpha=\overline{U}+C_s(k)-\beta\theta f(k,e) \tag{7.5.5}$$

因此，优化问题 P7.5.1 可表述为如下优化问题 P7.5.2。

P7.5.2

$$\max_{\beta,e}E(\pi_m)=\phi(k,e)-\overline{U} \tag{7.5.6}$$

S. t.

$$(1-\beta)\theta\frac{\partial f(k,e)}{\partial e}-\frac{\partial C_m(e)}{\partial e}=0 \tag{7.5.7}$$

$$\beta\theta\frac{\partial f(k,e)}{\partial k}-\frac{\partial C_s(k)}{\partial k}=0 \tag{7.5.8}$$

根据假设 7.5.2 和假设 7.5.3，优化问题 P7.5.2 中的目标函数为凹函数，约束为等式约束，假定其最优解为 β^*、k^*、e^*，由式（7.5.5）可知最优固定支付 $\alpha^*=\overline{U}+C_s(k^*)-\beta^*\theta f(k^*,e^*)$。为进一步分析行为不确定下（双边道德风险）双方的利己行为对项目导向型供应链整体收益的影响，将制造商与供应商当作一个整体进行集中决策，此时他们追求的将是项目导向型供应链整体利润最大化，在这种情形下做出的决策是全局最优的。集中式决策情形下的优化问题为：

$$\max_{k,e}\phi(k,e)=\theta f(k,e)-C_m(e)-C_s(k) \tag{7.5.9}$$

根据前文假设，项目导向型供应链整体期望收益函数 $\phi(k,e)=$

$\theta f(k,e) - C_m(e) - C_s(k)$ 为凹函数，即式（7.5.9）存在最优解。假设式（7.5.9）的最优解为 e^{FB}、k^{FB}，即项目导向型供应链整体期望收益最大化时制造商的工作努力水平为 e^{FB}，供应商技术知识转移量的为 k^{FB}，则 e^{FB}、k^{FB} 必然满足由式（7.5.10）和式（7.5.11）组成的一阶条件方程组：

$$\theta \frac{\partial f(k,e)}{\partial e} - \frac{\partial C_m(e)}{\partial e} = 0 \tag{7.5.10}$$

$$\theta \frac{\partial f(k,e)}{\partial k} - \frac{\partial C_s(k)}{\partial k} = 0 \tag{7.5.11}$$

命题 7.5.1：在知识交易双方行为不确定情形下，即存在双边道德风险的情况下，制造商工作努力水平 e 和供应商技术知识转移量 k 满足 $e^* \neq e^{FB}$，$k^* \neq k^{FB}$。

证明：利用反证法进行命题 7.5.1 证明。如果 $e^* = e^{FB}$，$k^* = k^{FB}$，则 e^{FB}、k^{FB} 除满足由式（7.5.10）和式（7.5.11）组成的项目导向型供应链整体收益最大化一阶条件方程组外，还需要满足由式（7.5.7）和式（7.5.8）组成的激励相容约束方程组。由假设 7.5.4 可知 $\beta \in [0,1]$，对定义域 $\beta \in [0,1]$ 中的任意 β，显然不存在 e^{FB}、k^{FB} 能同时满足上述两个方程组，因而 $e^* \neq e^{FB}$，$k^* \neq k^{FB}$。得证。

命题 7.5.1 说明在知识交易双方行为不确定情形下，制造商设计的最优正式合约虽然从一定程度上能促进知识交易的进行和创新收益产出的实现，但是其并不能有效激励知识交易双方投入达到集中决策下的最优。此时，项目导向型供应链中的知识资源并没有达到集中决策下的最优化配置，项目导向型供应链中的知识资源还存在一定的闲置和浪费，项目导向型供应链中知识的创新效应还没有完美体现。

7.5.4　知识交易的关系合约

关系合约定义为基于未来关系价值的非正式协议，其与正式合约的主要区别是：正式合约是指能够描述成可以由诸如法庭等第三方事后证实和执行的合约条款，而关系合约中可存在不能被第三方证实和执行的承诺；正式合约是强制执行的，而关系合约中不能被第三方证实和执行的承诺是“自我实施”（Self - Enforced）的；正式合约主要考虑短期单次合作，而关系合约面向长期多次合作。在关系合约框架下，制造商与供应商需要进行无限重复博弈，重复博弈中的一次博弈主要有以下两个阶段：第一阶段制造商设计固定支付加收益共享的知识交易支付合约 $\tilde{W}(\pi)=\tilde{\alpha}+\tilde{\beta}\pi$，并承诺其在产品创新活动的努力水平 $\tilde{e}$（为区别正式合约中的相关参数，关系合约中将用 $\tilde{W}(\pi)$、$\tilde{e}$、$\tilde{k}$ 进行表示），供应商选择接受或拒绝合约，如接受合约将进入第二阶段；第二阶段供应商考虑制造商的努力水平承诺是否可信并据此决策自身的知识转移量 $\tilde{k}$，同时制造商根据供应商的反应考虑是否兑现承诺，此时制造商与供应商之间的双边道德风险产生。

按照两阶段博弈逆向解法，在博弈的第二阶段，供应商首先判断制造商提出的关系合约是否具有“自我实施”性。关系合约主要基于双方关系机制面向长期合作关系，“自我实施”性取决于制造商“守约的长期收益”是否大于“违约的长期收益”。需要说明的是，信任与声誉是制造商实施关系合约的基础，一旦制造商没有执行其在关系合约中承诺的努力水平，供应商在以后的合作中都将认为制造商的承诺不可信，不会再与制造商缔结关系合约。

当制造商给出知识交易支付合约 $\tilde{W}(\pi)=\tilde{\alpha}+\tilde{\beta}\pi$ 及努力水平承诺 $\tilde{e}$ 时，如果供应商相信制造商的参与承诺，其将选择自己期望收益 $\tilde{\alpha}+\tilde{\beta}\theta f(\tilde{k},\tilde{e})-C_s(\tilde{k})$ 最大的知识转移量 $\tilde{k}$，则一阶条件式（7.5.12）成立。

$$\tilde{\beta}\theta\frac{\partial f(\tilde{k},\tilde{e})}{\partial\tilde{k}}-\frac{\partial C_s(\tilde{k})}{\partial\tilde{k}}=0 \tag{7.5.12}$$

如果制造商在产品协同创新过程中违约，即不执行其事先的努力水平承诺，在供应商认为关系合约具有“自我实施”性下，制造商将选择使用当期收益 $(1-\tilde{\beta})\theta f(\tilde{k},e)-\tilde{\alpha}-C_m(e)$ 最大化的工作努力水平 $\hat{e}$，由于固定支付 $\tilde{\alpha}$ 为定值，与工作努力水平 $\hat{e}$ 无关，则有：

$$\hat{e}=\arg\max_{e}(1-\tilde{\beta})\theta f(\tilde{k},e)-C_m(e) \tag{7.5.13}$$

制造商一旦违约，其声誉将会受到影响，供应商将不会信任制造商的关系承诺，因此供应商在以后的类似合作中只会与制造商签订正式合约。根据前面正式合约分析结果，制造商在以后的类似创新活动中获得的最优收益为 $\theta f(k^*,e^*)-C_m(e^*)-C_s(k^*)-\overline{U}$。记 r（$r\geqslant 0$）为未来收益的贴现率，则制造商在违约情况下所获得的净收益现值为：

$$E(\pi_m)^1_{NPV}=(1-\tilde{\beta})\theta f(\tilde{k},\hat{e})-\tilde{\alpha}-C_m(\hat{e})+\sum_{t=1}^{\infty}\frac{1}{(1+r)^t}$$
$$[\theta f(k^*,e^*)-C_m(e^*)-C_s(k^*)-\overline{U}] \tag{7.5.14}$$

令 $\lambda=\dfrac{1}{1+r}$，其中 $\lambda(0\leqslant\lambda\leqslant 1)$ 表示未来收益的贴现因子，将其代入式（7.5.14）并进行化简可知：

$$\begin{aligned}E(\pi_m)^1_{NPV}&=(1-\tilde{\beta})\theta f(\tilde{k},\hat{e})-\tilde{\alpha}-C_m(\hat{e})\\&+\frac{\lambda}{1-\lambda}[\theta f(k^*,e^*)-C_m(e^*)-C_s(k^*)-\overline{U}]\end{aligned} \tag{7.5.15}$$

如果制造商在产品创新过程中选择实施承诺 $\tilde{e}$，则其期望收益为 $(1-\tilde{\beta})\theta f(\tilde{k},\tilde{e})-\tilde{\alpha}-C_m(\tilde{e})$。正因为制造商选择遵守了承诺，以后类似合作中各期关系合约都会有效，此时制造商在守约情况下所获得的净收益现值为：

$$\begin{aligned}E(\pi_m)^2_{NPV}&=(1-\tilde{\beta})\theta f(\tilde{k},\tilde{e})-\tilde{\alpha}-C_m(\tilde{e})\\&+\frac{\lambda}{1-\lambda}[(1-\tilde{\beta})\theta f(\tilde{k},\tilde{e})-\tilde{\alpha}-C_m(\tilde{e})]\end{aligned} \tag{7.5.16}$$

当制造商“守约的长期收益”不小于“违约的长期收益”时，制造商的参与承诺具有“自我实施”性，因而 $E(\pi_m)^1_{NPV} \leqslant E(\pi_m)^2_{NPV}$ 是制造商参与承诺“自我实施”的条件，即“自我实施条件”为：

$$(1-\tilde{\beta})\theta f(\tilde{k},\hat{e})-\tilde{\alpha}-C_m(\hat{e})+\frac{\lambda}{1-\lambda}[\theta f(k^*,e^*)-C_m(e^*)-C_s(k^*)-\bar{U}]$$

$$\leqslant (1-\tilde{\beta})\theta f(\tilde{k},\tilde{e})-\tilde{\alpha}-C_m(\tilde{e})+\frac{\lambda}{1-\lambda}[(1-\tilde{\beta})\theta f(\tilde{k},\tilde{e})-\tilde{\alpha}-C_m(\tilde{e})] \quad (7.5.17)$$

博弈的第一阶段，制造商进行关系合约设计。在满足供应商参与约束和“自我实施”约束下，选择使其收益最大化的知识交易支付合约 $\tilde{W}(\pi)$ 和参与承诺 $\tilde{e}$，可用如下优化问题 P7.5.3 描述。

P7.5.3 $$\max_{\tilde{\alpha},\tilde{\beta},\tilde{e}} \tilde{E}(\pi_m)=(1-\tilde{\beta})\theta f(\tilde{k},\tilde{e})-\tilde{\alpha}-C_m(\tilde{e}) \quad (4.7.18)$$

S. t. $$(1-\tilde{\beta})\theta f(\tilde{k},\hat{e})-\tilde{\alpha}-C_m(\hat{e})+\frac{\lambda}{1-\lambda}$$

$$[\theta f(k^*,e^*)-C_m(e^*)-C_s(k^*)-\bar{U}]$$

$$\leqslant (1-\tilde{\beta})\theta f(\tilde{k},\tilde{e})-\tilde{\alpha}-C_m(\tilde{e})+\frac{\lambda}{1-\lambda}[(1-\tilde{\beta})\theta f(\tilde{k},\tilde{e})-\tilde{\alpha}-C_m(\tilde{e})] \quad (7.5.19)$$

$$\theta f(k^*,e^*)-C_m(e^*)-C_s(k^*)-\bar{U}\leqslant (1-\tilde{\beta})\theta f(\tilde{k},\tilde{e})-\tilde{\alpha}-C_m(\tilde{e}) \quad (7.5.20)$$

$$\tilde{\beta}\theta\frac{\partial f(\tilde{k},\tilde{e})}{\partial\tilde{k}}-\frac{\partial C_s(\tilde{k})}{\partial\tilde{k}}=0 \quad (7.5.21)$$

$$\tilde{\alpha}+\tilde{\beta}\theta f(\tilde{k},\tilde{e})-C_s(\tilde{k})\geqslant\bar{U} \quad (7.5.22)$$

其中 $$\hat{e}=\arg\max_e(1-\tilde{\beta})\theta f(\tilde{k},e)-C_m(e) \quad (7.5.23)$$

上述优化问题中，式（7.5.18）是制造商目标收益函数；式（7.5.19）是制造商承诺“自我实施”约束，即满足该条件的制造商承诺是可信的；式（7.5.20）是制造商实施关系合约的参与约束，即制造商通过关系合约能获得不少于最优正式合约的收益；式（7.5.21）

是制造商参与承诺“自我实施”下的供应商激励相容约束；式（7.5.22）是供应商的参与约束；式（7.5.23）是制造商违约时最大化自身收益的工作努力水平。同正式合约下优化问题 P7.5.1 一样，供应商参与约束式（7.5.22）为紧约束，即 $\tilde{\alpha} = \bar{U} + C_s(\tilde{k}) - \tilde{\beta}\theta f(\tilde{k},\tilde{e})$ ，将其代入优化问题 P7.5.3，消去固定支付 $\tilde{\alpha}$ 。另外，在关系合约结构下，供应链整体期望收益函数为 $\phi(\tilde{k},\tilde{e}) = \theta f(\tilde{k},\tilde{e}) - C_m(\tilde{e}) - C_s(\tilde{k})$ 。因此，上述优化问题 P7.5.3 可简化为如下优化问题 P7.5.4。

P7.5.4
$$\max_{\tilde{\beta},\tilde{e}} \tilde{E}(\pi_m) = \phi(\tilde{k},\tilde{e}) - \bar{U} \tag{7.5.24}$$

S. t.
$$(1-\tilde{\beta})\theta[f(\tilde{k},\hat{e}) - f(\tilde{k},\tilde{e})] + C_m(\tilde{e}) - C_m(\hat{e}) \leqslant \frac{\lambda}{1-\lambda}[\phi(\tilde{k},\tilde{e}) - \phi(k^*,e^*)] \tag{7.5.25}$$

$$\phi(k^*,e^*) \leqslant \phi(\tilde{k},\tilde{e}) \tag{7.5.26}$$

$$\tilde{\beta}\theta\frac{\partial f(\tilde{k},\tilde{e})}{\partial \tilde{k}} - \frac{\partial C_s(\tilde{k})}{\partial \tilde{k}} = 0 \tag{7.5.27}$$

$$\text{其中 } \hat{e} = \arg\max_{e}(1-\tilde{\beta})\theta f(\tilde{k},e) - C_m(e) \tag{7.5.28}$$

由式（7.5.24）可知，供应链整体收益 $\phi(\tilde{k},\tilde{e})$ 越大，制造商的期望收益也就越大。因此，制造商在满足“自我实施”约束式（7.5.25）及制造商实施关系合约的参与约束式（7.5.26）的基础上，选择收益共享系数 $\tilde{\beta}$ 和工作努力承诺 $\tilde{e}$ 激励供应商转移知识以尽量获取较大的供应链整体收益，同时也能提供制造商的自身的收益。由式（7.5.11）和式（7.5.27）可知，如果存在 $\tilde{\beta} = 1$ ，且制造商工作努力承诺为供应链整体收益最优的 e^{FB} ，在满足式（7.5.25）和式（7.5.26）的条件下，供应商将选择供应链整体收益最大下的知识转移量 k^{FB} 。此时，产品创新活动将实现供应链整体收益最大，将达到集中决策下的供应链整体收益，由命题 7.5.1 知 $\phi(k^*,e^*) \leqslant \phi(k^{FB},e^{FB})$ ，则有制造商实施关系合约的参与约束式（7.5.26）成立。对于“自我实施”约束式

（7.5.25）是否成立，是制造商能否实施供应链整体收益最大化关系合约的关键，对此提出如下命题7.5.2。

命题7.5.2：当贴现因子 λ 达到一定门槛值 $\bar{\lambda}$ 时，即满足 $\lambda \in [\bar{\lambda},1]$ 时，制造商可以通过关系合约实现项目导向型供应链整体收益最优化的工作努力水平 e^{FB} 和知识转移量 k^{FB}，其中 $\bar{\lambda} = \dfrac{C_m(e^{FB})}{C_m(e^{FB}) + \phi(k^{FB},e^{FB}) - \phi(k^*,e^*)}$。

证明：根据前文分析，如果存在 $\tilde{\beta} = 1$ 且 $\tilde{e} = e^{FB}$，由式（7.5.24）可得到 $\tilde{k} = k^{FB}$。另外，当 $\tilde{e} = e^{FB}$、$\tilde{k} = k^{FB}$ 时，根据命题7.5.1约束式（7.5.26）已显然得到满足。当“自我实施”约束式（7.5.25）得到满足时，根据目标函数式（7.5.24）可知将实现供应链整体收益及制造商收益的最大化。将 $\tilde{\beta} = 1$、$\tilde{e} = e^{FB}$、$\tilde{k} = k^{FB}$ 代入式（7.5.25）并化简得：

$$C_m(e^{FB}) - C_m(\hat{e}) \leqslant \frac{\lambda}{1-\lambda}[\phi(k^{FB},e^{FB}) - \phi(k^*,e^*)] \quad (7.5.29)$$

其中 $\hat{e} = \arg\max_e (1-\tilde{\beta})\theta f(\tilde{k},e) - C_m(e)$，当 $\tilde{\beta} = 1$ 时，显然制造商将选择 $\hat{e} = 0$ 以实现违约收益最大化。将 $\hat{e} = 0$ 代入式（7.5.29）得到：

$$C_m(e^{FB}) \leqslant \frac{\lambda}{1-\lambda}[\phi(k^{FB},e^{FB}) - \phi(k^*,e^*)] \quad (7.5.30)$$

对式（7.5.30）关于 λ 解不等式可得：

$$\lambda \geqslant \frac{C_m(e^{FB})}{C_m(e^{FB}) + \phi(k^{FB},e^{FB}) - \phi(k^*,e^*)} \quad (7.5.31)$$

令 $\bar{\lambda} = \dfrac{C_m(e^{FB})}{C_m(e^{FB}) + \phi(k^{FB},e^{FB}) - \phi(k^*,e^*)}$，由于 $\phi(k^*,e^*) \leqslant \phi(k^{FB},e^{FB})$，则有 $\bar{\lambda} \leqslant 1$。故 $\lambda \in [\bar{\lambda},1]$ 时可以满足条件。命题7.5.2得证。

命题7.5.2说明当贴现因子 λ 达到一定门槛值时，即 $\lambda \geqslant \bar{\lambda}$ 时，制

造商给出的工作努力水平承诺 $\tilde{e}$ 是可信的，即具有“自我实现性”。这是因为贴现因子 λ 越大，制造商对未来收益的关注可能就越大，此时制造商考虑更多的是与供应商进行长期合作，因而制造商的承诺必须是可信的，正如 Morgan 和 Hunt（1994）提出的承诺—信任理论，该理论指出关系承诺是交易双方获取有利结果的关键，是保持长期伙伴关系的驱动因素。鉴于此，下文将重点分析贴现因子 λ 对关系合约实施效果的影响。

命题 7.5.3：当贴现因子 $\lambda=0$ 时，制造商的最优关系合约与最优正式合约等价，即 $\tilde{\beta}^*=\beta^*, \tilde{e}^*=e^*, \tilde{k}^*=k^*$。

证明：将贴现因子 $\lambda=0$ 代入模型 P7.5.4 中的制造商“自我实施”约束式（7.5.25）并移项变形可得：

$$(1-\tilde{\beta})\theta f(\tilde{k},\hat{e})-\tilde{\alpha}-C_m(\hat{e})\leqslant(1-\tilde{\beta})\theta f(\tilde{k},\tilde{e})-\tilde{\alpha}-C_m(\tilde{e}) \tag{7.5.32}$$

式（7.5.32）表示制造商违约现期收入不大于守约现期收入时制造商的“自我实施”约束成立。作为一个理性决策者，制造商显然不会做出“损人不利己”的决策，即制造商不会通过违约使得现期收益小于守约的现期收益，因而式（7.5.33）的情形不可能存在。

$$(1-\tilde{\beta})\theta f(\tilde{k},\hat{e})-\tilde{\alpha}-C_m(\hat{e})<(1-\tilde{\beta})\theta f(\tilde{k},\tilde{e})-\tilde{\alpha}-C_m(\tilde{e}) \tag{7.5.33}$$

根据式（7.5.32）和式（7.5.33）可知，在 $\lambda=0$ 时，制造商的“自我实施”约束条件为：

$$(1-\tilde{\beta})\theta f(\tilde{k},\hat{e})-\tilde{\alpha}-C_m(\hat{e})=(1-\tilde{\beta})\theta f(\tilde{k},\tilde{e})-\tilde{\alpha}-C_m(\tilde{e}) \tag{7.5.34}$$

对式（7.5.34）进行化简得：$(1-\tilde{\beta})\theta[f(\tilde{k},\hat{e})-f(\tilde{k},\tilde{e})]+C_m(\tilde{e})-C_m(\hat{e})=0$，由此可以得出 $\tilde{e}=\hat{e}$。将 $\tilde{e}=\hat{e}$ 代入式（7.5.28），即 $\tilde{e}=\hat{e}=\arg\max\limits_{e}(1-\tilde{\beta})\theta f(\tilde{k},e)-C_m(e)$，求解则有 $(1-\tilde{\beta})\theta\dfrac{\partial f(\tilde{k},\tilde{e})}{\partial\tilde{e}}-$

$\frac{\partial C_m(\tilde{e})}{\partial \tilde{e}} = 0$。基于上述分析，当贴现因子 $\lambda = 0$ 时，制造商的最优关系合约可用如下优化问题 P7.5.5 描述：

$$\text{P7.5.5} \qquad \max_{\tilde{\beta},\tilde{e}} \tilde{E}(\pi_m) = \phi(\tilde{k},\tilde{e}) - \bar{U} \tag{7.5.35}$$

$$\text{S.t.} \qquad \phi(k^*, e^*) \leqslant \phi(\tilde{k},\tilde{e}) \tag{7.5.36}$$

$$(1-\tilde{\beta})\theta \frac{\partial f(\tilde{k},\tilde{e})}{\partial \tilde{e}} - \frac{\partial C_m(\tilde{e})}{\partial \tilde{e}} = 0 \tag{7.5.37}$$

$$\tilde{\beta}\theta \frac{\partial f(\tilde{k},\tilde{e})}{\partial \tilde{k}} - \frac{\partial C_s(\tilde{k})}{\partial \tilde{k}} = 0 \tag{7.5.38}$$

与前文正式合约优化问题 P7.5.2 对比可知，若优化问题 P7.5.5 中的不等式约束式（7.5.36）成立，则优化问题 P7.5.5 与 P7.5.2 的解相同，即有 $\tilde{\beta}^* = \beta^*, \tilde{e}^* = e^*, \tilde{k}^* = k^*$。而当 $\tilde{e}^* = e^*, \tilde{k}^* = k^*$ 时，显然有 $\phi(k^*, e^*) = \phi(\tilde{k}^*, \tilde{e}^*)$，因而优化问题 P7.5.5 中的不等式约束式（7.5.36）成立。命题 7.5.3 得证。

命题 7.5.3 说明当贴现因子 $\lambda = 0$ 时，制造商将不会关注其未来收益，则制造商在关系合约下承诺的工作努力水平为最优正式合约下的努力水平 e^* 才是可信的，并且制造商给出的收益共享系数也是最优正式合约下的收益共享系数 β^*，也就是说在此类情况下关系合约与正式合约等价，关系合约将不再额外产生激励。这是因为关系合约是建立在长期合作的基础上的，若制造商不关注长期收益，则基于关系承诺的关系合约激励将不起作用。

命题 7.5.4：最优关系合约下的制造商收益与供应链整体收益均是贴现因子 λ 的非减函数。

证明：令 $\tilde{E}^*(\pi_m) = \phi(\tilde{k}^*, \tilde{e}^*) - \bar{U}$ 为优化问题 P7.5.4 中制造商的最优化收益，其中 $\tilde{e}^*$ 为关系合约下制造商承诺的最优努力水平，$\tilde{k}^*$ 为关系合约下供应商最优知识转移量。根据优化问题 P7.5.4 可建立拉格朗日函数式（7.5.39）：

$$L = \phi(\tilde{k},\tilde{e}) - \bar{U} - \eta_1 \left\{ \begin{aligned} &(1-\tilde{\beta})\theta[f(\tilde{k},\hat{e}) - f(\tilde{k},\tilde{e})] + C_m(\tilde{e}) \\ &- C_m(\hat{e}) - \frac{\lambda}{1-\lambda}[\phi(\tilde{k},\tilde{e}) - \phi(k^*,e^*)] \end{aligned} \right\}$$

$$- \eta_2[\phi(k^*,e^*) - \phi(\tilde{k},\tilde{e})] - \eta_3\left[\tilde{\beta}\theta\frac{\partial f(\tilde{k},\tilde{e})}{\partial \tilde{k}} - \frac{\partial C_s(\tilde{k})}{\partial \tilde{k}}\right] \tag{7.5.39}$$

由包络定理可得：

$$\frac{\partial \tilde{E}^*(\pi_m)}{\partial \lambda} = \frac{\partial L}{\partial \lambda} = \eta_1 \frac{\phi(\tilde{k}^*,\tilde{e}^*) - \phi(k^*,e^*)}{(1-\lambda)^2} \tag{7.5.40}$$

对于式（7.5.40），在优化问题P7.5.4存在最优解时，根据库恩—塔克条件（K-T条件）可知 $\eta_1 \geqslant 0$；另外根据约束式（7.5.26）知 $\phi(\tilde{e}^*,\tilde{k}^*) - \phi(e^*,k^*) \geqslant 0$，因此可得 $\frac{\partial \tilde{E}^*(\pi_m)}{\partial \lambda} \geqslant 0$，即最优关系合约下的制造商收益是贴现因子的非减函数。由 $\tilde{E}^*(\pi_m) = \phi(\tilde{k}^*,\tilde{e}^*) - \bar{U}$ 可知 $\phi(\tilde{k}^*,\tilde{e}^*) = \tilde{E}^*(\pi_m) + \bar{U}$，而保留效应 $\bar{U}$ 为定值，故关系合约下的供应链整体收益也是贴现因子的非减函数。命题7.5.4得证。

命题7.5.4说明贴现因子越大，制造商越关注未来收益，此时其提出的基于自身努力承诺的关系合约对双方的激励效果越明显。结合命题7.5.2和命题7.5.3可知，当 $\lambda \in [0,\bar{\lambda}]$ 时，随着贴现因子 λ 的增大，制造商越来越关注其未来收益，因而其能使供应商信任的努力承诺也就越大，此时供应商也将会转移更多的知识，从而使得供应链整体收益及制造商收益增加；当 $\lambda \in [\bar{\lambda},1]$ 时，制造商的努力承诺将是供应链整体收益最优时的最优努力水平 e^{FB}，同时供应商的知识转移量也是供应链整体收益最优时的最优努力水平 k^{FB}，此时已经实现供应链整体最优，贴现因子 λ 在该区间内的取值大小将不会对双方产生激励。

根据上述命题可得如下关于正式合约与关系合约的推论。

推论 7.5.1：最优关系合约下的供应链整体收益与制造商收益均不小于最优正式合约下的供应链整体收益与制造商收益。

由命题 7.5.3 可知当贴现因子 $\lambda = 0$ 时，最优关系合约与最优正式合约等价。此时，两类合约下的供应链整体收益与制造商收益分别相等。由命题 7.5.4 可知，最优关系合约下供应链整体收益与制造商收益是贴现因子 λ 的非减函数，因此最优关系合约下的供应链整体收益与制造商收益均不小于最优正式合约下的供应链整体收益与制造商收益。推论 7.5.1 得证。

综上可知，“自我实施”约束是实施关系合约的关键，而贴现因子 λ 是影响该约束的重要因素。当 $\lambda \in [0,\bar{\lambda}]$ 时，“自我实施”约束式（7.5.25）对优化问题 P7.5.4 是有效约束，此时关系合约并不能引导双方实现供应链整体收益最优，但最优关系合约下的供应链整体收益与制造商收益均不小于最优正式合约下的情形。而当 $\lambda \in [\bar{\lambda},1]$ 时，“自我实施”约束式（7.5.25）对优化问题 P7.5.4 是无效约束，关系合约能引导双方实现供应链整体收益最优（$\tilde{e}^* = e^{FB}$，$\tilde{k}^* = k^{FB}$）。因此，制造商在与供应商进行产品创新合作的过程中应从长远利益出发，而不是做“一锤子”买卖，通过关系合约与供应商建立长期供应链合作关系，这将有效提高其合作创新的成功率，从而实现制造商、供应商以及供应链整体的共赢。

7.5.5 数值算例分析

假设产品创新项目取得成功时制造商获得的收益产出 $\theta = 10$，其中项目取得成功的概率 $f(k,e) = \sqrt{ke}$，制造商的努力成本函数为 $C_m(e) = 3e^2$，供应商的知识转移成本函数为 $C_s(k) = 3k^2$，供应商参与这个项目的保留效用为 $\bar{U} = 1$。可以看出，上述所设函数均满足前文假设条件。另外，贴现因子 λ（$\lambda \in [0,1]$）由于受市场贴现率影响属于外生变量，其中贴现因子 λ 从 $\lambda=0$ 开始，在其定义域 $\lambda\in[0,1]$ 内，选择步长为0.1，并特别计算了能实现供应链整体收益最优时的贴现因子门槛值 $\bar{\lambda}$，现通过算例主要分析贴现因子 λ 对关系合约实施的影响以验证前文相关结论。

（1）根据前文赋值，结合式（7.5.9）—式（7.5.11）可以得到 $e^{FB}=0.833$，$k^{FB}=0.833$，进而得到供应链整体最优收益 $\phi(k^{FB},e^{FB})=4.167$。

（2）根据前文赋值，结合优化问题P7.5.2可以得到 $\beta^{*}=0.5$，$e^{*}=0.417$，$k^{*}=0.417$，$E^{*}(\pi_m)=2.125$，$E^{*}(\pi_s)=1$，$\phi(k^{*},e^{*})=E^{*}(\pi_m)+E^{*}(\pi_s)=3.125$。

（3）根据前文赋值，结合优化问题P7.5.4可以得到不同贴现因子下的最优关系合约计算结果，具体见表7.5.1。

表7.5.1 不同贴现因子下的最优关系合约计算结果

贴现因子 λ	收益共享系数 $\tilde{\beta}^{*}$	制造商努力水平 $\tilde{e}^{*}$	供应商知识转移量 $\tilde{k}^{*}$	制造商收益 $\tilde{E}^{*}(\pi_m)$	供应商收益 $\tilde{E}^{*}(\pi_s)$	供应链整体收益 $\phi(\tilde{k}^{*},\tilde{e}^{*})$
0	0.500	0.417	0.417	2.125	1	3.125
0.1	0.552	0.488	0.469	2.411	1	3.411
0.2	0.612	0.556	0.525	2.651	1	3.651
0.3	0.671	0.626	0.580	2.841	1	3.841
0.4	0.743	0.691	0.642	2.991	1	3.991
0.5	0.826	0.752	0.709	3.097	1	4.097
0.6	0.925	0.807	0.783	3.156	1	4.156
0.667	1	0.833	0.833	3.167	1	4.167
0.7	1	0.833	0.833	3.167	1	4.167
0.8	1	0.833	0.833	3.167	1	4.167
0.9	1	0.833	0.833	3.167	1	4.167
1	1	0.833	0.833	3.167	1	4.167

由表7.5.1可知，当贴现因子 $\lambda=0$ 时，最优关系合约与最优正式

合约等价，与命题 7.5.3 结论相符；λ（$\lambda \in [0, 1]$）在其定义域范围内，最优关系合约下的制造商收益与供应链整体收益均是 λ 的非减函数，与命题 7.5.4 结论相符；其中当门槛值 $\bar{\lambda} = 0.667$ 时，即 $\lambda \in [0.667, 1]$时，关系合约使供应链达到整体最优，与命题 7.5.2 及推论 7.5.2 结论相符。另外通过表 7.5.1 可以发现最优关系合约下的制造商收益与供应链整体收益均不小于最优正式合约下的制造商收益与供应链整体收益，与推论 7.5.1 结论相符。需要说明的是，由于制造商是委托人，其具有合约的设计权，因此作为代理人的供应商仅获得保留效用。

7.5.6 研究结论分析

本节基于项目导向型供应链企业间的协同创新视角，运用委托代理理论设计了双边道德风险下项目导向型供应链企业间知识交易的正式合约及关系合约激励机制。根据模型结果分析得出，在交易双方行为不确定下（隐藏行为）知识交易的正式合约无法有效激励交易双方共同投入；对于任意贴现因子，实施关系合约的知识交易量与项目导向型供应链创新收益产出均不小于正式合约，且随着贴现因子的增大，关系合约的激励效果越显著；当贴现因子达到一定门槛值时，关系合约能有效激励交易双方投入及供应链创新收益产出达到最优。可见，贴现因子是关系合约能否顺利实施的关键因素，贴现因子越大，对知识交易的激励效果越好。

7.6　客户需求影响下项目导向型供应链协同创新协调合约机制

7.6.1　研究背景与问题提出

项目导向型供应链的协同创新模式是一种新兴的开放式创新模式。一方面，核心制造企业通过开放式创新平台与客户进行持续的意见交互以识别客户需求；另一方面，还通过平台寻求相匹配的外部技术供应商以项目合作方式开展专业高效的创新活动。相较于传统供应链，项目导向型供应链的协同创新模式有助于提高客户需求响应效率、降低创新产品开发风险，从而提升整个供应链的创新竞争力。在项目导向型供应链协同创新模式中（如图 7.6.1 所示），核心制造企业通过搭建开放式创新平台与客户进行持续交互，交互活动中蕴藏着大量的客户需求信息。然而，有效识别客户需求信息还需要花费成本。制造企业不仅需要对开放式平台进行管理和引导，还需要对信息技术基础设施进行大量投资，包括建立客户需求数据库以高效捕捉需求信息、数字化处理具有灵活性且随意性的原始信息等。经过捕捉和处理后的需求信息会更加精准，而

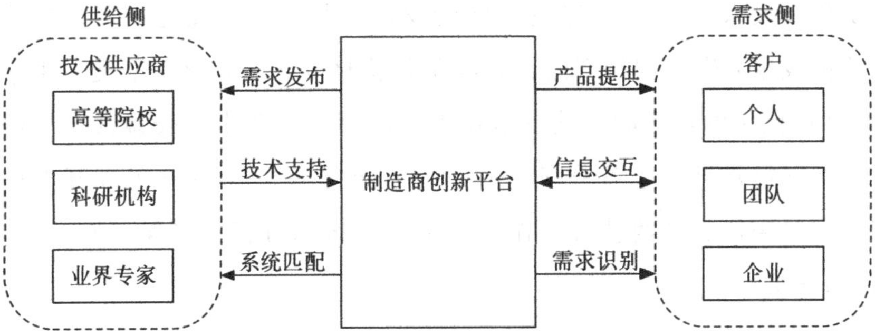

图 7.6.1　项目导向型供应链协同创新模式

围绕该特定需求进行协同创新能够使产品更受市场欢迎。此外，制造企业只靠自身研发能力无法实现高效的产品创新，通常需要围绕识别出的客户需求在创新平台上寻找相匹配的外部技术供应商，以借助其专业高效的技术创新投入实现协同创新。

在整个协同创新过程中，需求识别努力与创新投入分别由项目导向型供应链的不同主体负责。一方面，制造商承担需求识别投入，该部分投入越多，识别出的需求越契合客户，就会有更多的客户考虑购买该产品。另一方面，技术供应商承担技术研发的创新投入，该部分投入越多，产品的创新水平越高，就越容易吸引客户购买产品。不过，在整个项目创新合作中双方难免会寄希望于对方提供更多投入，双方的自利行为使得提高需求识别投入与创新投入的动力均被削弱。为了缓解“搭便车”现象，使制造商和技术供应商更有效地开展协同创新，本节需要就项目导向型供应链的协同创新协调问题展开研究。

7.6.2 研究假设与模型构建

基于上述协同创新模式，针对具体的合作创新项目，考虑由技术供应商（E）与制造商（M）组成的项目导向型供应链（如图 7.6.2 所示），双方协同研发创新产品，决策行为理性且风险中性。首先，制造商投入需求识别努力 e_1 识别出客户需求的具体要求，然后技术供应商提供创新投入 e_2 来与制造商协同研发该产品。在研发完成后，制造商以单位成本 c 生产创新产品，并以单位价格 p 销售给客户，之后将 $\mu \in (0, 1)$ 比例的销售收益共享给技术供应商。实践中，收益共享契约是平台经济最常见的收益分成形式，如苹果等手机巨头与 App 开发商之间大多采用这类契约进行合作。为了简化运算过程且确保不影响结论，假定 $c=0$。

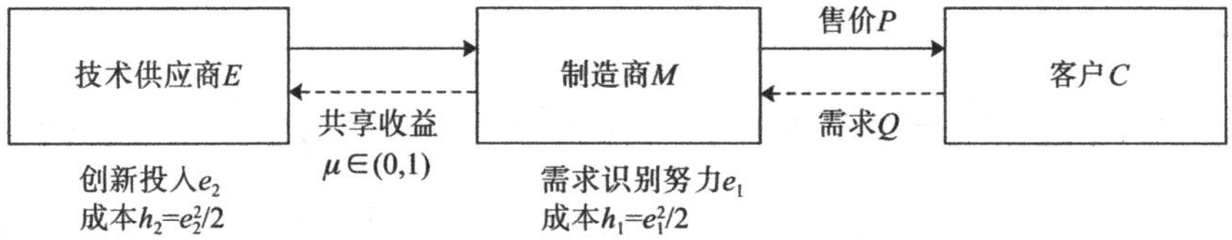

图 7.6.2　项目导向型供应链结构图

根据对项目导向型供应链协同创新情况的实际观察，本节考虑制造商与技术供应商之间遵循 Stackelberg 博弈并将博弈划分为四个阶段（如图 7.6.3 所示）。第一阶段制造商先行决策收益共享比例 μ，第二阶段制造商决策需求识别努力程度 e_1，第三阶段技术供应商决策创新投入水平 e_2，第四阶段制造商决策销售价格 p。

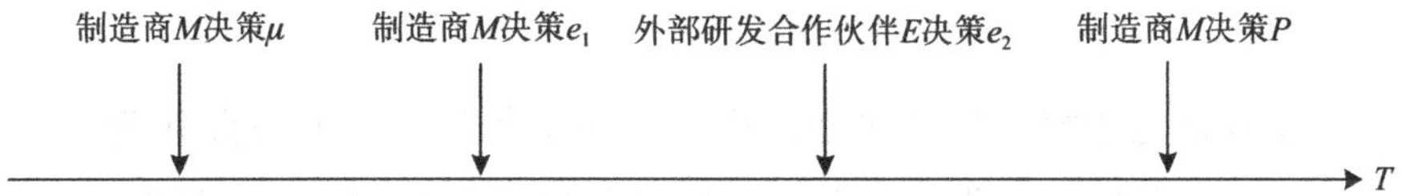

图 7.6.3　决策顺序

考虑市场需求与产品销售价格呈反比例关系，与创新能力呈正比例关系，以线性函数来刻画客户对创新产品的需求，具体可表示为：

$$Q = a + e_1 - bp + \lambda e_2 \tag{7.6.1}$$

其中，a 表示该创新产品的潜在市场规模，b 为客户对创新产品的价格敏感度。系数 λ 表示客户对项目创新的重视程度，即项目创新吸引度，λ 越高说明项目创新对客户的吸引度越强。为使本节各研究情形均有意义，假设 $b < \lambda^2 < 2b - 1$。

此外，考虑到制造商与技术供应商分别提供的需求识别投入与创新投入均需要花费成本，结合边际成本递增这一性质，假设制造商的需求识别成本为 $h_1 = \frac{e_1{}^2}{2}$、技术供应商的创新成本 $h_2 = \frac{e_2{}^2}{2}$。其中，需求识别成本包括对开放式平台的管理和引导、对信息技术基础设施的投资等，创新成本包括对研发设备设施的投入、对研发人员的创新激励等。

综上，项目导向型供应链中制造商和技术供应商的利润函数分别是：

$$\pi_m^D = (1-\mu)p(a+e_1-bp+\lambda e_2) - \frac{1}{2}e_1^{\ 2} \tag{7.6.2}$$

$$\pi_e^D = \mu p(a+e_1-bp+\lambda e_2) - \frac{1}{2}e_2^{\ 2} \tag{7.6.3}$$

为了方便书写和识别，使用下标 m 表示制造商的相关变量，下标 e 表示技术供应商的相关变量，下标 sc 表示供应链系统的相关变量；上标 C 表示集中决策条件下的相关变量，上标 D 表示分散决策条件下的相关变量，上标 * 表示均衡结果。

7.6.3 模型求解与分析

本节首先考察项目导向型供应链集中决策模型，并以此作为基准；然后分析分散决策下供应链各成员的最优决策与利润情况；最后通过与集中决策的对比，揭示分散式供应链失调的原因。

（1）集中决策模型（C 模型）

在集中决策模型中，技术供应商、制造商作为一个供应链系统，供应链成员同时投入努力以促使该供应链系统利润达到最大化。此时，供应链系统的利润函数可以表示为：

$$\pi_{sc}^C = p(a+e_1-bp+\lambda e_2) - \frac{1}{2}e_1^{\ 2} - \frac{1}{2}e_2^{\ 2} \tag{7.6.4}$$

通过求解分析，得到定理 7.6.1。

定理 7.6.1 ①在集中决策模型下，项目导向型供应链的最优决策为：

$$e_1^{C*} = \frac{a}{-\lambda^2+2b-1} \tag{7.6.5}$$

$$e_2^{C*} = \frac{a\lambda}{-\lambda^2+2b-1} \tag{7.6.6}$$

$$p^{C*} = \frac{a}{-\lambda^2+2b-1} \tag{7.6.7}$$

$$Q^{C*} = \frac{ab}{-\lambda^2 + 2b - 1} \tag{7.6.8}$$

②此时，项目导向型供应链的最优利润为：

$$\pi_{sc}^{C*} = \frac{a^2}{-2\lambda^2 + 4b - 2} \tag{7.6.9}$$

证明：通过求 π_{sc}^{C} 关于 p 、e_1 和 e_2 的海塞矩阵 $H(\pi) = \begin{bmatrix} -2b & 1 & \lambda \\ 1 & -1 & 0 \\ \lambda & 0 & -1 \end{bmatrix}$，易得到当 $\lambda^2 < 2b - 1$ 时，π 是关于 p 、e_1 和 e_2 的联合凹函数，故在集中决策下项目导向型供应链的最优结果存在且唯一。将式（7.6.4）分别对 p 、e_1 和 e_2 求一阶导并联立，可得集中决策下考虑创新投入和需求识别努力的项目导向型供应链的最优决策。再将 p^{C*} 、e_1^{C*} 和 e_2^{C*} 代入式（7.6.4），可得集中决策模型下项目导向型供应链系统的最优利润。

（2）分散决策模型（D 模型）

在分散决策模型下，制造商和技术供应商各自以自身利润最大化为目标进行决策，两者的利润函数分别为：

$$\pi_m^{D} = (1 - \mu)p(a + e_1 - bp + \lambda e_2) - \frac{1}{2}e_1^2 \tag{7.6.10}$$

$$\pi_e^{D} = \mu p(a + e_1 - bp + \lambda e_2) - \frac{1}{2}e_2^2 \tag{7.6.11}$$

通过求解分析，得到定理 7.6.2。

定理 7.6.2　①在分散决策模型下，项目导向型供应链中最优收益共享比例、销售价格、创新投入以及需求识别努力分别为：

$$\mu^{D*} = \frac{2(\lambda^2 - b)}{\lambda^2} \tag{7.6.12}$$

$$p^{D*} = \frac{a\lambda^2}{-2\lambda^4 + 4b\lambda^2 - b} \tag{7.6.13}$$

$$e_1^{D*} = \frac{ab}{-2\lambda^4 + 4b\lambda^2 - b} \tag{7.6.14}$$

$$e_2^{D*} = \frac{2a\lambda(\lambda^2 - b)}{-2\lambda^4 + 4b\lambda^2 - b} \tag{7.6.15}$$

②此时，供应链中制造商和技术供应商的最优利润、整体利润以及市场需求分别为：

$$\pi_m^{D*} = \frac{a^2 b}{-4\lambda^4 + 8b\lambda^2 - 2b} \tag{7.6.16}$$

$$\pi_e^{D*} = \frac{2a^2\lambda^2(\lambda^2 - b)(2b - \lambda^2)}{(-2\lambda^4 + 4b\lambda^2 - b)^2} \tag{7.6.17}$$

$$\pi_{sc}^{D*} = \frac{-a^2(4\lambda^6 - 10b\lambda^4 + 4b^2\lambda^2 + b^2)}{2(-2\lambda^4 + 4b\lambda^2 - b)^2} \tag{7.6.18}$$

$$Q^{D*} = \frac{ab\lambda^2}{-2\lambda^4 + 4b\lambda^2 - b} \tag{7.6.19}$$

证明：运用逆向求解法展开分析。

首先，考察博弈的第四阶段，制造商决策创新产品的销售价格。将 π_m^D 对 p 求二阶偏导得 $\frac{\partial^2 \pi_m^D}{\partial p^2} = 2(\mu - 1)b < 0$，说明 π_m^D 是决策变量 p 的凹函数。当 $\frac{\partial \pi_m^D}{\partial p} = 0$ 时，得到制造商对技术供应商的创新投入决策的销售价格反应函数为 $p^D = \frac{a + e_1 + \lambda e_2}{2b}$。

其次，考察博弈的第三阶段，技术供应商决策创新投入水平。将销售价格反应函数代入技术供应商的利润函数式（7.6.11），得到技术供应商的利润为 $\pi_e^D = \frac{\mu(a + e_1 + \lambda e_2)^2}{4b} - \frac{1}{2}e_2^2$，将 π_e^D 分别对 e_2 求二阶偏导 $\frac{\partial^2 \pi_e^D}{\partial e_2^2} = \frac{\mu\lambda^2}{2b} - 1 < 0$，说明 π_e^D 是决策变量 e_2 的凹函数。当 $\frac{\partial \pi_e^D}{\partial e_2} = 0$ 时，得技术供应商对制造商的需求识别努力决策的创新投入反应函数为 $e_2^D = \frac{\mu\lambda(a + e_1)}{2b - \mu\lambda^2}$。

再次，考察博弈的第二阶段，制造商决策需求识别努力程度。将创新投入反应函数代入制造商利润函数式（7.6.10）中，对 e_1 求二阶偏导 $\frac{\partial^2 \pi_m^D}{\partial {e_1}^2} = \frac{-\mu^2\lambda^4 + 2b(2\mu\lambda^2 - \mu + 1) - 4b^2}{(2b - \mu\lambda^2)^2} < 0$，说明 π_m^D 是决策变量 e_1 的凹函数，当 $\frac{\partial \pi_m^D}{\partial e_1} = 0$ 时，可得制造商对收益共享比例决策的需求识别努力反应函数为 $e_1^D = \frac{2(1-\mu)ab}{\mu^2\lambda^4 - 4\mu b\lambda^2 + 2\mu b + 4b^2 - 2b}$。

最后，考察博弈的第一阶段，制造商决策创新产品的收益共享比例。将需求识别努力反应函数代入制造商利润函数式（7.6.10）中，然后对 μ 求一阶偏导。当 $\frac{\partial \pi_m^D}{\partial \mu} = 0$ 时，可得均衡收益共享比例 $\mu^{D*} = \frac{2(\lambda^2 - b)}{\lambda^2}$。给定 μ^{D*}，代入销售价格和创新投入反应函数可得制造商的均衡销售价格、技术供应商的均衡创新投入和制造商均衡需求识别努力分别为 $p^{D*} = \frac{a\lambda^2}{-2\lambda^4 + 4b\lambda^2 - b}$、$e_1^{D*} = \frac{ab}{-2\lambda^4 + 4b\lambda^2 - b}$、$e_2^{D*} = \frac{2a\lambda(\lambda^2 - b)}{-2\lambda^4 + 4b\lambda^2 - b}$。将 p^{D*}、e_1^{D*}、e_2^{D*} 和 μ^{D*} 分别代入到式（7.6.10）和式（7.6.11）中，可得分散决策下技术供应商和制造商的最优利润，将其相加可知整体期望利润。结合 $Q = (a + e_1) - bp + \lambda e_2$，可得分散决策下市场需求。

接下来，本节分析考察项目创新吸引度变化对于项目导向型供应链最优决策的影响。

命题 7.6.1：$\frac{\partial \mu^{D*}}{\partial \lambda} > 0$，$\frac{\partial e_1^{D*}}{\partial \lambda} > 0$，$\frac{\partial e_2^{D*}}{\partial \lambda} > 0$，$\frac{\partial p^{D*}}{\partial \lambda} > 0$。

证明：将 μ^{D*}、e_1^{D*}、e_2^{D*} 和 p^{D*} 分别对 λ 求一阶条件，易得到

$$\frac{\partial \mu^{D*}}{\partial \lambda} = \frac{4b}{\lambda^3} > 0、\frac{\partial e_1^{D*}}{\partial \lambda} = \frac{8ab\lambda(\lambda^2 - b)}{(-2\lambda^4 + 4b\lambda^2 - b)^2} > 0、\frac{\partial e_2^{D*}}{\partial \lambda}$$

$$= \frac{2a(2\lambda^6 - 2b\lambda^4 + 4b^2\lambda^2 - 3b\lambda^2 + b^2)}{(-2\lambda^4 + 4b\lambda^2 - b)^2} > 0 \text{ 和 } \frac{\partial p^{D*}}{\partial \lambda}$$

$$= \frac{2a\lambda(2\lambda^4 - b)}{(-2\lambda^4 + 4b\lambda^2 - b)^2} > 0。$$

命题 7.6.1 表明，制造商的最优收益共享比例 μ^{D*} 、需求识别努力 e_1^{D*} 与销售定价 p^{D*} ，以及技术供应商的创新投入 e_2^{D*} 均会随着项目创新吸引度 λ 的增大而增加。这说明，当制造商与技术供应商协同实施吸引度较高的项目创新时，由于客户对项目创新更为重视，产品的创新水平对其市场销量的正向影响会增大，制造商会愿意提高收益分成比例以激励技术供应商实施更高水平的创新投入。最终，在制造商与技术供应商的协同合作下，研发出具有较高创新水平的产品，并制定更高的产品销售价格。在此过程中，制造商也会投入更多努力来识别客户关键需求，从而扩大市场潜在规模，促使更多客户产生针对该创新产品的购买行为。在基于命题 7.6.1 分析的基础上，进一步探讨项目创新吸引度变化对于创新产品市场销量、供应链成员利润的影响。

命题 7.6.2：$\frac{\partial Q^{D*}}{\partial \lambda} > 0$ ；$\frac{\partial \pi_e^{D*}}{\partial \lambda} > 0$ ，$\frac{\partial \pi_m^{D*}}{\partial \lambda} > 0$。

证明：将 Q^{D*} 、π_e^{D*} 和 π_m^{D*} 分别对 λ 求一阶条件，易得到

$$\frac{\partial Q^{D*}}{\partial \lambda} = \frac{2ab\lambda(2\lambda^4 - b)}{(-2\lambda^4 + 4b\lambda^2 - b)^2} > 0、\frac{\partial \pi_e^{D*}}{\partial \lambda} =$$

$$\frac{4\lambda a^2(-2\lambda^8 + 8b\lambda^6 - 12b^2\lambda^4 + 8b^3\lambda^2 + 3b\lambda^4 - 6b^2\lambda^2 + 2b^3)}{(-2\lambda^4 + 4b\lambda^2 - b)^3} > 0$$

和 $\frac{\partial \pi_m^{D*}}{\partial \lambda} = \frac{4a^2b\lambda(\lambda^2 - b)}{(-2\lambda^4 + 4b\lambda^2 - b)^2} > 0$。

命题 7.6.2 表明，项目创新吸引度 λ 对创新产品项目导向型供应链上各节点企业都产生了正向的积极作用，最终使得创新产品的市场销量 Q^{D*} 、制造商利润 π_m^{D*} 和技术供应商利润 π_e^{D*} 均会随项目创新吸引度 λ 的增大而提高。这是由于当制造商与技术供应商协同实施吸引度较高的项目创新时，客户对项目创新越重视，技术供应商越会愿意提高产品创新水平，制造商也越愿意投入更多需求识别技术来扩大潜在客户群，从而共同提高创新产品的市场销量。与此同时，制造商还会相应提高创新

产品的销售价格以及共享给技术供应商的收益分成比例，以平衡双方在项目创新中的各项成本投入，从而使双方都能获得更高利润。

（3）两种决策模型的比较分析

为便于分析，令 Δp、Δe_1、Δe_2 和 ΔQ 分别表示集中与分散决策下最优销售价格、需求识别努力、创新投入和市场需求的差异，$\Delta\pi_{SC}$表示两种不同决策模型下项目导向型供应链的系统利润差，即：

$$\Delta p = \frac{a(-\lambda^4 + 2b\lambda^2 + \lambda^2 - b)}{(-\lambda^2 + 2b - 1)(-2\lambda^4 + 4b\lambda^2 - b)}$$

$$\Delta e_1 = \frac{a(\lambda^2 - 2b)(b - 2\lambda^2)}{(-\lambda^2 + 2b - 1)(-2\lambda^4 + 4b\lambda^2 - b)}$$

$$\Delta e_2 = \frac{a\lambda(-2b\lambda^2 + 4b^2 + 2\lambda^2 - 3b)}{(-\lambda^2 + 2b - 1)(-2\lambda^4 + 4b\lambda^2 - b)}$$

$$\Delta Q = \frac{ab(-\lambda^4 + 2b\lambda^2 + \lambda^2 - b)}{(-\lambda^2 + 2b - 1)(-2\lambda^4 + 4b\lambda^2 - b)}$$

$$\Delta\pi_{sc} = \frac{a^2(2b - \lambda^2)(-2b\lambda^4 + 4b^2\lambda^2 + 4\lambda^2 - 6b\lambda^2 + b^2)}{2(-\lambda^2 + 2b - 1)(-2\lambda^4 + 4b\lambda^2 - b)^2}$$

依据定理 7.6.1 与定理 7.6.2，下文将进一步开展针对两种决策模型的比较分析。

命题 7.6.3：分散与集中决策下项目导向型供应链的对比情况如下：

①$\Delta p > 0$、$\Delta e_1 > 0$、$\Delta e_2 > 0$；

②$\Delta Q > 0$、$\Delta\pi_{SC} > 0$；

③$\frac{\partial\Delta p}{\partial\lambda} > 0$、$\frac{\partial\Delta e_1}{\partial\lambda} > 0$、$\frac{\partial\Delta e_2}{\partial\lambda} > 0$、$\frac{\partial\Delta Q}{\partial\lambda} > 0$、$\frac{\partial\Delta\pi_{sc}}{\partial\lambda} > 0$。

证明：由 $\lambda^2 \in (2b, 2b-1)$，可知 $-\lambda^2 + 2b - 1 > 0$ 和 $-2\lambda^4 + 4b\lambda^2 - b > 0$。故根据 Δe_1、Δe_2 和 $\Delta\pi_{sc}$的表达式，可得到 $\Delta e_1 > 0$、$\Delta e_2 > 0$、$\Delta Q > 0$ 和 $\Delta\pi_{SC} > 0$。

进一步将 Δp、Δe_1、Δe_2、ΔQ 和 $\Delta\pi_{SC}$分别对 λ 求偏导，可得$\frac{\partial\Delta p}{\partial\lambda} >$

0、$\frac{\partial \Delta e_1}{\partial \lambda}>0$、$\frac{\partial \Delta e_2}{\partial \lambda}>0$、$\frac{\partial \Delta Q}{\partial \lambda}>0$、$\frac{\partial \Delta \pi_{sc}}{\partial \lambda}>0$。

命题7.6.3①表明与集中决策比较，分散决策不能使供应链系统决策达到最优状态。相较于集中决策，在分散决策下为实现各自利益最大化，制造商会提供较低程度的需求识别努力，技术供应商也会提供较低水平的创新投入，同时制造商也会对创新产品制定更低的销售价格。这说明，在分散决策下，需求识别努力与创新投入分别由不同供应链主体负责，双方均寄希望于对方投入更多努力以进行搭便车，双方的自利行为使得供应链主体提升需求识别努力与创新投入的动力均被削弱，最终导致供应链内的需求识别努力与创新投入均降低。不仅如此，由于需求识别努力与创新投入的降低会给客户带来较大程度的负向影响，制造商将制定低于集中决策的销售价格来弥补给客户带来的负向影响。

命题7.6.3②表明与集中决策比较，分散决策下的创新产品销量和供应链系统利润都有所降低。这主要因为分散决策下的搭便车行为会抑制供应链主体双方的努力，从而对创新产品的销售产生负向影响。尽管此时制造商会制定较低的销售价格来吸引客户购买产品，但仍无法弥补需求识别不到位、项目创新不显著对产品销售的负向影响，使得分散决策下创新产品的市场销量相对于集中决策有所降低。最终，导致分散决策情形下的项目导向型供应链的系统利润总是低于集中决策情形。

命题7.6.3③表明集中决策与分散决策均衡结果的差距均会随着项目创新吸引度λ的增大而增加。这说明，客户对项目创新的重视度提高会加剧分散决策带来的效率损失，放大“双重边际效应”对创新产品项目导向型供应链的负向影响，最终扩大系统总利润之间的差距。

依据命题7.6.3，由于分散决策下“双重边际效应”的存在，项目导向型供应链系统的整体利润并非最优。因此，接下来需要通过设计合理的协调契约，使分散决策下创新产品的销售价格、需求识别努力程度与创新投入水平更接近集中决策情形，尽可能实现制造商和技术供应商的“双赢”局面。

7.6.4　协调契约设计

在项目导向型供应链"互补协作"的合作模式中，制造商针对客户进行精准的需求识别，技术供应商提供专业的创新技术。显然，两者的合作有利于高效高质地研发出满足客户需求的创新产品，但同时双方又难免会寄希望于对方提供更多投入。为了缓解双方主体的"搭便车"现象，激励双方同时提高努力水平，快速高效地满足客户需求，本节引入"双向成本分担—收益共享"契约以实现项目导向型供应链的协调。具体而言：一方面，制造商与技术供应商共享创新产品的销售收益，其中技术供应商获得 $\mu \in (0,1)$ 比例的收益、制造商获得 $1-\mu$ 比例的收益；另一方面，制造商与技术供应商彼此分担对方的成本，其中技术供应商以 $\beta_1 \in (0,1)$ 比例分担制造商的需求识别成本，制造商以 $\beta_2 \in (0,1)$ 比例分担技术供应商的项目创新成本。为便于表达，用上标 CR 表示"双向成本分担—收益共享"这一契约实施情形。因此，在该协调契约下双方的利润分别为：

$$\pi_m^{CR} = (1-\mu)p(a+e_1-bp+\lambda e_2) - \frac{1}{2}(1-\beta_1)e_1{}^2 - \frac{1}{2}\beta_2 e_2{}^2 \tag{7.6.20}$$

$$\pi_e^{CR} = \mu p(a+e_1-bp+\lambda e_2) - \frac{1}{2}(1-\beta_2)e_2{}^2 - \frac{1}{2}\beta_1 e_1{}^2 \tag{7.6.21}$$

基于 Stackelberg 博弈原理对式（7.6.20）、式（7.6.21）求解，可得该契约下制造商的均衡需求识别努力、均衡创新投入和均衡销售价格分别为：

$$e_1^{CR*} = \frac{2a\left[(-1+\mu)b(\beta_2-1)^2 + \frac{1}{2}\beta_2\mu^2\lambda^2\right]}{K} \tag{7.6.22}$$

$$e_2^{CR*}=\frac{-2a\mu\left[(\beta_2-1)b+\frac{\mu\lambda^2}{2}\right](\beta_1-1)\lambda}{K} \tag{7.6.23}$$

$$P^{CR*}=\frac{a(\beta_2-1)(\mu\lambda^2+2\beta_2 b-2b)(\beta_1-1)}{K} \tag{7.6.24}$$

其中，$K=4(\beta_2-1)^2(\beta_1-1)b^2+4b(\beta_2-1)$
$\left\{\left(-\frac{\mu}{2}+\frac{1}{2}\right)\beta_2-\frac{1}{2}+\left[\frac{1}{2}+(\beta_1-1)\lambda^2\right]\mu\right\}+\mu^2\lambda^2[(\beta_1-1)\lambda^2-\beta_2]$

命题 7.6.4：在创新产品项目导向型供应链成员采用“双向成本分担—收益共享”契约开展协同创新合作时，若契约参数 (μ,β_1,β_2) 满足 $\beta_1=\mu$、$\beta_2=1-\mu$ 且 $\frac{4\lambda^2(\lambda^2-b)(2b-\lambda^2)(-\lambda^2+2b-1)}{(-2\lambda^4+4b\lambda^2-b)^2}\leqslant\mu\leqslant\frac{2\lambda^4-5b\lambda^2+2b^2}{2\lambda^4-4b\lambda^2+b}$，则能够实现该供应链的协调以及供应链成员的帕累托改善。

证明：为了实现创新产品项目导向型供应链协调，需要保证协调契约下的均衡决策与集中决策下的最优决策一致，即需满足 $e_1^{CR*}=e_1^{C*}$、$e_2^{CR*}=e_2^{C*}$ 和 $p^{CR*}=p^{C*}$。故将式（7.6.22）和式（7.6.5）、式（7.6.23）和式（7.6.6）以及式（7.6.24）和式（7.6.7）联立，可得协调契约参数 (μ,β_1,β_2) 间的相互关系为 $\beta_1=\mu$、$\beta_2=1-\mu$。

进一步，计算该契约下制造商、技术供应商以及供应链系统的利润分别为 $\pi_m^{CR*}=\frac{(1-\mu)a^2}{-2\lambda^2+4b-2}$、$\pi_e^{CR*}=\frac{\mu a^2}{-2\lambda^2+4b-2}$、$\pi_{sc}^{CR*}=\frac{a^2}{-2\lambda^2+4b-2}$。

通过与集中决策情形对比，易发现 $\pi_{sc}^{CR*}=\pi_{sc}^{C*}$。这说明，通过该“双向成本分担—收益共享”契约，能够使项目导向型供应链系统总利润达到集中决策时的最优利润。此外，考虑到在个人理性约束下供应链各成员核心关注的仍是自身利益，为保证制造商与技术供应商能够就该契约达成合作，还需满足在该契约实施后双方利润都能达到 Pareto 改善，即 $\pi_m^{CR*} \geqslant \pi_m^{D*}$ 且 $\pi_e^{CR*} \geqslant \pi_e^{D*}$。

故联立求解不等式组 $\begin{cases} \dfrac{(1-\mu)a^2}{-2\lambda^2+4b-2} \geqslant \dfrac{a^2 b}{-4\lambda^4+8b\lambda^2-2b} \\ \dfrac{\mu a^2}{-2\lambda^2+4b-2} \geqslant \dfrac{2a^2\lambda^2(\lambda^2-b)(2b-\lambda^2)}{(-2\lambda^4+4b\lambda^2-b)^2} \end{cases}$ 可

得，当 $\dfrac{4\lambda^2(\lambda^2-b)(2b-\lambda^2)(-\lambda^2+2b-1)}{(-2\lambda^4+4b\lambda^2-b)^2} \leqslant \mu \leqslant \dfrac{2\lambda^4-5b\lambda^2+2b^2}{2\lambda^4-4b\lambda^2+b}$ 时，制造商与技术供应商能够执行与接受该契约。

命题 7.6.4 表明，“双向成本分担—收益共享”契约能有效地实现创新产品项目导向型供应链的完美共赢协调。首先，制造商通过和技术供应商互相分担部分需求识别成本和技术创新成本，有助于激励双方都提高努力水平，通过更有效地协同合作实现供应链系统总利润的最大化。其次，制造商与技术供应商之间以一定范围的比例 μ 进行收益共享合作，可以保证供应链成员双方均达到帕累托改善。由于 μ 的条件性要求，实现协调的（μ，β_1，β_2）契约可以有无穷多组，即制造商与技术供应商之间可以采用多样化的利益分成合作形式，而具体的利益分成合作形式取决于制造商与技术供应商之间讨价还价的能力。

此外，很明显当 μ 增大时，β_1 将增大、β_2 将减小。这表明，若制造商提高对创新产品销售收益的共享比例，制造商对技术创新成本的分摊将相应地减少，技术供应商对需求识别成本的分摊会相应地增加。然而，此时制造商获得的增量利润将减小，技术供应商获得的增量利润将增加，因此，在与制造商的谈判中，技术供应商不易争取到相对较高的收益共享比例 μ。然而，由 $\dfrac{\partial \Delta\pi_{sc}}{\partial \lambda}>0$ 可知，项目创新吸引度越大，项目导向型供应链采用（μ，β_1，β_2）契约协调后的系统增量利润就越多。因此，技术供应商可以通过参与对客户更具吸引力的项目创新活动，提高自身的讨价还价能力，进而争取保留更多的创新产品销售收益。

7.6.5 数值算例分析

在理论分析的基础上，为直观考察“双向成本分担—收益共享”契约 (μ,β_1,β_2) 的有效性以及协调参数变化对制造商利润与技术供应商利润的影响，本节将结合数值算例进行进一步讨论。令 $\Delta\pi_i(\mu)$ 表示在契约实施之后制造商与技术供应商的利润改变量，其中，$\Delta\pi_i(\mu) = \pi_i^{CR*} - \pi_i^{D*}$ ，$i = m,e$。

假设在制造商和技术供应商联合推出创新产品的场景下，有关参数分别设置为 $a = 5$ ，$b = 2$ ，$\lambda = 1.6$ ，从而以 μ 为横坐标，绘制出协调契约对供应链主体利润水平的影响，如图 7.6.4 所示。

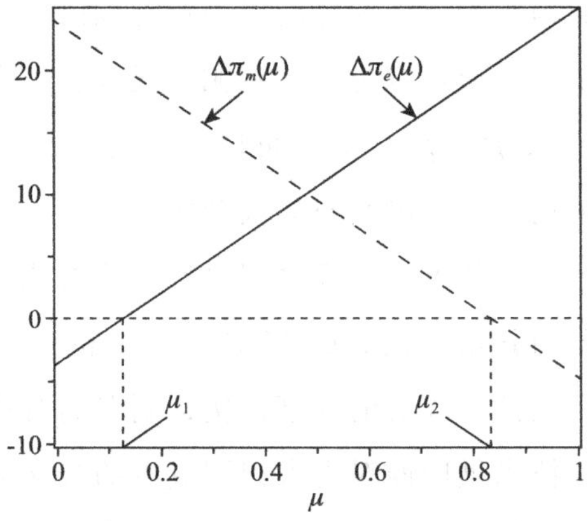

图 7.6.4 协调契约对项目导向型供应链协同创新主体利润水平的影响

观察图 7.6.4 可以发现，在实施协调契约后，随着收益共享比例 μ 的增大，制造商的利润变化随之单调递减，而技术供应商的利润变化会随之单调递增。因此，当 μ 处于一定水平时，即 $\mu \in (\mu_1,\mu_2)$ 时，其中 $\mu_1 = 0.126$ ，$\mu_2 = 0.836$ ，制造商与技术供应商的利润变化同为增量。这样，不仅可以实现项目导向型供应链的完美协调，还能够实现供应链主体双方的帕累托改善，从而验证了本节所设计的“双向成本分担—

收益共享”协调契约具有一定的有效性。很明显，当制造商保留较高的创新产品销售收益时（即共享较低的创新产品销售收益比例μ），将不利于调动技术供应商提高创新投入的积极性。因此，无论制造商与技术供应商之间协同实施吸引度较高或较低的项目创新时，技术供应商至少获得 12.6% 的销售收益、至多能获得 83.6% 的销售收益，才能保证该协同创新协调契约的有效实施。

接下来，进一步考察项目导向型供应链在协调前后的最优决策变化。通过分析，发现协调前后的创新产品销售价格、需求识别努力和技术创新投入等均会受项目创新吸引度λ的影响。因此，同样设置$a=5$，$b=2$，以λ为横坐标，绘制供应链在协调前后的最优决策变化情况，如图 7.6.5 所示。

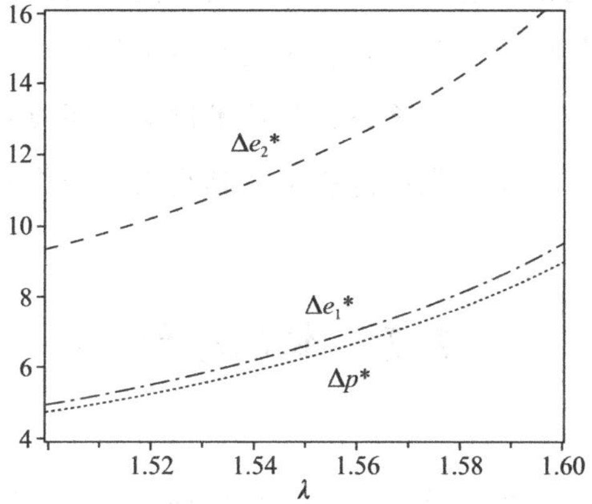

图 7.6.5　项目导向型供应链在协调前后的最优决策变化

观察图 7.6.5 可以发现，供应链在协调后的需求识别努力和创新水平总是高于协调前，这说明“双向成本分担—收益共享”协调契约能够有效激励制造商和技术供应商同时提高努力水平。此外，供应链在协调后的产品销售价格总是高于协调前，这说明协调后需求识别努力与创新水平的共同提高能够给客户带来较高的正向影响，从而使得制造商可以提高创新产品的销售价格来扩大盈利。

7.6.6 研究结论分析

针对由制造商与技术供应商组成的项目导向型供应链，考虑需求识别努力与创新投入会共同影响创新产品的市场需求，通过对比分析集中决策与分散决策下的项目导向型供应链最优决策的变化，探究如何应用相应契约来实现项目导向型供应链的协调。研究表明：①在分散决策下，随着项目创新吸引度增加，制造商总是会提高创新产品销售价格与需求识别努力程度，技术供应商也总是会提高创新投入。②“双向成本分担—收益共享”组合契约能够有效协调项目导向型供应链并实现成员的帕累托改善，同时契约参数的具体数值将取决于双方的谈判能力。为增强自身的谈判能力和话语权，制造商要借助技术手段提高需求识别能力，技术供应商则要整合资源提升技术创新能力。③在实施协调契约后，制造商应采取提价策略，与技术供应商还应共同提高产品的创新水平，促使项目导向型供应链成员达到高效的合作共赢。

7.7 本章小结

本章基于知识治理思路，利用委托代理理论，分别研究了考虑知识投入影响下、学习能力影响下、知识属性影响下、多重任务结构影响下、行为不确定性下、客户需求影响下项目导向型供应链创新生态系统企业间协同创新的治理机制。研究结果将为项目导向型供应链创新生态系统的知识治理机制设计提供了理论依据和指导。

第8章 项目导向型供应链创新生态系统知识治理的稳定性

第 7 章引入知识市场的思想，针对项目导向型供应链创新生态系统中协同创新过程中的跨组织知识共享与转移问题，分别研究了考虑知识投入影响下、学习能力影响下、知识属性影响下、多重任务结构影响下、行为不确定性下、客户需求影响下项目导向型供应链协同创新的知识交易机制。基于此，本章拟研究的项目导向型供应链创新生态系统的稳定性主要针对的是项目导向型供应链协同创新活动中跨组织知识交易的稳定性。

8.1　问题描述与基本假设

在项目导向型供应链中，考虑由一个产品制造商（M）和一个原材料供应商（S）组成的二级项目导向型供应链，双方在进行协同创新过程中难以确定哪一策略是最优的，随着时间的推移，制造商和供应链会基于自身收益进行试错、学习及调整自身策略，以寻找对自身最优的策略，即双方均为有限理性的参与主体。实质上，双方协同创新过程本质上是一种知识交易、转移与整合的过程，双方在合作中权衡收益与损失谨慎选择自己的知识交易策略。假设制造商和供应商知识策略行为均为：交易和不交易。其中，知识交易策略是指一种真诚合作态度，将自己的知识转移给合作方，以期迎来对方的信任和真诚；知识不交易策略是指在协同创新过程中以学习和吸收对方知识为目的，而自己却不交易核心知识，这可以认定为一种机会主义行为。基于此，本节研究做出如下假设：

假设 8.1.1：制造商和供应商均选择不参与知识交易策略，即双方仅仅处于一种传统的商业来往关系，仅依靠自身拥有的知识资源进行产品生产和创新，此时供应商和制造商的收益分别为 π_m 和 π_s，满足 $\pi_m>0$，$\pi_s>0$。

假设 8.1.2：若仅有一方选择参与知识交易策略，知识交易的参与方将收获社会美誉等收益，而不参与知识交易的一方将受到社会负面评价等损失，具体表现为收益的损益，假设收益损益系数为 θ，$0<\theta<1$。进一步假设，获取知识需要支付 $C_i>0$ 的成本，$i=m$，s，同时需要承担 $f>0$ 的风险成本，这是由自身知识优势的丧失带来的潜在损失。

假设 8.1.3：制造商和供应商若均参与知识交易，它们交易的知识量分别为 K_m 和 K_s，所交易的知识是否存在互补的问题，即交易知识的有用性程度，用 β 表示知识的互补性系数，双方的知识吸收转化能力为 τ_m 和 τ_s，满足 $0<\beta<1$，K_m，$K_s>0$ 及 τ_s，$\tau_m>0$。

假设 8.1.4：若一方不参与交易知识，参与知识交易的一方终将发现对方的策略行为，及时止损，并减少交易意愿和交易的知识量，为此有 $K_m>K_{m1}$，$K_s>K_{s1}$，其中 K_{m1} 和 K_{s1} 分别为制造商和供应商有一方交易知识而另一方不交易知识时参与知识交易一方的知识共享量。此外，在知识交易过程中，获取对方知识的成本为 C_{s1}，$C_{m1}>0$，受到项目导向型供应链参与主体知识交易意愿 $\eta>0$ 的影响，且满足 $\eta_s>\eta_{s1}$，$\eta_m>\eta_{m1}$，η_{m1} 和 η_{s1} 为当一方不参与知识交易时，参与知识交易一方的知识交易意愿。

8.2 项目导向型供应链创新生态系统协同创新演化博弈模型

假设项目导向型供应链中制造商选择知识交易策略的概率为 x，等同于项目导向型供应链创新生态系统中选择交易知识的企业主体占企业总数的比例，那么它选择不进行知识交易的概率为 $1-x$，项目导向型供应链中供应商选择知识交易策略的概率为 y，亦等同于项目导向型供应链创新生态系统中选择交易知识的企业占企业总数的比例，那么其不进行知识交易的概率为 $1-y$，满足 $0\leqslant x$，$y\leqslant 1$。需要注意的是，x、y 的值不是固定的，根据演化博弈论，它们会随着参与方在学习与模仿的过程中调整而变化，不过为了方便讨论，我们假定它们的初始值是确定的。进而，结合上述假设，可得项目导向型供应链中制造商和供应商之间博弈的支付矩阵，如表 8.1.1 所示。

表 8.1.1　　　　制造商和供应商博弈支付矩阵

<table>
<tr><td colspan="2" rowspan="2">参与人、策略及收益</td><td colspan="2">供应商 S</td></tr>
<tr><td>参与知识交易 y</td><td>不参与知识交易 $1-y$</td></tr>
<tr><td rowspan="2">制造商 M</td><td>参与知识交易 x</td><td>$(1+\theta)\pi_m+\tau_m\beta K_s-C_m-f-(1-\eta_s)C_{m1}$，
$(1+\theta)\pi_s+\tau_s\beta K_m-C_s-f-(1-\eta_m)C_{s1}$</td><td>$(1+\theta)\pi_m-C_m-f$，
$(1-\theta)\pi_s+\tau_s\beta K_{m1}-$
$(1-\eta_{m1})C_{s1}$</td></tr>
<tr><td>不参与知识交易 $1-x$</td><td>$(1+\theta)\pi_m-C_m-f$，
$(1-\theta)\pi_s+\tau_s\beta K_{m1}-(1-\eta_{m1})C_{s1}$
$(1-\theta)\pi_m+\tau_m\beta K_{s1}-(1-\eta_{s1})C_{m1}$，
$(1+\theta)\pi_s-C_s-f$</td><td>π_m，π_s</td></tr>
</table>

根据演化博弈论中的复制动态分析方法，制造商 M 选择“参与知识交易”策略的期望收益为：

$$U_{a1}=y[(1+\theta)\pi_m+\tau_m\beta K_s-C_m-f-(1-\eta_s)C_{m1}]+(1-y)[(1+\theta)\pi_m-C_m-f] \tag{8.1.1}$$

制造商 M 选择“不参与知识交易”策略的期望收益为：

$$U_{a2}=y[(1-\theta)\pi_m+\tau_m\beta K_{s1}-(1-\eta_{s1})C_{m1}]+(1-y)\pi_m \tag{8.1.2}$$

制造商 M 的平均期望收益为：

$$\begin{aligned}U_a&=xU_{a1}+(1-x)U_{a2}\\&=x\left\{y\begin{bmatrix}(1+\theta)\pi_m+\tau_m\beta K_s\\-C_m-f-(1-\eta_s)C_{m1}\end{bmatrix}+(1-y)[(1+\theta)\pi_m-C_m-f]\right\}\end{aligned} \tag{8.1.3}$$

供应商 S 选择“参与知识交易”策略的期望收益为：

$$U_{b1}=x[(1+\theta)\pi_s+\tau_s\beta K_m-C_s-f-(1-\eta_m)C_{s1}]$$

$$+(1-x)[(1+\theta)\pi_s-C_s-f] \quad (8.1.4)$$

供应商 S 选择“不参与知识交易”策略的期望收益为：

$$U_{b2}=x[(1-\theta)\pi_s+\tau_s\beta K_{m1}-(1-\eta_{m1})C_{s1}]+(1-x)\pi_s \quad (8.1.5)$$

供应商 S 的平均期望收益为：

$$\begin{aligned}U_b&=yU_{b1}+(1-y)U_{b2}\\&=yx[(1+\theta)\pi_s+\tau_s\beta K_m-C_s-f-(1-\eta_m)C_{s1}]\\&\quad+y(1-x)[(1+\theta)\pi_s-C_s-f]\\&\quad+(1-y)\{x[(1-\theta)\pi_s+\tau_s\beta K_{m1}-(1-\eta_{m1})C_{s1}]+(1-x)\pi_s\}\end{aligned} \quad (8.1.6)$$

根据上述式子构建制造商 M 和供应商 S 的复制动态方程：

$$\frac{dx}{dt}=x(U_{a1}-U_a)=x(1-x)(U_{a1}-U_{a2})=x(1-x)\{[(K_s-K_{s1})\tau_m\beta+(\eta_s-\eta_{s1})C_{m1}+\theta\pi_m]y+\theta\pi_m-C_m-f\} \quad (8.1.7)$$

$$\frac{dy}{dt}=y(U_{b1}-U_b)=y(1-y)(U_{b1}-U_{b2})=y(1-y)\{[(K_m-K_{m1})\tau_s\beta+(\eta_m-\eta_{m1})C_{s1}+\theta\pi_s]x+\theta\pi_s-C_s-f\} \quad (8.1.8)$$

因此，项目导向型供应链创新生态系统中跨企业知识交易策略行为的演化博弈过程可由复制动态方程所构成的微分方程组进行描述，令 $\frac{dx}{dt}=0$，$\frac{dy}{dt}=0$，根据演化博弈的进化稳定策略的定义，可以得到演化动态系统有 5 个局部平衡点，分别是 $E_1(0,0)$，$E_2(0,1)$，$E_3(1,0)$，$E_4(1,1)$，$E_5(x^*,y^*)$。

其中：

$$x^*=\frac{f+C_s-\theta\pi_s}{(K_m-K_{m1})\tau_s\beta+(\eta_m-\eta_{m1})C_{s1}+\theta\pi_s}$$

$$y^* = \frac{f + C_m - \theta\pi_m}{(K_s - K_{s1})\tau_m\beta + (\eta_s - \eta_{s1})C_{m1} + \theta\pi_m} \quad (0 \leqslant x^*, y^* \leqslant 1)$$

8.3　项目导向型供应链创新生态系统协同创新进化稳定性分析

利用雅可比矩阵局部稳定性分析方法，求解博弈系统的演化稳定策略。利用 J 代表雅克比矩阵，$Det(J)$ 为该矩阵的行列式，$Tr(J)$ 为该矩阵的迹。可得到由式（8.1.7）、式（8.1.8）构成的微分方程组的雅克比矩阵 $J = \begin{bmatrix} A & B \\ C & D \end{bmatrix}$，其中：

$$A = (1-2x)\{[(K_s - K_{s1})\tau_m\beta + (\eta_s - \eta_{s1})C_{m1} + \theta\pi_m]y + \theta\pi_m - C_m - f\}$$

$$B = (x - x^2)[(K_s - K_{s1})\tau_m\beta + (\eta_s - \eta_{s1})C_{m1} + \theta\pi_m]$$

$$C = (y - y^2)[(K_m - K_{m1})\tau_s\beta + (\eta_m - \eta_{m1})C_{s1} + \theta\pi_s]$$

$$D = (1-2y)\{[(K_m - K_{m1})\tau_s\beta + (\eta_m - \eta_{m1})C_{s1} + \theta\pi_s]y + \theta\pi_s - C_s - f\}$$

该矩阵的行列式为：

$$\begin{aligned} Det(J) = &(1-2x)\{[(K_s - K_{s1})\tau_m\beta + (\eta_s - \eta_{s1})C_{m1} + \theta\pi_m]y + \theta\pi_m - C_m - f\} \\ &\times (1-2y)\{[(K_m - K_{m1})\tau_s\beta + (\eta_m - \eta_{m1})C_{s1} + \theta\pi_s]y + \theta\pi_s - C_s - f\} \\ &- (x - x^2)[(K_s - K_{s1})\tau_m\beta + (\eta_s - \eta_{s1})C_{m1} + \theta\pi_m] \\ &\times (y - y^2)[(K_m - K_{m1})\tau_s\beta + (\eta_m - \eta_{m1})C_{s1} + \theta\pi_s] \end{aligned}$$

该矩阵的迹为：

$$Tr(J) = (1-2x)\{[(K_s - K_{s1})\tau_m\beta + (\eta_s - \eta_{s1})C_{m1} + \theta\pi_m]y + \theta\pi_m - C_m - f\} + (1-2y)\{[(K_m - K_{m1})\tau_s\beta + (\eta_m - \eta_{m1})C_{s1} + \theta\pi_s]y + \theta\pi_s - C_s - f\}$$

根据雅可比矩阵局部稳定性的演化稳定策略（ESS）判定方法，当 $Det(J) > 0$，且 $Tr(J) < 0$ 时，该系统的状态判定为稳定状态，据此条件对平衡点进行稳定性分析。根据假设条件，任一初始点及其演化后的点在二维空间 $V = \{(x, y) | 0 \leqslant x \leqslant 1, 0 \leqslant y \leqslant 1\}$ 才有意义，所以有：

$$\theta\pi_m < C_m + f < 2\theta\pi_m + (K_s - K_{s1})\tau_m\beta + (\eta_s - \eta_{s1})C_{m1} + \theta\pi_m$$

$$\theta\pi_s < C_s + f < (K_m - K_{m1})\tau_s\beta + (\eta_m - \eta_{m1})C_{s1} + \theta\pi_s$$

由此对 5 个均衡点的稳定性分析如表 8.3.1 所示。

表 8.3.1 局部均衡点稳定性分析结果

均衡点	$Det(J)$ 符号	$Tr(J)$ 符号	均衡类型
$E_1(0,0)$	+	-	稳定点（ESS）
$E_2(0,1)$	+	+	不稳定点
$E_3(1,0)$	+	+	不稳定点
$E_4(1,1)$	+	-	稳定点（ESS）
$E_5(x^*,y^*)$	-	0	鞍点

根据演化结果显示，均衡点 $E_1(0,0)$ 和 $E_4(1,1)$ 表现为两个 ESS 稳定点，表示制造商和供应商双方都选择“不参与知识交易”或同时选择“参与知识交易”策略。

构建该模型的目的是为了在项目导向型供应链创新生态系统中制造商和供应商双方都能够选择“参与知识交易”策略，为双方以及供应链整体带来更大的收益，因此使整个系统收敛于均衡点 $E_4(1,1)$，可以杜绝机会主义行为的发生，保持稳定的合作关系。

根据复制动态方程的分析方法，通过对制造商 M 的复制动态方程进行分析，当 $y = y^* = \dfrac{f + C_m - \theta\pi_m}{(K_s - K_{s1})\tau_m\beta + (\eta_s - \eta_{s1})C_{m1} + \theta\pi_m}$ 时，$\dfrac{dx}{dt} = 0$ 所有 x 都是稳定状态；当 $y > \dfrac{f + C_m - \theta\pi_m}{(K_s - K_{s1})\tau_m\beta + (\eta_s - \eta_{s1})C_{m1} + \theta\pi_m}$ 时，$\dfrac{dx}{dt} > 0$，$x = 0$ 和 $x = 1$ 是 x 的两个稳定状态，$x = 1$ 是演化稳定策略；当 $y < \dfrac{f + C_m - \theta\pi_m}{(K_s - K_{s1})\tau_m\beta + (\eta_s - \eta_{s1})C_{m1} + \theta\pi_m}$ 时，$\dfrac{dx}{dt} < 0$，$x = 0$ 和 $x = 1$ 是 x 的两个稳定状态，$x = 0$ 是演化稳定策略。同理，对供应商 S 的复制动态方程进行分析，当 $x = x^* = \dfrac{f + C_s - \theta\pi_s}{(K_m - K_{m1})\tau_s\beta + (\eta_m - \eta_{m1})C_{s1} + \theta\pi_s}$ 时，$\dfrac{dy}{dt} = 0$，

所有 y 都是稳定状态；当 $x > \frac{f + C_s - \theta\pi_s}{(K_m - K_{m1})\tau_s\beta + (\eta_m - \eta_{m1})C_{s1} + \theta\pi_s}$时，$\frac{dy}{dt} > 0$，$y = 0$ 和 $y = 1$ 是 y 的两个稳定状态，其中 $y = 1$ 是演化稳定策略；当 $x < \frac{f + C_s - \theta\pi_s}{(K_m - K_{m1})\tau_s\beta + (\eta_m - \eta_{m1})C_{s1} + \theta\pi_s}$时，$\frac{dy}{dt} < 0$，$y = 0$ 和 $y = 1$ 是 y 的两个稳定状态，其中 $y = 0$ 是演化稳定策略。上述博弈双方策略变化复制动态关系用二维坐标平面图表示，如图 8.3.1 所示。

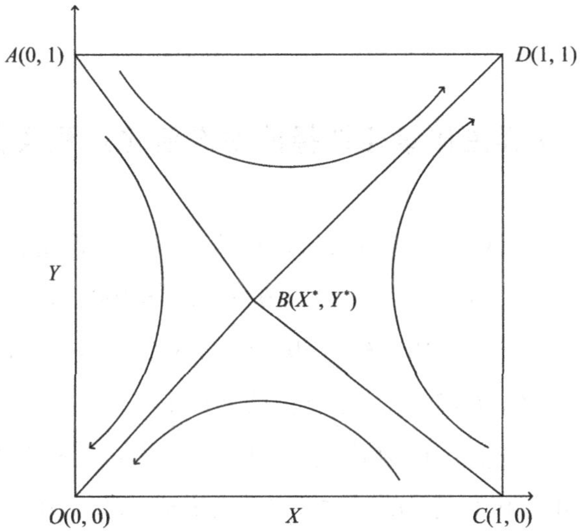

图 8.3.1　在约束条件下的动态演化

从图 8.3.1 中可以看出，点（0，0）和点（1，1）是博弈的演化稳定策略。当点位落在区域 ABCO 时，制造商 M 和供应商 S 参与知识交易的概率下降（供应链中选择参与知识交易的企业数量逐渐下降），演化博弈收敛于点（0，0），即项目导向型供应链创新生态系统中制造商和供应商均不会选择参与知识交易。当点位落在区域 ABCD 时，制造商 M 和供应商 S 参与知识交易的概率逐渐上升（供应链中选择参与知识交易的企业数量逐渐增多），演化博弈收敛于点（1，1），即项目导向型供应链中制造商和供应商均选择参与知识交易。

另外从图 8.3.1 中可以得出，在整个博弈过程中，$B(x^*, y^*)$ 对博弈的结果具有十分重要的影响。随着 B 点的移动，两种博弈结果发生的概率将会随之改变。当 B 点越小时，制造商和供应商参与知识交易的概率就越大（概率为 S_{ABCD}/S_{AOCD}，其中 $S_{AOCD}=1$）；反之 B 点越大，S_{ABCD} 就 S_{ABCD} 越小，越不容易选择参与跨企业的知识交易。

8.4 项目导向型供应链创新生态系统协同创新数值分析与验证

8.4.1 博弈主体策略选择的动态演化过程及稳定性分析

本节研究运用 Matlab 进行数值模拟仿真分析，设定初始值 $\theta=0.2$，$\eta_s=0.5$，$\eta_{s1}=0.2$，$\eta_m=0.5$，$\eta_{m1}=0.3$，$\pi_m=100$，$\pi_s=80$，$C_m=30$，$C_{m1}=20$，$C_s=25$，$C_{s1}=10$，$K_m=50$，$K_{m1}=30$，$K_s=40$，$K_{s1}=20$，$\tau_m=8$，$\tau_s=7$，$\beta=0.6$，$f=20$。具体分析结果如下。

根据以上初始值，将数值模拟初始值 (x,y) 分别取 (0.1,0.4)，(0.2,0.3)，(0.5,0.1)，(0.4,07)，(0.6,0.5)，(0.9,0.4)，参与主体策略选择随时间变化的动态演化过程如图 8.4.1 所示。

由图 8.4.1 可知，当博弈双方的概率 (x,y) 分别取不同的初始值，最终的博弈演化结果也收敛于不同点位，在初始值设定状态下，鞍点 M 的数值可由计算得出大致为 (0.28,0.25)。结合图 8.3.1 可知，当点位落于 ABCO 区域时，初始值收敛于点(0,0)，博弈双方选择“不参与知识交易”。当点位落于 ABCD 区域时，初始值收敛于点(1,1)，博弈双方选择“参与知识交易”。

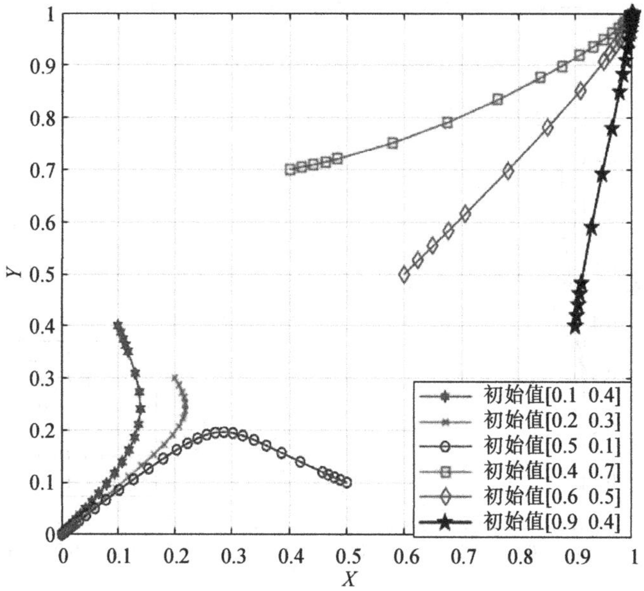

图 8.4.1 博弈参与主体策略选择的动态演化过程

8.4.2 收益损益系数对动态演化过程及稳定性影响

收益损益系数对动态演化过程及稳定性影响如图 8.4.2 所示，若一方选择参与知识交易，当收益损益系数大于某个临界值时，博弈主体选择“知识交易”的概率收敛于 1，相反则收敛于 0。且系数越大，收敛于 1 的速度越快。

8.4.3 知识互补性系数对动态演化过程及稳定性影响

知识互补性系数对动态演化过程及稳定性影响如图 8.4.3 所示，知识的互补性系数越大，博弈主体双方选择“参与知识交易”策略的概率越大，且收敛于 1 的速度越快。

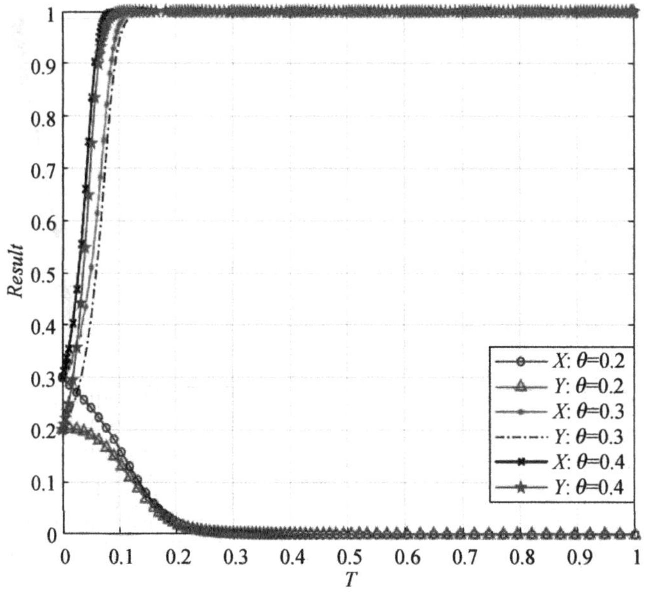

图 8.4.2 收益损益系数 θ 对演化的影响

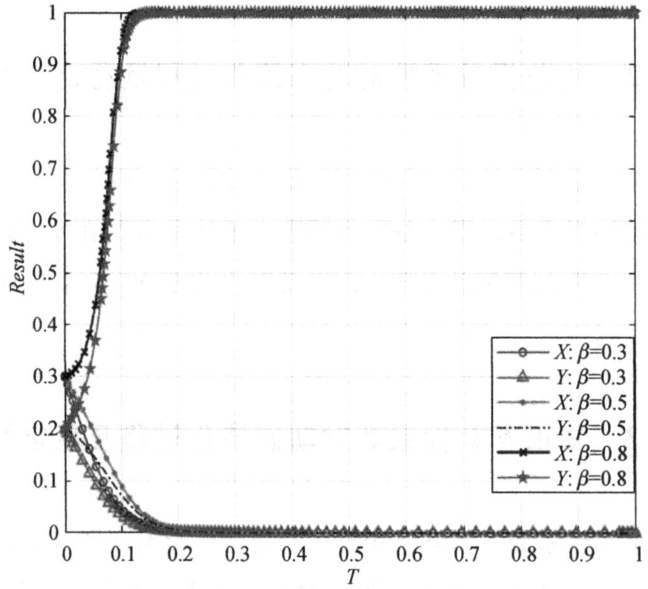

图 8.4.3 知识互补性系数对演化的影响

8.4.4　知识交易风险成本对动态演化过程及稳定性影响

知识交易风险成本对动态演化过程及稳定性影响如图 8.4.4 所示，风险成本越低，项目导向型供应链中的成员企业选择“参与知识交易”的概率越大；反之，风险成本越高，项目导向型供应链中的成员企业选择“不参与知识交易”的概率越大。

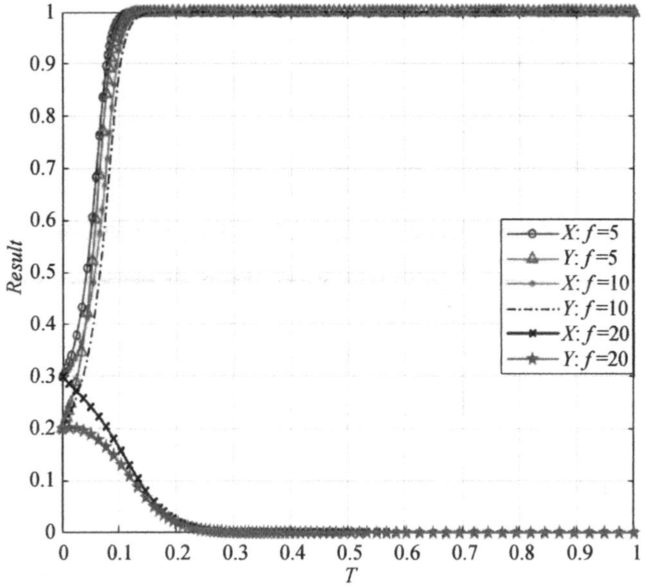

图 8.4.4　共享知识的风险成本对演化的影响

8.4.5　知识交易支付成本对动态演化过程及稳定性影响

在项目导向型供应链创新生态系统中，制造商、供应商知识交易支付成本对动态演化过程及稳定性影响如图 8.4.5、图 8.4.6 所示，制造商知识交易支付成本越低，则参与知识交易的概率越收敛于 1。超过一个临界值，参与知识交易的概率则收敛于 0。同理，供应商知识交易支付成本越低，选择参与知识交易的可能性也越大。

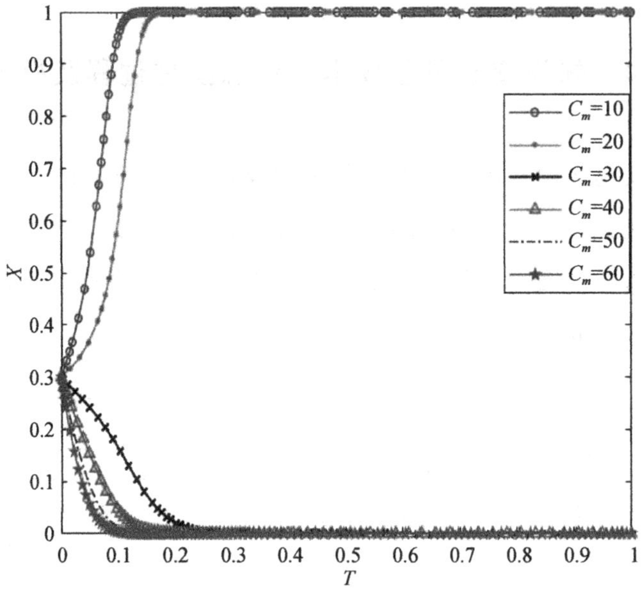

图 8.4.5　制造商知识交易支付成本 C_m 对 x 的影响

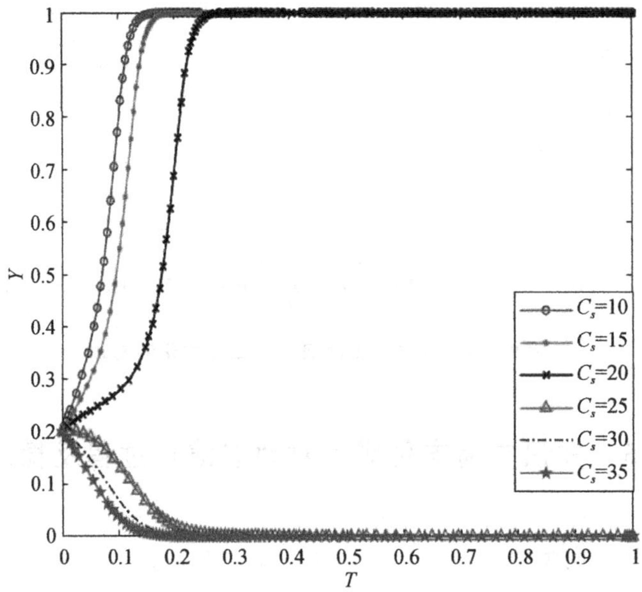

图 8.4.6　供应商知识交易支付成本 C_s 对 y 的影响

8.4.6　知识交易量对动态演化过程及稳定性影响

在项目导向型供应链创新生态系统中，制造商、供应商知识交易量对动态演化过程及稳定性影响如图 8.4.7、图 8.4.8 所示，当对方选择是否参与知识交易时，交易的知识量超过某个临界值，也就是交易的知识量越多时，另一方选择参与知识交易的概率就越大。

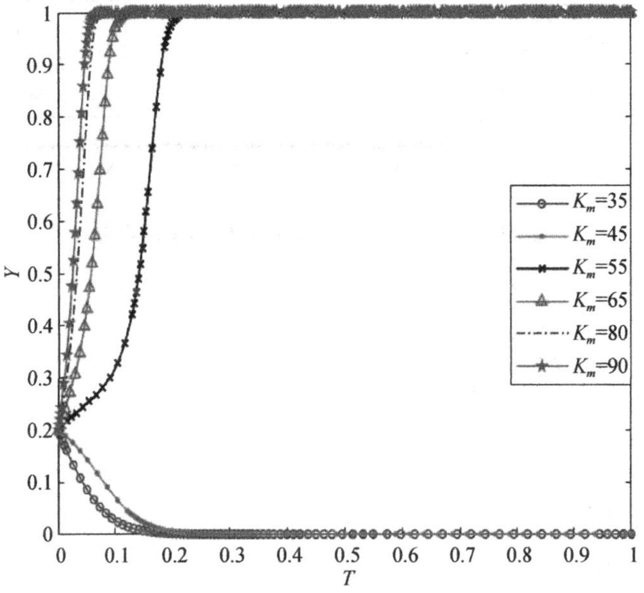

图 8.4.7　制造商知识交易量 K_m 对 y 的影响

图 8.4.9 和图 8.4.10 分别显示了 K_{m1} 和 K_{s1} 、η_{m1} 和 η_{s1} 的变化对演化的影响。由图可知，当 K_{s1} 和 η_{s1} 越来越小时，意味着当制造商不参与知识交易时，供应商选择的知识交易意愿和知识交易量会越来越低，在这种情况下为了维持知识交易活动的稳定性，制造商则会逐渐趋近于选择参与知识交易，x 收敛于 1。反之，制造商不参与知识交易时，供应商仍然有较高的知识交易意愿和知识交易量，则 x 会逐渐收敛于 0。同理可得，K_{m1} 和 η_{m1} 对 y 的影响。

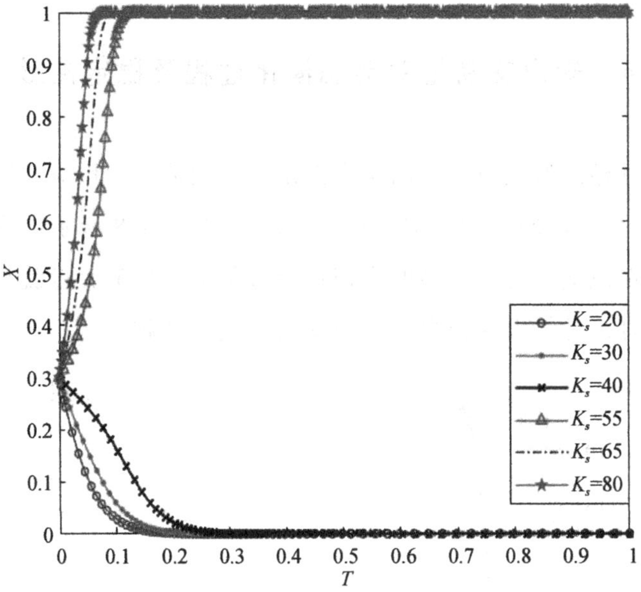

图 8.4.8 供应商知识交易量 k_s 对 x 的影响

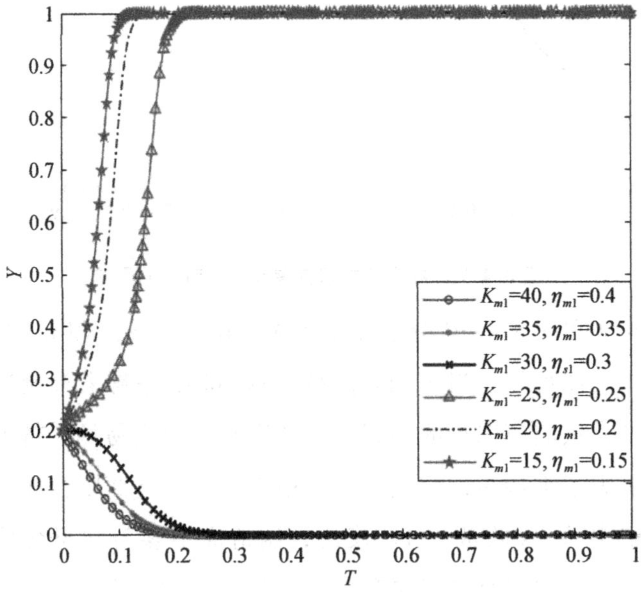

图 8.4.9 K_{m1} 和 η_{m1} 对 y 的影响

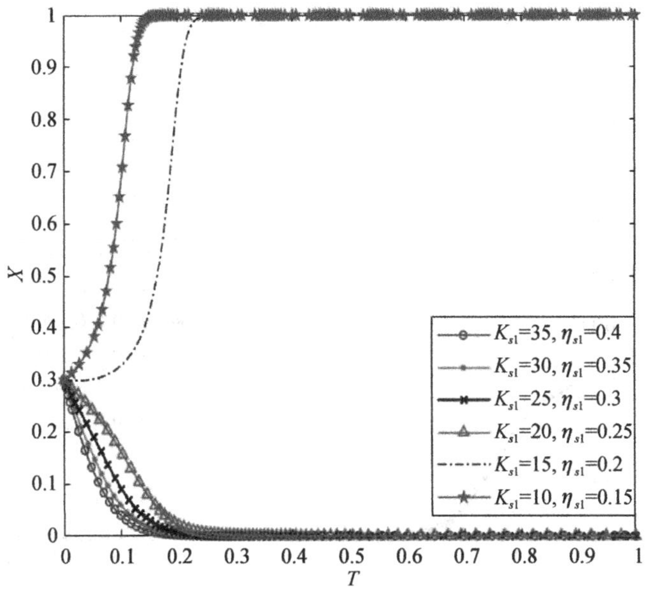

图 8.4.10　K_{s1}和 η_{s1}对 x 的影响

8.4.7　知识交易意愿对动态演化过程及稳定性影响

在项目导向型供应链跨组织的知识交易活动中，制造商和供应商获取对方知识的成本为分别为 C_{m1}, C_{s1}，其大小受到供应链参与主体知识交易意愿 $\eta > 0$ 的影响。结合图 8.4.11 和图 8.4.12，当制造商的知识交易意愿越高，且供应商获取制造商知识的成本越高时，供应商越趋近于选择参与知识交易的策略。这是因为在知识交易过程中，已经投入的获取对方知识的成本如果不选择继续交易，则那一部分成本可能变为沉没成本，因此供应商会选择持续进行知识交易。制造商对供应商的分析同理。

8.4.8　知识吸收转化能力对动态演化过程及稳定性影响

由图 8.4.13 和图 8.4.14 可知，在项目导向型供应链创新生态系统中，跨企业知识交易参与主体的知识吸收转化能力越大，对选择参与知

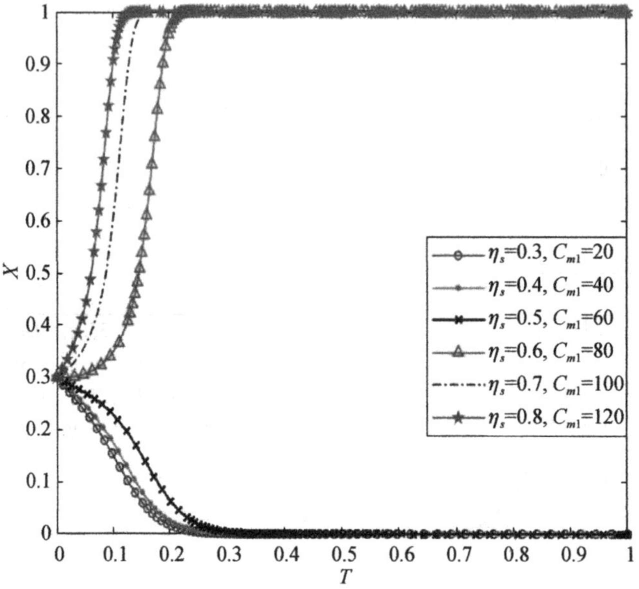

图 8.4.11　η_s 和 C_{m1} 对 x 的影响

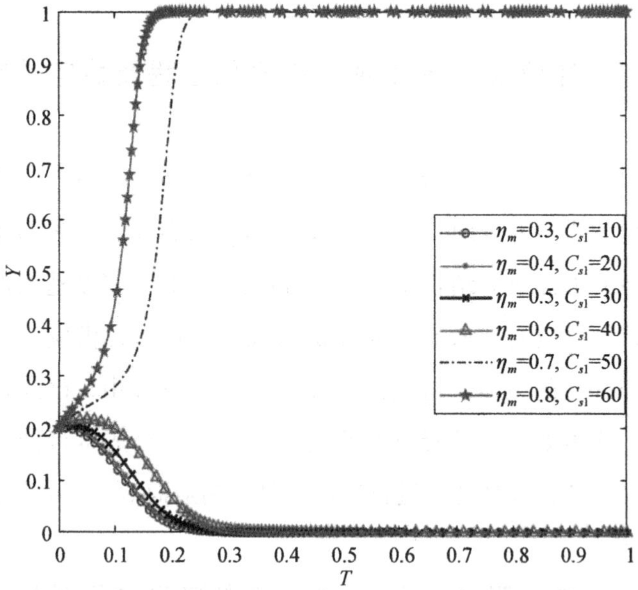

图 8.4.12　η_m 和 C_{s1} 对 y 的影响

识交易策略的促进作用越明显，双方选择参与知识交易策略的概率越趋近于 1。

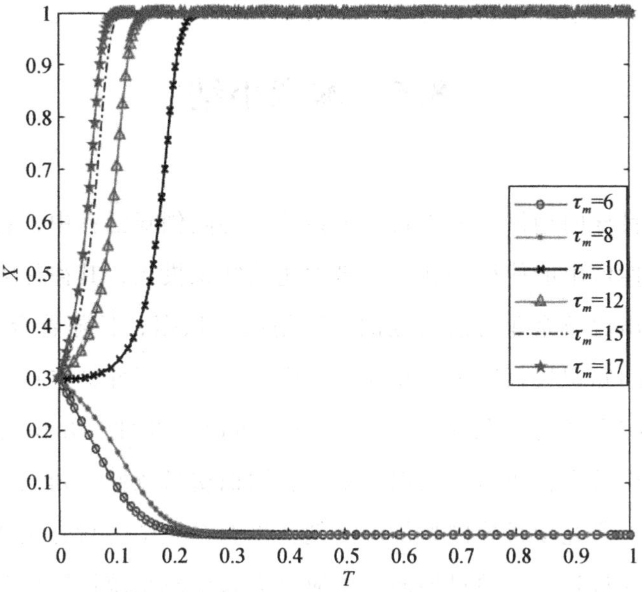

图 8.4.13　制造商的知识吸收转化能力 τ_m 对 x 的影响

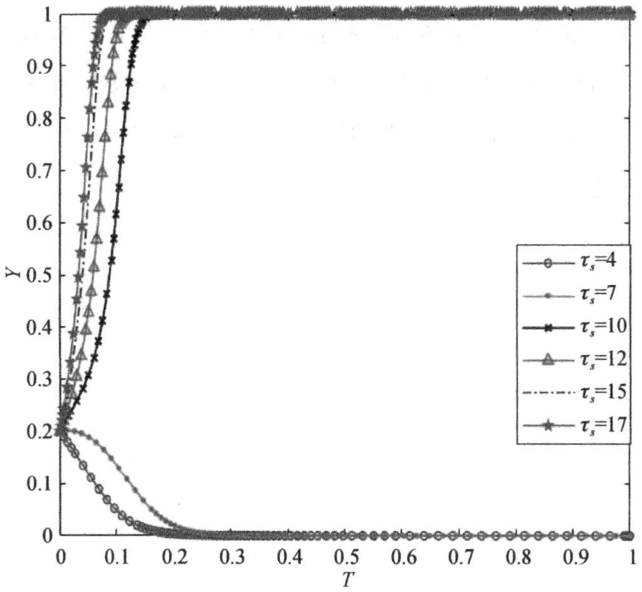

图 8.4.14　供应商的知识吸收转化能力 τ_s 对 y 的影响

8.5 本章小结

在项目导向型供应链创新生态系统的协同创新活动中，各参与方均无法一次性做出能使得创新效应最大化的知识投入，其往往需要通过知识投入产出比及企业目前所处的实际情况为依据，且随着合作的深入，参与主体的知识投入决策也相应会发生变化。基于此，本章利用演化博弈理论，综合考虑参与主体收益损益、知识互补性、知识交易风险成本、知识交易支付成本、知识交易量、知识交易意愿、知识吸收转换能力等因素，研究项目导向型供应链创新生态系统中各行为主体协同创新的演化博弈过程，对项目导向型供应链创新生态系统协同创新的进化稳定性进行了分析，并在此基础上分析了博弈主体策略选择的动态演化过程与稳定性，以及参与主体收益损益系数、知识互补性系数、知识交易风险成本、知识交易支付成本、知识交易量、知识交易意愿、知识吸收转换能力等因素对项目导向型供应链创新生态系统协同创新动态演化过程及稳定性的影响。

第9章 研究结论与展望

9.1 研究结论

本书以“项目导向型供应链创新生态系统研究”为题围绕项目导向型供应链中创新生态系统的构建机理和治理机制两大关键主题开展研究工作，主要研究内容和结论如下：

第一，关于项目导向型供应链创新生态系统构建机理的研究。基于项目管理理论与供应链管理理论，首先对项目导向型供应链的内涵及特点进行了界定和分析。其次结合项目导向型供应链的内涵及特征，并根据技术创新理论和生态系统理论，将创新生态系统引入到项目导向型供应链中，构建起项目导向型供应链创新生态系统，通过自然生态系统与项目导向型供应链创新生态系统的比较分析阐释了项目导向型供应链创新生态系统的内涵、特征、结构与功能。其中项目导向型供应链创新生态系统具有核心企业主导性、主体关系生态性、系统协同演化性、创新协同复杂性等特征，结构包括企业创新层、技术创新层、辅助创新层、创新生态环境等，功能包括创新资源聚集功能、创新风险规避功能、创新环境适应功能、创新规模效应功能等。最后，利用系统动力学分析了项目导向型供应链创新生态系统的内部及外部动力，提出了动力机制概念模型，并分析了不同因素对项目导向型供应链创新生态系统发展的动态影响。

第二，关于项目导向型供应链创新生态系统治理机制的研究。基于供应链知识管理理论，结合对传统供应链企业间的知识需求模型（以制造商为核心的供应链企业间的知识需求模型、以大型零售商为核心的供应链企业间的知识需求模型、逆向供应链企业间的知识需求模型和服务供应链企业间的知识需求模型）、知识共享与转移层次模型（部门内部员工之间的知识共享与转移、同企业不同部门员工之间的知识共享与转移、不同企业员工之间的知识共享与转移、员工与本部门之间的知识共享与转移、员工与本企业其他部门之间的知识共享与转移、员工与其他企业部门之间的知识共享与转移、员工与本企业之间的知识共享与转移、本企业部门之间的知识共享与转移、部门与本企业之间的知识共享与转移、不同企业部门之间的知识共享与转移和企业之间的知识共享与转移）的分析，首先构建了基于知识流动的项目导向型供应链创新生态系统网络结构，提出了基于市场机制的项目导向型供应链协同创新知识治理思路，并通过实证研究论证了项目导向型供应链中跨企业知识交易对成员企业创新绩效的正向影响作用；其次，基于知识治理思路，利用委托代理理论，分别研究了考虑知识投入影响下、学习能力影响下、知识属性影响下、多重任务结构影响下、行为不确定性下、客户需求影响下项目导向型供应链协同创新的知识治理机制。

第三，关于项目导向型供应链创新生态系统稳定性的研究。在项目导向型供应链创新生态系统的协同创新活动中，各参与方均无法一次性做出能使得创新效应最大化的知识投入，其往往需要通过知识投入产出比及企业目前所处的实际情况为依据，且随着合作的深入，参与主体的知识投入决策也相应会发生变化。基于此，本章利用演化博弈理论，综合考虑参与主体收益损益、知识互补性、知识交易风险成本、知识交易支付成本、知识交易量、知识交易意愿、知识吸收转换能力等因素，研究项目导向型供应链创新生态系统中各行为主体协同创新的演化博弈过程，分析了项目导向型供应链创新生态系统协同创新的进化稳定性，并在此基础上分析了博弈主体策略选择的动态演化过程与稳定性，以及参与主体收益损益系数、知识互补性系数、知识交易风险成本、知识交易支付成本、知识交易量、知识交易意愿、知识吸收转换能力等因素对项目导向型供应链创新生态系统协同创新动态演化过程及稳定性的影响。

9.2 研究展望

本书以“项目导向型供应链创新生态系统研究”为题围绕项目导向型供应链中创新生态系统的构建机理和治理机制两大关键主题开展研究工作，以期通过创新生态系统的构建和有效运行达到创新资源优化配置和创新绩效稳步提升的目的。针对上述两个关键问题，本书按照当初申报书计划开展了上述五个方面内容的研究。上述研究成果为后续进一步展开项目导向型供应链创新生态系统的构建与治理提供了一定的参考价值，但本书的研究工作也存在一定的局限性与不足，在后续的研究中可以注意以下几个方面的问题：

（1）项目导向型供应链创新生态系统的共生演化机理研究

与自然界生态系统一样，项目导向型供应链创新生态系统在共生演化的过程中也会出现“混乱”和“无序”现象。项目导向型供应链创新生态系统“混乱”“无序”的成因是什么？有序形成的条件是什么？如何促成其从无序走向有序？项目导向型供应链创新生态系统作为一种复杂适应系统，无序与有序这两种状态都是其在演化过程中的常态，就如同孪生兄弟一样如影随形。未来研究如果能明晰项目导向型供应链创新生态系统在共生演化过程中导致系统无序产生的内外因素，就能够更清楚厘清这种无序性是如何阻碍项目导向型供应链创新生态系统的有序性、稳定性以及协同创新的涌现，并基于此找到有效的解决路径以激发项目导向型创新生态系统有序性的产生，促使其向前进化。

（2）基于创新生态系统的项目导向型供应链协同创新价值共创机制研究

考虑到知识是创新的核心要素，项目导向型供应链协同创新活动在一定程度上可以认定是围绕项目全生命周期进行知识投入、知识共享和知识创新的无限循环过程。更细化一点说，包括项目导向型供应链中各主体知识的识别、知识价值的评估、知识的共享或交换、知识的跨组织转移、知识获取方的知识吸收与知识整合，最后进行知识创新以实现项目协同创新的成功。可见，基于创新生态系统的项目导向型供应链协同创新的共生机制，即是以价值共创作为项目导向型供应链协同创新的终极目标，并通过创新种群的价值创造与价值获取活动作为具象表征。基于此，未来研究可以深入分析基于创新生态系统的项目导向型供应链协同创新价值共创的内涵、价值共创的关键点精准识别以及价值获取的路径与过程等，构建项目导向型供应链协同创新价值共创机制，以进一步了解创新生态系统下的项目导向型供应链中各行为主体之间如何协同创新效应共同创造价值和获取价值，为企业实践提供指导。

（3）不同情形下项目导向型供应链创新生态系统的知识治理机制研究

本书运用委托代理理论分别研究了不同情形下项目导向型供应链创新生态系统中协同创新的知识交易机制，主要包括：知识投入影响下的项目导向型供应链协同创新行为研究、知识水平影响下项目导向型供应链协同创新的伙伴选择机制、学习能力影响下项目导向型供应链协同创新的知识交易机制、知识属性影响下项目导向型供应链协同创新的知识交易机制、多重任务结构影响下项目导向型供应链协同创新的知识交易机制、行为不确定下项目导向型供应链协同创新的知识交易机制等。后续的研究一方面可以考虑其他情形下项目导向型供应链创新生态系统中协同创新的知识交易机制设计，如考虑知识交易主体的风险偏好、知识转移方的知识转移能力差异、知识互补性等情形。

（4）项目导向型供应链创新生态系统协同创新的风险控制机制

项目导向型供应链中的成员企业是不同的利益主体和行为主体，而项目导向型供应链跨组织的知识交易涉及众多复杂的主体和规则，这种跨组织知识交易也存在着“交易困境”。一方面，知识作为一种特殊商品，如果不公开，买方不能准确判断其价值，而另一方面，一旦公开又会面临知识泄密等风险，因而交易双方陷入“悖论”。因此，项目导向型供应链跨组织的知识交易虽然是知识共享与转移的有效途径，但是前提是项目导向型供应链中的知识市场必须能对知识进行严密的管理与安全保护。后续的研究可以对项目导向型供应链中知识共享与转移、知识交易、知识学习、知识利用等活动的知识安全和风险防范措施进行研究。

参考文献

[1] Adner R, Kapoor R. Value Creation in Innovation Ecosystems: How the Structure of Technological Interdependence Affects Firm Performance in New Technological Generations [J]. Strategic Management Journal, 2010, 31 (3): 306 - 333.

[2] Ajmal M M, Koskinen K U. Knowledge Transfer in Project - based Organizations: an Organizational Culture Perspective [J]. Project Management Journal, 2008, 39 (1): 7 - 15.

[3] Akhmetova Z, Kozhakhmetova A K, Asanova A D. The Role of Project Management in the Integration of Science, Education and Business [J]. Economics Profession Business, 2021, (1): 5 - 10.

[4] Attour A, Lazaric N. From knowledge to Business Ecosystems: Emergence of an Entrepreneurial Activity During Knowledge Replication [J]. Small Business Economics, 2020, 54 (2): 575 - 587.

[5] Barrett P, Sexton M. Innovation in Small, Project - based Construction Firms [J]. British Journal of Management, 2006, 17 (4): 331 - 346.

[6] Chen W, Hao Y F, Jin N Q J. Product Collaborative Innovation of Project - based Supply Chain under the Influence of Knowledge Input [J]. Journal Européen Des Systèmes Automatisés, 2019, 52 (3): 243 - 252.

[7] Chen W, Yang B, Peng C. Knowledge Trading in Supply Chain Partnerships: The Role of Trust and Relationship Commitment [J]. International

Journal of u – and e – Service, Science and Technology, 2016, 9 (6): 295 – 310.

[8] Chen W, Yang B, Lin C. Partner Selection Mechanism of Cooperative Innovation in Project – based Supply Chain Based on the Effect of knowledge level [J]. Advances in Modelling and Analysis, 2016, 59 (1): 146 – 163.

[9] Chen Y H, Lin T P, Yen D C. How to Facilitate Inter – organizational Knowledge Sharing: The Impact of Trust [J]. Information & Management, 2014, 51 (5): 568 – 578.

[10] Chen Y Z, Chen W. Incentive Contracts of knowledge Investment for Cooperative Innovation in Project – based Supply Chain with Double Moral Hazard [J]. Soft Computing, 2020, 24 (4): 2693 – 2702.

[11] Cheng J H, Fu Y C. Inter – organizational Relationships and Knowledge Sharing Through the Relationship and Institutional Orientations in Supply Chains [J]. International Journal of Information Management, 2013, 33 (3): 473 – 484.

[12] Dhanaraj C, Lyles M A, Steensma H K, et al. Managing Tacit and Explicit Knowledge Transfer in IJVs: The Role of Relational Embeddedness and the Impact on Performance [J]. Journal of International Business Studies, 2004, 35 (5): 428 – 442.

[13] Dost M K B, Rehman C A. Significance of knowledge Management Practices Effecting Supply Chain Performance [J]. Pakistan Journal of Commerce and Social Sciences, 2016, 10 (3): 659 – 686.

[14] Estrada I, Faems D, de Faria P. Coopertition and Product Innovation Performance: The Role of Internal Knowledge Sharing Mechanisms and Formal Knowledge Protection Mechanisms [J]. Industrial Marketing Management, 2016, 53 (2): 56 – 65.

[15] Gawer A, Cusumano M A. Industry Platforms and Ecosystem Innovation [J]. Journal of Product Innovation Management, 2013, 31 (3):

417 - 433.

[16] Ghazinoory S, Phillips F, Afshari - Mofrad M, et al. Innovation lives in Ecotones, Not Ecosystems [J]. Journal of Business Research, 2021, 135 (4): 572 - 580.

[17] Gomes L, Facin A, Salerno M S. Managing Uncertainty Propagation in Innovation Ecosystems [J]. Technological Forecasting and Social Change, 2021, 171 (4): 120945.

[18] Granstrand O, Holgersson M. Innovation Ecosystems: A Conceptual Review and a New Definition [J]. Technovation, 2020, 91 (2 - 3): 1 - 12.

[19] Hagedoorn J, Cloodt M. Measuring Innovative Performance: Is there an Advantage in Using Multiple Indicators? [J]. Research Policy, 2003, 32 (8): 1365 - 1379.

[20] Handfield R B, Cousins P D, Lawson B, et al. How Can Supply Management Really Improve Performance? A knowledge - based Model of Alignment Capabilities [J]. Journal of Supply Chain Management, 2015, 51 (3): 3 - 17.

[21] Holgersson M, Granstrand O, Bogers M. The Evolution of Intellectual Property Strategy in Innovation Ecosystems: Uncovering Complementary and Substitute Appropriability Regimes [J]. Long Range Planning, 2018, 51 (2): 303 - 319.

[22] Huang M C, Liou M H, Iwaki Y. The Impact of R&D and Innovation on Global Supply Chain Transition: GTAP Analysis on Japan's Public R&D Investment [J]. Journal of Social and Economic Development, 2020, (1): 1 - 21.

[23] Hung S W, Chen P C, Chung C F. Gaining or losing? The Social Capital Perspective on Supply Chain Members' knowledge sharing of green practices [J]. Technology Analysis & Strategic Management, 2014, 26 (2): 189 - 206.

[24] Khurana I, Dutta D K. From latent to Emergent Entrepreneurship in

Innovation Ecosystems: The Role of Entrepreneurial learning [J]. Technological Forecasting and Social Change, 2021, 167 (3): 120694.

[25] Kim T U. An Empirical Study on Absorptive Capacity, Perceived Incentive Benefit and the Quality of Collaboration in Project - based Supply Chain [J]. Journal of Digital Convergence, 2013, 11 (7): 83 -95.

[26] Kim T U. An Exploratory Study on Conceptual Framework for Project - based Supply Chain Management: Focusing on Plant Engineering Firms [J]. Journal of Digital Convergence, 2018, 16 (12): 123 -135.

[27] Kolte A, Martini E, Rossi M. The Role of Venture Capitalists in an Organised Innovation Ecosystem: Evidence from the USA [J]. International Journal of Business Environment, 2021, 12 (3): 265 -286.

[28] Lagumdija Z, Kapo A, Turulja L. From Competitiveness to Sustainability: Is the Innovativeness the Answer? [J]. BH Ekonomski Forum, 2020, 11 (2): 25 -38.

[29] Lai X D, Wu G D, Shi J G. Project value - adding Optimization of Project - based Supply Chain Under Dynamic Reputation Incentives [J]. International Journal of Simulation Modelling, 2015, 14 (1): 121 -133.

[30] Lancker J V, Mondelaers K, Wauters E, et al. The Organizational Innovation System: A Systemic Framework for Radical Innovation at the Organizational level [J]. Technovation, 2016, 53 (6 -7): 40 -50.

[31] Laursen K, Salter A. Open for Innovation: The Role of Openness in Explaining Innovation Performance Among UK Manufacturing Firms [J]. Strategic Management Journal, 2006, 27 (2): 131 -150.

[32] Lee Y H, Seo Y W. The Effects of Industrial Specialization and Innovation Ecosystem on the Innovation Performance in the Firms: The Case of the Manufacturing Industry in Chungbuk Province [J]. Korean Corporation Management Review, 2020, 27 (2): 49 -70.

[33] Leem B H, Rogers K J. The Moderating Effect of Supply Chain Role

on the Relationship Between Social Capital and Performance [J]. International Journal of Services and Operations Management, 2017, 26 (1): 18-48.

[34] Li J, Wang Z. A Study of Effects of Supply Chain Relationship Capital on Cooperation Performance Under Global Sourcing Circumstances [J]. Journal of Interdisciplinary Mathematics, 2016, 19 (3): 549-565.

[35] Liu L, Chen G, Niu X. Game Analysis of the Knowledge Sharing Mechanism for the Supply Chain Collaborative Innovation [J]. Journal of Industrial Engineering and Management, 2015, 8 (1): 152-169.

[36] Ma L, Liu Z, Huang X, et al. The Impact of Local Government Policy on Innovation Ecosystem in Knowledge Resource Scarce Region: Case Study of Changzhou, China [J]. Science, Technology & Society, 2019, 24 (1): 29-52.

[37] Mahdad M, Marco C, Piccaluga A, et al. Why Open Innovation is Easier Said Than Done: An Organizational Identity Perspective [J]. Journal of Innovation Management, 2020, 8 (2): 47-67.

[38] Nasr E S, Kilgour M D, Noori H. Strategizing Niceness in Co-opetition: The Case of Knowledge Exchange in Supply Chain Innovation Projects [J]. European Journal of Operational Research, 2015, 244 (3): 845-854.

[39] Nunn R. The Innovation Ecosystem and Knowledge Management: A Practitioner's Viewpoint [J]. Business Information Review, 2019, 36 (2): 70-74.

[40] Preeker T, Giovanni D P. Coordinating Innovation Projects with High Tech Suppliers Through Contracts [J]. Research Policy, 2018, 47 (6): 1161-1172.

[41] Radziwon A, Bogers M. Open Innovation in SMEs: Exploring Inter-organizational Relationships in an Ecosystem [J]. Technological Forecasting and Social Change, 2019, 146 (9): 573-587.

[42] Radziwon A, Bogers M, Bilberg A. Creating and Capturing Value in

a Regional Innovation Ecosystem: a Study of How Manufacturing SMEs Develop Collaborative Solutions [J]. International Journal of Technology Management, 2017, 75 (1): 1-29.

[43] Rinkinen S, Harmaakorpi V. Business and Innovation Ecosystems: Innovation Policy Implications [J]. International Journal of Public Policy, 2019, 15 (3/4): 248-265.

[44] Roth A, Singhal J, Singhal K, et al. Knowledge Creation and Dissemination in Operations and Supply Chain Management [J]. Production and Operations Management, 2016, 25 (9): 1473-1488.

[45] Saunders L W, Kleiner B M, Mccoy A P, et al. The effect of Early Supplier Engagement on Social Sustainability Outcomes in Project-based Supply Chains [J]. Journal of Purchasing & Supply Management, 2015, 21 (4): 285-295.

[46] Schwartz D, Barel R. The Role of a Local Industry Association as a Catalyst for Building an Innovation Ecosystem: An Experiment in the State of Ceara in Brazil [J]. Innovation, 2015, 17 (3): 383-399.

[47] Surie G. Creating the Innovation Ecosystem for Renewable Energy Via Social Entrepreneurship: Insights from India [J]. Technological Forecasting & Social Change, 2017, 121 (8): 184-195.

[48] Sydow J, Lindkvist L, DeFillippi R. Project-based Organizations, Embeddedness and Repositories of Knowledge: Editorial [J]. Organization Studies, 2004, 25 (9): 1475-1489.

[49] Talmar M, Walrave B, Podoynitsyna K S, et al. Mapping, Analyzing and Designing Innovation Ecosystems: The Ecosystem Pie Model [J]. Long Range Planning, 2020, 53 (8): 1-9.

[50] Tian M, Deng P, Wu B. Culture and Innovation in the International Context: a Literature Overview [J]. Innovation The European Journal of Social Science Research, 2020 (6): 1-28.

[51] Tsai W. Knowledge Transfer in Intraorganizational Networks: Effects of Network Position and Absorptive Capacity on Business Unit Innovation and Performance [J]. Academy of Management Journal, 2001, 44 (5): 996 – 1004.

[52] Van D K, Kopczak L R, Wouters M. The Use of Advance Demand Information in a Project – based Supply Chain [J]. European Journal of Operational Research, 2001, 130 (3): 519 – 538.

[53] Whipple J M, Wiedmer R, K Boyer K. A dyadic Investigation of Collaborative Competence, Social Capital, and Performance in Buyer – supplier Relationships [J]. Journal of Supply Chain Management, 2015, 51 (2): 3 – 21.

[54] Wu G D, Tang D Z. Inter – organizational Cooperative Innovation of Project – based Supply Chains Under Consideration of Monitoring Signals [J]. International Journal of Simulation Modelling, 2015, 14 (3): 539 – 550.

[55] Wu G D. Knowledge Collaborative Incentive Based on Inter – organizational Cooperative Innovation of Project – based Supply Chain [J]. Journal of Industrial Engineering and Management, 2013, 6 (4): 1065 – 1081.

[56] Wu G D. Project – based Supply Chain Cooperative Incentive Based on Reciprocity Preference [J]. International Journal of Simulation Modelling, 2014, 13 (1): 102 – 115.

[57] Wu G. Coordinated Decision Making on Inter – organisational knowledge Innovation of Project – based Supply Chain [J]. International Journal of Manufacturing Technology and Management, 2018, 32 (2): 124 – 138.

[58] Xie X, Wang H. How Can Open Innovation Ecosystem Modes Push Product Innovationforward? An fsQCA Analysis [J]. Journal of Business Research, 2020, 108 (1): 29 – 41.

[59] Yan M R, Chien K M, Hong L Y, et al. Evaluating the Collaborative Ecosystem for an Innovation – driven Economy: A Systems Analysis and Case Study of Science Parks [J]. Sustainability, 2018, 10 (3): 887 – 900.

[60] Yan T, Azadegan A. Comparing Inter – organizational New Product

Development Strategies: Buy or ally; Supply - chain or Non - supply - chain Partners? [J]. International Journal of Production Economics, 2017, 183 (1): 21 -38.

[61] Yang H, Chen W, Hao Y. Supply Chain Partnership, Inter - organizational Knowledge Trading and Enterprise Innovation Performance: the Theoretical and Empirical Research in Project - based Supply Chain [J]. Soft Computing, 2020, 24 (9): 6433 -6444.

[62] Zhao S, Yu H, Xu Y, et al. Relationship - specific Investment, Value Creation, and Value Appropriation in Cooperative Innovation [J]. Information Technology and Management, 2014, 15 (2): 119 - 130.

[63] 曹如中，史健勇，郭华，等．区域创意产业创新生态系统演进研究：动因、模型与功能划分 [J]. 经济地理，2015，35 (2): 107—113.

[64] 曾德明，邹思明，张运生．高科技企业创新生态系统定价模式研究 [J]. 中国科技论坛，2013，29 (5): 30—35.

[65] 曾国屏，苟尤钊，刘磊．从“创新系统”到“创新生态系统” [J]. 科学学研究，2013，31 (1): 4—12.

[66] 陈畴镛，胡枭峰，周青．区域技术创新生态系统的小世界特征分析 [J]. 科学管理研究，2010，28 (5): 17—20 +30.

[67] 陈健，高太山，柳卸林，等．创新生态系统：概念、理论基础与治理 [J]. 科技进步与对策，2016，33 (17): 153—160.

[68] 陈伟，张旭梅．供应链伙伴特性、知识交易与创新绩效关系的实证研究 [J]. 科研管理，2011，32 (11): 7—17.

[69] 陈伟，张旭梅．供应链伙伴特性对跨企业知识交易影响路径的实证研究——基于关系质量的中介效应 [J]. 商业经济与管理，2013，33 (1): 32—42.

[70] 陈衍泰，孟媛媛，张露嘉，等．产业创新生态系统的价值创造和获取机制分析——基于中国电动汽车的跨案例分析 [J]. 科研管理，2015，36 (S1): 68—75.

[71] 程鹏，柳卸林，朱益文．后发企业如何从嵌入到重构新兴产业的创新生态系统——基于光伏产业的证据判断［J］．科学学与科学技术管理，2019，40（10）：54—69.

[72] 崔彩云，王建平．项目导向型供应链风险识别方法探讨［J］．商业时代，2013，32（21）：44—45.

[73] 丁雪辰，柳卸林．创新生态系统战略对创业绩效的促进——基于中科院技术衍生企业的实证研究［J］．管理评论，2021，33（1）：120—132.

[74] 董洁，张素娟，孟潇．我国医疗器械产业创新生态系统演化研究［J］．中国卫生事业管理，2020，37（11）：876—880.

[75] 窦红宾，王正斌．社会资本对企业创新绩效的影响——知识资源获取的中介作用［J］．预测，2011，30（3）：48—52.

[76] 段杰．粤港澳大湾区创新生态系统演进路径及创新能力：基于与旧金山湾区比较的视角［J］．深圳大学学报（人文社会科学版），2020，37（2）：91—99.

[77] 范德成，谷晓梅．高技术产业技术创新生态系统健康性评价及关键影响因素分析——基于改进熵值 - DEMATEL - ISM 组合方法的实证研究［J］．运筹与管理，2021，30（7）：167—174.

[78] 费艳颖，凌莉．构建高效的国家创新生态系统［J］．人民论坛，2019，28（18）：62—63.

[79] 高山行，谭静．创新生态系统持续演进机制——基于政府和企业视角［J］．科学学研究，2021，39（5）：900—908.

[80] 辜胜阻，曹冬梅，杨嵋．构建粤港澳大湾区创新生态系统的战略思考［J］．中国软科学，2018，33（4）：1—9.

[81] 顾桂芳，胡恩华，李文元．企业创新生态系统治理研究述评与展望［J］．科技进步与对策，2017，34（5）：156—160.

[82] 顾桂芳，季旭彤，李文元．创新生态系统核心企业权力对伙伴企业情感性承诺的影响研究——以组织间依赖为调节变量［J］．科学学与科学技术管理，2020，41（9）：55—68.

[83] 郭金明，袁立科，王革，等."一带一路"海外产业园创新生态系统培养前瞻性分析［J］. 科技管理研究，2018，38（7）：16—26.

[84] 郭丽娟，刘佳. 美国产业集群创新生态系统运行机制及其启示——以硅谷为例［J］. 科技管理研究，2020，40（19）：36—41.

[85] 郭骁. 创新网络强度、冲突类型与创新绩效的实证研究——一个交互效应模型［J］. 云南财经大学学报（社会科学版），2011，26（1）：38—44.

[86] 韩少杰，吕一博，苏敬勤. 企业中心型开放式创新生态系统的构建动因研究［J］. 管理评论，2020，32（6）：307—322.

[87] 郝英杰，潘杰义，龙昀光. 区域创新生态系统知识能力要素协同性评价——以深圳市为例［J］. 科技进步与对策，2020，37（7）：130—137.

[88] 何向武，周文泳. 区域高技术产业创新生态系统协同性分类评价［J］. 科学学研究，2018，36（3）：541—549.

[89] 洪帅，吕荣胜. 中国产业创新生态系统研究综述［J］. 经济问题探索，2017，38（5）：38—44+50.

[90] 黄鲁成，米兰，吴菲菲. 国外产业创新生态系统研究现状与趋势分析［J］. 科研管理，2019，40（5）：1—12.

[91] 黄鲁成. 区域技术创新生态系统的制约因子与应变策略［J］. 科学学与科学技术管理，2006，27（11）：93—97.

[92] 黄中伟，王宇露. 位置嵌入、社会资本与海外子公司的东道国网络学习——基于123家跨国公司在华子公司的实证［J］. 中国工业经济，2008，25（12）：144—154.

[93] 孔伟，张贵，李涛. 中国区域创新生态系统的竞争力评价与实证研究［J］. 科技管理研究，2019，39（4）：64—71.

[94] 雷雨嫣，陈关聚，刘启雷. 高技术产业创新生态系统的创新生态位适宜度及演化［J］. 系统工程，2018，36（2）：103—111.

[95] 李峰，庞玉萍，金萍. 区域创新生态系统适宜度实证研究［J］. 改革与战略，2017，33（9）：121—126.

[96] 李佳钰，张贵，李涛．创新生态系统的演化机理分析——基于知识内能视角 [J]. 系统科学学报，2021，29 (1)：87—91.

[97] 李明，吴光东．互惠性偏好视角下项目导向型供应链跨组织协同创新激励 [J]. 科技进步与对策，2014，31 (11)：15—22.

[98] 李其玮，顾新，赵长轶．产业创新生态系统知识优势的内涵、来源与形成 [J]. 科学管理研究，2016，34 (5)：53—56.

[99] 李其玮，顾新，赵长轶．产业创新生态系统知识优势的演化阶段研究 [J]. 财经问题研究，2018，40 (2)：48—53.

[100] 李其玮，顾新，赵长轶．产业创新生态系统知识优势评价体系——以成都市高新区 89 家科技企业为样本的实证分析 [J]. 中国科技论坛，2018，34 (1)：37—46.

[101] 李其玮，顾新，赵长轶．产业创新生态系统知识优势影响因素：理论框架与实证研究 [J]. 经济问题探索，2017，38 (9)：163—174.

[102] 李其玮，顾新，赵长轶．创新生态系统研究综述：一个层次分析框架 [J]. 科学管理研究，2016，34 (1)：14—17.

[103] 李其玮，顾新，赵长轶．影响因素、知识优势与创新绩效——基于产业创新生态系统视角 [J]. 中国科技论坛，2018，34 (7)：56—63.

[104] 李维梁，高雅．供需协同的产业创新生态系统构建及对策研究 [J]. 华东经济管理，2016，30 (11)：180—184.

[105] 李晓娣，张小燕．高科技企业创新生态系统风险治理研究——基于影响因素、影响路径视角的分析 [J]. 哈尔滨工程大学学报，2018a，39 (10)：1715—1721.

[106] 李晓娣，张小燕．区域创新生态系统对区域创新绩效的影响机制研究 [J]. 预测，2018，37 (5)：22—28 + 55.

[107] 李晓娣，张小燕．区域创新生态系统共生对地区科技创新影响研究 [J]. 科学学研究，2019，37 (5)：909—918.

[108] 李晓娣，张小燕．我国区域创新生态系统共生及其进化研究——基于共生度模型、融合速度特征进化动量模型的实证分析 [J]. 科

学学与科学技术管理，2019b，40（4）：48—64.

[109] 李晓娣，张小燕，侯建. 高科技企业技术标准化驱动创新绩效机理：创新生态系统网络特性视角 [J]. 管理评论，2020，32（5）：96—108.

[110] 李晓娣，张小燕，尹士. 共生视角下我国区域创新生态系统发展观测——基于TOPSIS生态位评估投影模型的时空特征分析 [J]. 运筹与管理，2020，29（6）：198—209.

[111] 梁林，赵玉帛，刘兵. 国家级新区创新生态系统韧性监测与预警研究 [J]. 中国软科学，2020，35（7）：92—111.

[112] 梁正，李佳钰. 商业价值导向还是公共价值导向？——对数字创新生态系统的思考 [J]. 科学学研究，2021，39（6）：985—988.

[113] 林世爵，叶伊倩，刘毅. 龙头企业开放式创新平台运行机制研究 [J]. 科技管理研究，2019，39（19）：155—161.

[114] 刘兵，赵雪，梁林，等. 区域创新生态系统与人才配置协同演化路径研究——以京津冀地区为例 [J]. 科技管理研究，2019，39（10）：46—54.

[115] 刘钒，吴晓烨. 国外创新生态系统的研究进展与理论反思[J]. 自然辩证法研究，2017，33（11）：47—52.

[116] 刘洪久，胡彦蓉，马卫民. 区域创新生态系统适宜度与经济发展的关系研究 [J]. 中国管理科学，2013，21（S2）：764—770.

[117] 刘鸿宇，杨彩霞，陈伟，等. 云计算产业集群创新生态系统构建及发展对策 [J]. 求索，2015，35（11）：82—87.

[118] 刘珂，乔钰容. 产业集群创新生态系统的进化机制研究 [J]. 商业经济研究，2020，39（10）：180—184.

[119] 刘兰剑，项丽琳，夏青. 基于创新政策的高新技术产业创新生态系统评估研究 [J]. 科研管理，2020，41（5）：1—9.

[120] 刘沙，连建新，毛文瑾. 我国产业创新生态系统构建研究[J]. 商业经济研究，2015，34（16）：124—125.

[121] 刘学元，刘璇，赵先德．社会资本、知识获取与创新绩效：基于供应链视角 [J]．科技进步与对策，2016，33 (4)：119—126.

[122] 柳卸林，王倩．面向核心价值主张的创新生态系统演化 [J]．科学学研究，2021，39 (6)：962—964 +969.

[123] 陆绍凯，刘盼．重大风险冲击下的创新生态系统演化仿真研究 [J]．科技管理研究，2021，41 (5)：8—14.

[124] 陆燕春，赵红，吴晨曦．创新范式变革下区域创新生态系统影响因素研究 [J]．企业经济，2016，36 (3)：168—173.

[125] 吕荣胜，叶鲁俊．中国节能产业创新生态系统耦合机理研究 [J]．科技进步与对策，2015，32 (19)：50—55.

[126] 梅强，张兵，李文元．战略性新兴产业创新生态系统风险控制机制研究——基于企业的视角 [J]．企业经济，2013，32 (2)：23—26.

[127] 米捷，郭彬，陈怀超，范建红．创新生态系统内的知识势差与知识流动机制 [J]．北京理工大学学报（社会科学版），2020，22 (6)：78—87.

[128] 苗红，黄鲁成．区域技术创新生态系统健康评价初探 [J]．科技管理研究，2007，27 (11)：101—103.

[129] 苗红，黄鲁成．区域技术创新生态系统健康评价研究 [J]．科技进步与对策，2008，25 (8)：146—149.

[130] 牛媛媛，王天明．知识密集型产业创新生态系统建设：以荷兰 ASML 公司为例 [J]．科技导报，2020，38 (24)：120—128.

[131] 欧阳桃花，胡京波，李洋，等．DFH 小卫星复杂产品创新生态系统的动态演化研究：战略逻辑和组织合作适配性视角 [J]．管理学报，2015，12 (4)：546—557.

[132] 潘苏楠，李北伟，聂洪光．我国新能源汽车产业可持续发展综合评价及制约因素分析——基于创新生态系统视角 [J]．科技管理研究，2019，39 (22)：41—47.

[133] 任东峰．区域创新生态系统演进动力的美国硅谷案例——基于

自然技术与社会技术共演化的视角 [J]. 技术经济与管理研究, 2021, 42 (7): 12—15.

[134] 沈蕾, 张悦, 赵袁军. 创意产业创新生态系统: 知识演进与发展趋势 [J]. 外国经济与管理, 2018, 40 (7): 44—58.

[135] 施建刚, 吴光东, 唐代中. 基于知识流的项目导向型供应链跨组织合作激励机制 [J]. 软科学, 2011, 25 (4): 44—49.

[136] 施建刚, 吴光东. 项目导向型供应链跨组织协同创新——基于知识流的研究视角 [J]. 科研管理, 2011, 32 (12): 9—16.

[137] 宋寒, 邵云飞, 代应. 服务商道德风险与资金限制下的研发外包契约选择: 奖励还是惩罚 [J]. 科研管理, 2017, 38 (12): 122—133.

[138] 宋华, 陈思洁. 高新技术产业如何打造健康的创新生态系统: 基于核心能力的观点 [J]. 管理评论, 2021, 33 (6): 76—84.

[139] 宋建平, 郭明敏. 构建山西科技创新生态系统路径研究 [J]. 经济问题, 2018, 40 (9): 108—112.

[140] 苏策, 何地, 郭燕青. 企业创新生态系统战略开发与竞争优势构建研究 [J]. 宏观经济研究, 2021, 43 (4): 160—169.

[141] 苏屹, 刘敏. 高技术企业创新生态系统可持续发展机制与评价研究 [J]. 贵州社会科学, 2018, 39 (5): 105—113.

[142] 孙冰, 周大铭. 基于核心企业视角的企业技术创新生态系统构建 [J]. 商业经济与管理, 2011, 31 (11): 36—43.

[143] 孙聪, 魏江. 企业层创新生态系统结构与协同机制研究 [J]. 科学学研究, 2019, 37 (7): 1316—1325.

[144] 孙卫东. 科技型中小企业创新生态系统构建、价值共创与治理——以科技园区为例 [J]. 当代经济管理, 2021.

[145] 覃荔荔, 王道平, 周超. 综合生态位适宜度在区域创新系统可持续性评价中的应用 [J]. 系统工程理论与实践, 2011, 31 (5): 927—935.

[146] 唐代中, 吴光东, 施建刚. 基于公平偏好的项目导向型供应链

双向激励［J］. 同济大学学报（自然科学版），2011，39（9）：1394—1400.

［147］唐开翼，欧阳娟，甄杰，任浩. 区域创新生态系统如何驱动创新绩效？——基于31个省市的模糊集定性比较分析［J］. 科学学与科学技术管理，2021，42（7）：53—72.

［148］唐雯. 科技型中小企业创新生态系统构建机制研究［J］. 技术经济与管理研究，2021，42（3）：35—39.

［149］唐炎华，石金涛. 我国企业知识型员工知识转移的影响因素实证研究［J］. 管理工程学报，2007，21（2）：34—41.

［150］王发明，朱美娟. 互联网平台企业主导的创新生态系统演化风险识别及规避［J］. 中国科技论坛，2021，37（3）：75—83.

［151］王芳，饶德坤，游静，等. 基于生物进化的产业创新生态系统演化及仿真分析［J］. 科技管理研究，2018，38（23）：86—93.

［152］王飞航，本连昌. 创新生态系统视角下区域创新绩效提升路径研究［J］. 中国科技论坛，2021，37（3）：154—163.

［153］王高峰，杨浩东，汪琛. 国内外创新生态系统研究演进对比分析：理论回溯、热点发掘与整合展望［J］. 科技进步与对策，2021，38（4）：151—160.

［154］王海军，金姝彤，郑帅，等. 全球价值链下的企业颠覆性创新生态系统研究［J］. 科学学研究，2021，39（3）：530—543.

［155］王宏起，刘梦，武川，等. 区域战略性新兴产业创新生态系统稳定水平评价研究［J］. 科技进步与对策，2020，37（12）：118—125.

［156］王宏起，王卓，李玥. 创新生态系统价值创造与获取演化路径研究［J/OL］. 科学学研究，2021，8（12）：1—15.

［157］王俊鹏，石秀. 我国汽车产业创新生态系统演进的影响因素研究［J］. 技术经济，2019，38（12）：97—104.

［158］王茂祥，苏勇. 企业开放式创新的系统化管理及平台构建［J］. 科学管理研究，2019，37（6）：100—104.

［159］王伟楠，吴欣桐，梅亮. 创新生态系统：一个情境视角的系统

性评述［J］. 科研管理，2019，40（9）：25—36.

［160］王伟鑫，葛显龙，王旭，等. 碳排放限额约束下项目导向型供应链集成调度［J］. 系统工程学报，2014，29（6）：799—812.

［161］王寅，袁月英，孙毅，王丹丹. 基于探索、开发的区域创新生态系统评价与动态演化研究［J］. 中国科技论坛，2021，37（3）：143—153.

［162］王延锋. 项目导向型供应链跨组织知识流与项目价值增值的作用机理［D］. 江西财经大学，2016.

［163］王展昭，唐朝阳. 区域创新生态系统耗散结构研究［J］. 科学学研究，2021，39（1）：170—179.

［164］王卓，王宏起，李玥. 产业联盟创新生态系统领域主题演化轨迹研究［J］. 科学学研究，2020，38（4）：723—733.

［165］魏江，赵雨菡. 数字创新生态系统的治理机制［J］. 科学学研究，2021，39（6）：965—969.

［166］韦铁，罗秋月，何明. 资源约束下区域技术创新生态系统演化影响因素研究——以广西北部湾经济区为例［J］. 改革与战略，2015，31（12）：94—99.

［167］吴光东，刘聪. 项目导向型供应链知识流对项目价值增值影响的实证研究［J］. 技术经济，2017，36（2）：29—38.

［168］吴光东，施建刚，唐代中. 基于公平偏好的项目导向型供应链双向激励［J］. 同济大学学报（自然科学版），2011，39（9）：1394—1400.

［169］吴光东，施建刚，唐代中. 基于协同创新的项目导向型供应链跨组织双向激励模型［J］. 软科学，2012，26（8）：16—22.

［170］吴光东，施建刚. 考虑奖惩结构的项目导向型供应链跨组织多阶段动态激励［J］. 运筹与管理，2013，22（3）：248—255.

［171］吴光东. 项目导向型供应链跨组织合作行为激励机制［J］. 科技进步与对策，2016，33（16）：32—38.

［172］吴绍波. 战略性新兴产业创新生态系统协同创新的知识投入激

励研究 [J]. 科学学与科学技术管理, 2013, 34 (9): 71—76.

[173] 吴绍波. 战略性新兴产业创新生态系统协同创新的治理机制研究 [J]. 中国科技论坛, 2013, 29 (10): 5—9.

[174] 武建龙, 郝蒙晓, 黄静. "互联网+" 环境下企业创新生态系统的构建研究——以蔚来新能源汽车为例 [J]. 软科学, 2021, 35 (5): 70—77.

[175] 武建龙, 刘家洋. 新能源汽车创新生态系统演进风险及应对策略——以比亚迪新能源汽车为例 [J]. 科技进步与对策, 2016, 33 (3): 72—77.

[176] 武建龙, 王野, 王志浩, 等. 产业联盟创新生态系统演进机理研究——以 TD 产业联盟为例 [J]. 情报杂志, 2017, 36 (11): 200—207 +185.

[177] 武建龙, 于欢欢, 黄静, 等. 创新生态系统研究述评 [J]. 软科学, 2017, 31 (3): 1—3 +29.

[178] 项国鹏. 创新生态系统视角的企业核心技术突破机制——以华为基带芯片技术为例 [J]. 技术经济与管理研究, 2020, 41 (10): 36—42.

[179] 解学梅, 余生辉, 吴永慧. 国外创新生态系统研究热点与演进脉络——基于科学知识图谱视角 [J]. 科学学与科学技术管理, 2020, 41 (10): 20—42.

[180] 徐建中, 王纯旭. 基于粒子群算法的产业技术创新生态系统运行稳定性组合评价研究——以电信产业为例 [J]. 预测, 2016, 35 (5): 30—36.

[181] 许冠南, 方梦媛, 周源. 新兴产业政策与创新生态系统演化研究——以增材制造产业为例 [J]. 中国工程科学, 2020, 22 (2): 108—119.

[182] 许冠南, 周源, 吴晓波. 构筑多层联动的新兴产业创新生态系统: 理论框架与实证研究 [J]. 科学学与科学技术管理, 2020, 41 (7):

98—115.

［183］许有志，王道平，杨炳儒．供应链中的知识交易与定价研究［J］．科学学与科学技术管理，2008，29（11）：97—101.

［184］薛澜，姜李丹，余振．如何构筑多元创新生态系统推动科技创新促进动能转换？——以黑龙江省为例的实证分析［J］．中国软科学，2020，35（5）：23—31.

［185］闫瑞华，杨梅英．创新生态系统背景下移动互联网企业颠覆式创新运行机制研究［J］．统计与信息论坛，2019，34（9）：103—110.

［186］杨剑钊，李晓娣．高新技术产业创新生态系统运行机制［J］．学术交流，2016，32（8）：134—139.

［187］杨升曦，魏江．企业创新生态系统参与者创新研究［J］．科学学研究，2021，39（2）：330—346.

［188］杨伟，刘健，武健．“种群—流量”组态对核心企业绩效的影响——人工智能数字创新生态系统的实证研究［J］．科学学研究，2020，38（11）：2077—2086.

［189］杨伟，周青，方刚．产业创新生态系统数字转型的试探性治理——概念框架与案例解释［J］．研究与发展管理，2020，32（6）：13—25.

［190］杨伟，周青，郑登攀．“互联网＋”创新生态系统：内涵特征与形成机理［J］．技术经济，2018，37（7）：10—15.

［191］易加斌，李霄，杨小平，焦晋鹏．创新生态系统理论视角下的农业数字化转型：驱动因素、战略框架与实施路径［J］．农业经济问题，2021，42（7）：101—116.

［192］尹洁，施琴芬，李锋．高新技术产业创新生态系统内部种群竞争演化机制研究［J］．统计与决策，2020，36（24）：161—165.

［193］游玎怡，李芝兰．粤港澳大湾区港深科技创新政策的现状与优化策略——创新生态系统视角的分析［J］．华中师范大学学报（人文社会科学版），2020，59（4）：43—52.

［194］詹爱岚，陈衍泰．标准创新生态系统治理与知识产权战略演化

[J]. 科学学研究，2021，39（7）：1326—1334.

[195] 战睿，王海军，孟翔飞. 企业创新生态系统的研究回顾与展望[J]. 科学学与科学技术管理，2020，41（5）：179—197.

[196] 张超，陈凯华，穆荣平. 数字创新生态系统：理论构建与未来研究[J]. 科研管理，2021，42（3）：1—11.

[197] 张贵，刘雪芹. 创新生态系统作用机理及演化研究：基于生态场视角的解释[J]. 软科学，2016，30（12）：16—19，42.

[198] 张利飞. 高科技企业创新生态系统运行机制研究[J]. 中国科技论坛，2009，25（4）：57—61.

[199] 张璐. 项目导向型供应链跨组织知识流与项目价值增值的实证研究[D]. 江西财经大学，2016.

[200] 张敏，段进军. 区域创新生态系统：生成的合理性逻辑与实现路径[J]. 管理现代化，2018，38（1）：36—38.

[201] 张添，余伯阳. 医疗器械产业高端化进程中产业创新生态系统的构建研究——以江苏省为例[J]. 现代经济探讨，2018，37（8）：106—111.

[202] 张小燕，李晓娣. 我国区域创新生态系统共生性分类评价[J]. 科技进步与对策，2020，37（12）：126—135.

[203] 张笑楠. 战略性新兴产业创新生态系统共生演化仿真研究[J]. 系统科学学报，2021，29（2）：64—69.

[204] 张旭梅，陈伟. 供应链企业间信任、关系承诺与合作绩效——基于知识交易视角的实证研究[J]. 科学学研究，2011，29（12）：1865—1874.

[205] 张旭梅，陈伟. 基于知识交易视角的供应链伙伴关系与创新绩效实证研究[J]. 商业经济与管理，2012，32（2）：34—43.

[206] 张旭梅，张慧涛，朱庆. 供应链中的知识市场研究[J]. 科学管理研究，2006，26（5）：69—72.

[207] 张旭梅，张玉蓉，张慧涛等. 供应链企业间的知识市场及其交易模型研究[J]. 管理工程学报，2008，22（3）：81—85.

[208] 张焱，苑春荟，吴江. 5G背景下我国物流产业创新生态系统

构建与演化研究［J］. 科学管理研究，2020，38（1）：62—70.

［209］张艳丽，王丹彤. 创新生态系统视角下基于SD模型的企业知识创新研究［J］. 科学管理研究，2020，38（4）：90—97.

［210］张运生，陈祖琼. 技术标准化创新生态系统如何推动销售增长［J］. 科学学研究，2020，38（7）：1317—1324.

［211］张运生，林宇璐. 不同类型创新生态系统如何推动核心技术开发与企业销售增长——以中国电子信息技术产业为例［J］. 科技进步与对策，2020，37（3）：98—105.

［212］张忠耀. 基于美创平台的全球开放式创新体系［J］. 清华管理评论，2019，9（4）：101—107.

［213］郑少芳，唐方成. 高科技企业创新生态系统的知识治理机制［J］. 中国科技论坛，2018，34（1）：47—57.

［214］郑帅，王海军. 模块化下企业创新生态系统结构与演化机制——海尔集团2005～2019年的纵向案例研究［J］. 科研管理，2021，42（1）：33—46.

［215］邹晓东，王凯. 区域创新生态系统情境下的产学知识协同创新：现实问题、理论背景与研究议题［J］. 浙江大学学报（人文社会科学版），2016，46（6）：5—18.

附录
项目导向型供应链跨企业知识交易的调查问卷

尊敬的女士/先生：您好！

非常感谢您抽出宝贵的时间来阅读和回答本问卷！

本问卷调查对象是已建立项目导向型供应链合作关系的制造企业，希望您结合贵企业所在项目导向型供应链的实际情况认真填写，在不能得到精确数据时，请您尽量做到准确的估计。盼望能得到您的支持和配合。

我们郑重承诺：问卷所收集的材料只作科研项目分析研究之用，绝不向外泄露贵企业相关信息（研究报告只会使用100家以上企业的综合资料，不会涉及单个企业信息），更不会影响到贵公司的业务发展。因此，真诚地希望您能认真地填写该问卷，您的合作对我们这次调查意义重大，在此深表感谢！

感谢贵公司的支持与合作！

一、基本概念及填写说明

（一）基本概念说明

项目导向型供应链：项目导向型供应链（Project - based Supply Chain）强调以项目创新为核心，是具有异质且互补性知识资源的供应链上下游企业为实现共同目标而组成的具有特定功能的跨组织结构模式。相较于传统供应链，项目导向型供应链更强调上下游企业间基于项目的协同创新而完美契合了项目型企业的创新需求。

项目导向型供应链协同创新：项目导向型供应链协同创新是指面向市场需求，以项目创新为核心，以技术标准为纽带，基于创新主体拥有的互补性知识资源，形成互利共生、共同进化的创新体系，并通过创新主体间非线性的协同合作，自发调节创新主体间相互关系，从而生成新结构、产生新功能以适应创新环境的变化，从而激发系统网络效应，突破创新资源限制，加速创新资源流动，以提高项目导向型供应链的创新效率和市场竞争优势。

项目导向型供应链企业间知识交易：在项目导向型供应链知识市场中，知识供给企业通过“出售”知识换取回报，知识需求企业通过付出一定代价（订单数量、价格折扣、返利、员工培训等）获取所需要的知识，从而达到交易双方的互惠互利，同时也可以提高项目导向型供应链整体创新能力和竞争力。

（二）填写说明

若没有特殊说明则该题为单选，请您在所选答案对应的框内打√。若该题有特殊说明，请按照题目要求作答。为方便作答，将项目导向型供应链在以下问项及量表中简称“供应链”。

二、企业及个人基本资料

1\. 您的姓名：__________；

您的性别：__________；

您的出生年月：__________；

您所在部门：__________；

您的职务：__________。

2\. 您的电话：__________；

传真：__________；

您的电子邮箱：____________________。

3\. 您的学历：

□专科及以下　□本科　□硕士　□博士及以上

4. 企业名称：____________________

5. 地址：________________________

6. 邮政编码：____________________

7. 您在该企业工作年限：

□2 年以下　□2—5 年　□5—8 年　□8 年以上

8. 您所在企业属于：

□国有及国有控股企业　□集体（合作）企业

□私营/民营企业　□合资企业　□外资企业

9. 您所在企业的行业类别：

□食品饮料　□木料加工　□纺织制衣　□化学石油化工

□建筑材料　□制药　□金属、机械和工程　□橡胶和塑料

□电子电器　□其他

10. 您所在企业的成立年限：

□5 年以下　□5—10 年　□10—15 年

□15—20 年　□20 年以上

11. 您所在企业的员工规模：

□100 人以下　□100—500 人　□501—1000 人

□1001—5000 人　□5000 人以上

12. 您所在企业与供应链其他成员企业合作年限：

□2 年以下　□2—4 年　□4—6 年　□6—8 年　□8 年以上

13. 您对您所在企业与供应链其他成员企业进行知识交易情况的了解程度：

□很了解　□较了解　□一般了解

□了解较少　□几乎不了解

三、实证研究相关变量测度

为保证调查样本的一致性，如果贵企业处在多条供应链中，请选择

以其中一条供应链为考虑对象，回答下面所有问题。

相关陈述	符合程度				
1. 非常不同意，2. 不同意，3. 不能确定，4. 同意，5. 非常同意					
认知资本					
CC1：我们与供应链合作伙伴具有相似的价值观念	1	2	3	4	5
CC2：我们与供应链合作伙伴具有相似的企业经营理念	1	2	3	4	5
CC3：我们与供应链合作伙伴具有相似的企业文化	1	2	3	4	5
关系资本					
RC1：我们的供应链合作伙伴是可靠并值得信赖的	1	2	3	4	5
RC2：我们的供应链合作伙伴会严格遵守承诺	1	2	3	4	5
RC3：我们与供应链合作伙伴之间能够较好地相互理解	1	2	3	4	5
结构资本					
SC1：我们与供应链合作伙伴建立了广泛的联系	1	2	3	4	5
SC2：我们与供应链合作伙伴致力于维持长久的合作关系	1	2	3	4	5
SC3：我们与供应链合作伙伴交流沟通非常频繁	1	2	3	4	5
位置资本					
PC1：供应链合作伙伴对我们非常认可	1	2	3	4	5
PC2：供应链合作伙伴在进行重大决策时会慎重考虑我们的利益	1	2	3	4	5
PC3：我们在供应链中具有较高的声望	1	2	3	4	5
显性知识交易					
EK1：我们非常愿意将一些可以结构化成文件的知识（如管理制度）拿出来进行交易	1	2	3	4	5
EK2：我们与供应链合作伙伴会经常交易这类可以结构化成文件的知识	1	2	3	4	5
EK3：通过知识交易我们获取了很多这类可以结构化成文件的知识	1	2	3	4	5
隐性知识交易					
TK1：对于一些难以表述的知识（如管理经验），我们也非常愿意拿出来进行交易	1	2	3	4	5
TK2：我们与供应链合作伙伴会经常地通过沟通、交流或相互培训员工的方式进行这类隐性化知识的交易	1	2	3	4	5
TK3：通过知识交易我们获取了很多这类隐性化的知识	1	2	3	4	5
企业创新绩效					
IP1：比于市场上的同类产品，我们所开发产品的新颖程度更高	1	2	3	4	5

续表

相关陈述	符合程度				
1. 非常不同意，2. 不同意，3. 不能确定，4. 同意，5. 非常同意					
IP2：我们所开发产品的竞争优势明显（如已申请专利或拥有技术秘密）	1	2	3	4	5
IP3：我们所开发的产品能够迅速开拓新市场	1	2	3	4	5
IP4：我们所开发产品的市场占有率高于事前预期	1	2	3	4	5
IP5：客户对我们所开发产品具有较高的满意度	1	2	3	4	5

对您抽出宝贵的时间来回答本问卷再次深致谢意！并对占用您的宝贵时间深致歉意！